Erich Mühsam

Schriften der

Erich-Mühsam-Gesellschaft

Heft 27

Von Ascona bis Eden

Alternative Lebensformen

EMG 2006

Herausgeberin:	Erich-Mühsam-Gesellschaft e. V., Lübeck
Redaktion:	Jürgen-Wolfgang Goette, Sabine Kruse
© :	Erich-Mühsam-Gesellschaft 2006;
	für die einzelnen Beiträge bei den Autoren und Autorinnen
Textverarbeitung:	Gerda Vorkamp, Lübeck
Herstellung:	Books on Demand GmbH, Norderstedt
ISSN:	0940-8975
ISBN:	3-931079-35-X
Preis:	12,50 €

Informationen: Erich-Mühsam-Gesellschaft, Buddenbrookhaus,
Mengstr. 4, 23552 Lübeck
eMail: info@buddenbrookhaus.de

Inhaltsverzeichnis

Einleitung

„Aber wenn ich nach Jahren wieder einmal nach Ascona komme und finde es bewohnt von Menschen, die durch Zuchthäuser geschleift, zerschunden von den Schikanen der Besitzenden und ihren Exekutionsorganen, dem Staat, der Polizei und der Justiz, endlich doch hier eine Heimat und eine Ahnung von Glück erlangt haben, dann will ich mich von ganzem Herzen freuen." So endet Erich Mühsams 1905 erschienener Bericht „Ascona", in dem er von seinen Besuchen erzählt, von seinen Erfahrungen und Begegnungen. Ende des 19. Jahrhunderts war auf dem Berg Monte Verità bei Ascona ein vegetarisches Natursanatorium entstanden, das zum Anziehungspunkt für viele deutsche Intellektuelle wurde. Außer Erich Mühsam waren dort Hermann Hesse, Max Weber, Otto Gross, Hugo und Emmy Ball, Hans Arp, Walter Gropius, Ernst Bloch und viele andere zeitweilig ansässig. Ideen der Lebensreform und die Lebensform der Bohème spielten, mindestens zu Anfang des 20. Jahrhunderts, eine große Rolle.

Was alle einte, war der Wunsch, sich aus den Fesseln des Wilheminismus, des Nationalismus, des Militarismus, des Kapitalismus zu befreien. Alle wollten sich auffrischen, erholen, erneuern – wenn auch die Mischung aus vegetarischer Kost, Lichtbädern und Lebensreformideen nicht alle überzeugte. So schrieb Max Weber 1913 an seine Frau: „Mittags bei Quattrini, morgens und abends der Vegetarierfraß: Haferbiskuits und Feigen."

Wegen der Bedeutung Asconas für die Geschichte alternativer Lebensformen drucken wir – gewissermaßen als Einführung – Mühsams Schrift ab. Diese Schrift war auch der Ausgangspunkt für das Konzept der 16. Erich-Mühsam-Tagung, die vom 6.–8. Mai in der Gustav-Heinemann-Bildungsstätte in Malente stattfand und deren dort gehaltene Referate im Folgenden abgedruckt werden.

Mühsam geht in seiner Schrift kurz auf drei Projekte ein: auf Landauers Siedlungsidee, auf die Obstbausiedlung Eden und auf die Künstlerkolonie Worpswede/Barkenhoff. Diese drei Themen waren auch ein Schwerpunkt der Tagung. Geschichte und Bedeutung dieser Projekte werden von ausgewiesenen Kennern der Materie ausführlich beleuchtet (Eden von Gerhard Semper (Oranienburg), Landauer von Christoph Knüppel (Herford) und Barkenhoff von Ernstheinrich Meyer-Stiens (Worpswede)).

Außerdem stellen sich drei aktuelle Projekte vor: der „Freistaat" Christiania, der seit über drei Jahrzehnten in Kopenhagen alternative Lebensformen erprobt (Referentin Kirsten Larsen Mhoja aus Kopenhagen), die dänische Efterschule Tvind, die neue Unterrichtsformen praktiziert (Referentin Siri Hølmebakk, Tvindschule), und die Lübecker „Alternative", deren Name ja schon Programm ist (Referent Stefan Kürle, Lübeck). Diese drei aktuellen Projekte werden von Leuten vorgestellt, die dort leben, arbeiten oder sich dort engagieren.

Alle Projekte, sowohl die historischen als auch die aktuellen, sind naturgemäß umstritten, laden zu Kritik ein; auch die Anhänger sehen Schwachstellen. Schon Mühsam macht sich in „Ascona" lustig über manche Auswüchse oder die Naivität vieler Protagonisten. Das wird schon deutlich durch das Gedicht „Der Gesang der Vegetarier", das er „ein alkoholfreies Trinklied" nennt: „Wir essen Salat, wir essen Salat, /Und essen Gemüse früh und spat". Im Besonderen ist auch immer wieder kritisch das Verhältnis von Lebensreform und Nationalsozialismus zu prüfen. Umfassend geht der letzte Beitrag des Heftes den fragwürdigen Wegen mancher Lebensreform-Idee nach (Oliver M. Piecha, Wiesbaden).

Aber: Schon Erich Mühsams Leben ist eine „alternative Lebensform". Alternativen, Gegenentwürfe, Anders-Sein, Aussteigen, Ausprobieren, Träumen – der Mensch lebt nicht vom Brot allein. Fortschritt ist ohne Utopien nicht möglich. Nur so ist eine „Ahnung von Glück" zu erlangen!

Lübeck, im Oktober 2005
Jürgen-Wolfgang Goette
Sabine Kruse

Erich Mühsam

ASCONA

EINE BROSCHÜRE

ERSTE AUFLAGE

LOCARNO

Verlag von Birger Carlson

Erich Mühsam

Ascona

Eine Broschüre

Diese Schrift erschien 1905 im Verlag Birger Carlson in Locarno; 1906 kam eine unveränderte zweite Auflage heraus. Gedruckt wurde die Broschüre bei Tipografia Artistica.
Die Broschüre enthält die folgende Widmung:

Dem Naturforscher des Individualismus,

Herrn Dr. FRITZ BRUPBACHER in Zürich

ZUGEEIGNET.

Brupbacher war ein Zürcher Nervenarzt und Anarchist. Er beschäftigte sich vor allem mit den sozialen und gesundheitlichen Problemen der Arbeiterklasse. Er übte großen Einfluss auf die anarcho-syndikalistische Bewegung innerhalb der Schweizer Sozialdemokratie aus. 1905 war er Mitbegründer der Internationalen Antimilitaristischen Liga. Er lebte von 1874 bis 1945.

Erich Mühsam arbeitete – nach Beendigung seiner Apothekerlehre – je ein Quartal in Lübeck, in Blomberg und – ab 1.10.1900 – in Berlin als Apotheken-gehilfe. Ende 1900 stieg er aus seinem erlernten Beruf aus und betätigte sich seitdem als Schriftsteller. Von 1901 bis 1904 gehörte er der von den Naturalisten Heinrich und Julius Hart gegründeten „Neuen Gemeinschaft" an. Dort lernte er auch Gustav Landauer kennen, der zeitlebens großen Einfluss auf Erich Mühsam hatte, wenn auch nicht ohne Auseinandersetzungen. Aber dessen Grundgedanke, die Siedlung als Keimzelle einer herrschaftsfreien Gesellschaft anzusehen, prägte Mühsam stark.

Im Mai 1904 begann Erich Mühsam, zusammen mit Johannes Nohl, eine Wanderfahrt, die ihn in die Schweiz (mehrfach nach Ascona), nach Oberitalien, München, Wien und Paris führte.

Mühsam wollte 1904 eigentlich gar nicht nach Ascona reisen, sondern nach Capri, wo mehrere seiner Bekannten lebten, u. a. Hanns Heinz Ewers und Ernst von Wolzogen. Aber Geldmangel verhinderte dieses Vorhaben. Mühsam schickte „Bettelbriefe". Der sozialdemokratische Berliner Stadtverordnete Raphael

Friedeberg, den Mühsam aus der „Neuen Gemeinschaft" kannte, antwortete ihm aus Ascona und lud ihn dorthin ein.

1907 war Erich Mühsam wieder einmal in Ascona; Fritz Brupbacher erinnert sich:

> Im Sommer 1907 fuhren Lydia Petrowna und ich nach Ascona in die Ferien. Wir lebten dort auf Monte Verità bei dem Naturheiligenapostel Oedenkoven. Nicht Anhängerschaft an das „System Oedenkoven", sondern die prächtige Lage und das Leben in Freiheit hatten uns dahin gelockt. Ascona war damals noch kein vornehmer Vorort von Berlin, sondern die Hauptstadt der *psychopathischen Internationale*. [...] Dort fand man auch Erich Mühsam, der wartete, ob nicht bald ein Abgesandter einer seiner hundert Erbtanten erscheine, um ihm alle Herrlichkeiten der Welt zu bringen. In diesem Restaurant hat er mir eines seiner Dramen vorgelesen und hat mir klargemacht, dass die Liebe zu Frauen verwerflich sei, da diese nach Häringslacke riechen. Er war übrigens ein prächtiger Kerl. Durch ihn habe ich die neueren Bücher Kropotkins kennengelernt, und er hat mich in die neuere deutsche Literatur eingeweiht. Er liebte ganz besonders Scheerbart. Ich mochte ihn gut leiden. Hätte aber damals nicht daran gedacht, dass er sich im späteren Leben als einer der tapfersten Revolutionäre bezeigen würde. [...] Erich Mühsam hat all die Asconesen der ersten Zeit geschildert in einem kleinen Büchlein, das besser diese kleine, aber interessante Welt wiedergab, als ich es tun könnte. (60 Jahre Ketzer. Ich log so wenig als möglich. Zürich 1935, S. 141 f., Nachdruck Zürich 1981, S. 147 f.)

An seinen Schriftstellerfreund Julius Bab, auch Mitglied der „Neuen Gemeinschaft", schrieb Erich Mühsam am 25.7.1904:

> Wie Sie sehen, hat mich meine Zigeunerschaft wieder ein Stückchen weiter geführt. Momentan bin ich auf dem „Monte Verità (Kanton Tessin) am Lago Maggiore, wo ich mich mit einem malerischen Leinenkostüm angetan, kurzhosig, barfüßig und nackthalsig herumstelze und vegetarisch – d.h. geruch- und geschmacklos – lebe. Dies alles von wegen der Gesundheit.

In seinen Ende der 20er Jahre erschienenen „Unpolitischen Erinnerungen" heißt es rückblickend:

> So wurde ich zu den Rohköstlern gesteckt und mir eine „Lufthütte" als Behausung zugewiesen. Von früh bis spät kaute ich nun Äpfel, Pflaumen, Bananen, Feigen, Wal-, Erd- und Kokosnüsse – es war schauderhaft, und ich fühlte meine Kräfte schwinden. Vierzehn Tage hielt ich's aus, dann ging ich zum Direktor und klagte ihm, dass ich dabei zugrunde gehen müsse, „Oh", sagte der, „das ist nur die Krise, die muss jeder durchmachen". –„Aber", meinte ich, „wenn ich nun die Krise nicht überstehe? Wenn ich dabei auf der Strecke bleibe?" Herr Oedenkoven sah mich streng an: „Das kann ja sein; aber dann ist gar nichts an Ihnen verloren!" Da ging ich ins Dorf hinunter, setzte mich in eine solide Osteria, ließ mir ein Beefsteak geben, trank einen halben Liter Wein dazu und rauchte danach eine große, dicke Zigarre. Nie hat mir eine Mahlzeit so geschmeckt, nie mich eine so gekräftigt und dem Leben gewonnen. Friedeberg ergötzte sich sehr, als ich ihm Bericht erstattete, und bezahlte willig die selbstverordnete Salatoriumskur.

Die Mitbegründerin des Monte Verità, Ida Hofmann, hatte folgende Zielsetzung formuliert:

Der Monte Verità ist keine Naturheilanstalt im gewöhnlichen Sinne, sondern vielmehr eine Schule für höheres Leben, eine Stätte der Entwicklung und Sammlung erweiterter Erkenntnisse und erweiterten Bewusstseins (diese Stätten werden sich mehren), befruchtet vom Sonnenstrahl des Allwillens, der sich in uns offenbart – vielleicht ein Hort für spätere Zeiten, wenn der Kontrast zwischen Idealismus und Materialismus, zwischen Freund und Feind, zwischen gesundem und krankem Leben, zwischen Lüge und Wahrheit oder Gut und Böse zu groß geworden ist, und der Kampf ums Dasein entweder Untergang oder Rettung erheischt. (Ida Hofmann, Monte Verità. Wahrheit oder Dichtung. Ascona 1906, S. 94)

Zu Mühsams Broschüre nahm Henri Oedenkoven in einer Anzeige in der „Vegetarischen Warte" am 8. Dezember 1905 Stellung:

Es ist eine Schande, dass eine Buchhandlung, welche den Vegetarismus „unsere Sache" nennt (was übrigens der Tatsache nicht entspricht) ein solches Werk empfiehlt. Die Charakterschilderungen sind, mit Ausnahme einiger richtiger Beobachtungen, ganz falsch und beweisen nur die dekadente Richtung des Verfassers, der einige der geschilderten Persönlichkeiten kaum kennt, weil sie jeden Verkehr mit ihm ablehnten. [...] In der in Kürze erscheinenden Broschüre Monte Verità, Wahrheit ohne Dichtung von Ida Hofmann-Oedenkoven (einem unserer Mitglieder) hoffen wir gegen die gewissenlosen Gerüchte und Behelligungen neugieriger Aufdringlinge Stellung zu nehmen. Der Präsident der Vegetabilischen Gesellschaft des Monte Verità Henri Oedenkoven-Hofmann. (Zitiert bei Schwab/ Lafranchi, Sinnsuche, S. 113 f.)

Erich Mühsam kehrte noch einige Male zurück nach Ascona. Im November 1909 siedelte er endgültig von Berlin nach München über.

Literatur zum Monte Verità:

Harald Szeemann (Hrsg.), Monte Verità. Berg der Wahrheit. Mailand 1978.
Peter Schifferli (Hrsg.), Eduard von Heydt, Erich Mühsam u. a. Ascona und sein Berg Monte Verità. Zürich 1979.
Robert Landmann, Ascona. Monte Verità. Auf der Suche nach dem Paradies. Neu hrsg. von Martin Dreyfus. Frauenfeld 2000.
Andreas Schwab und Claudia Lafranchi (Hrsg.), Sinnsuche und Sonnenbad. Experimente in Kunst und Leben auf dem Monte Verità. Zürich 2001.
Andreas Schwab, Monte Verità – Sanatorium der Sehnsucht. Zürich 2003.

Für Anregungen und Hinweise bei den Anmerkungen danke ich Christoph Knüppel herzlich.

Jürgen-Wolfgang Goette

Statt eines Vorworts:

Lerchen schmettern mir den Morgengruß,
und die laue Luft ist voll Gesang,
und voll Hoffnung setz' ich meinen Fuß
schnell ins Feld, fern allem Menschendrang ...

Aber über mir schwirrt bang ein Ton,
wie von Menschennot und Menschenqual,
wie von Menschenwerk um Brot und Lohn –
und es hämmert, klagt und klirrt wie Stahl.

Und mir ist, als summte in mein Ohr
wüste Hast und wirres Menschgetriebe,
und dazwischen klingt's ganz leise vor,
wie ein ferner, ferner Gruß der Liebe ...

Ob ich ihrem Anblick auch entwich –
nimmer flieh ich Menschenwort und -tat.
Meinen ganzen Weg begleitet mich
tönend dieser Telegraphendraht.

Erich Mühsam

Ascona am Lago Maggiore, Mai 1905 (Gedichtet: April 1904)

Berlin lag mir schon wieder derart im Magen, dass ich ehrlich froh war, als es mir auch im Rücken lag.

Jetzt sitze ich fern dieser Lasterhöhle am Lago Maggiore und denke in nicht gerade liebenswürdiger Erinnerung der literarischen Nachtcafés, in denen pomadetriefende impotente „Ästheten" bei Absinth und Opiumzigaretten ihre Georgien[1] feiern; der „Cabarets" (die Franzosen mögen mir die missbräuchliche Bezeichnung einer schlechten Sache mit einem guten Namen verzeihen), in denen der fettleibigsten Tiergartenbourgeoisie in stilisierten Zoten „Berliner Humor" vorgesetzt wird; der Friedrichstraße, des einzigen Orts Berlins, aus dem ein Dichter Poesie schöpfen kann, sofern es ihn der Mühe nicht verdrießt, der Moral durch die Finger und den Huren, Luden und Strichjungen ins Herz zu sehen; und da

---

1 Anspielung auf den Dichter Stefan George (1868–1933), der die Kultfigur eines elitären ästhetischen Zirkels in München war.

ich zu den nicht alle Werdenden gehöre, die noch immer auf den Tag hoffen, da die Massen sich ihrer Sklaverei wütend bewusst werden und in gesundem Hass gegen ihre Peiniger ohne Sentimentalität zum eignen Nutzen verfahren, so denke ich auch in stiller Wehmut der liebevollen Fürsorge, mit der Herr von Borries[2] abgerichtete Spürhunde, die auf den Namen Spitzel hören, bewachend hinter mir herlaufen hieß.

Berlin! Jeder gute Deutsche muss „seine" Reichshauptstadt gesehen haben, muss aus der „schönsten Stadt der Welt" drei Schock Ansichtskarten an sämtliche Cousinen, Freundinnen und Nachbarinnen gesandt haben, muss einmal die Linden lang, zweimal die Siegesallee hin- und zurück- und dreimal um den Rolandbrunnen[3] herumgegangen sein, muss 2 ½ Stunden am Lustgarten gestanden haben, um allerhöchsten Augen das frische Taschentuch zu zeigen, das zum patriotischen Hurrah in der Luft wedelt. Und muss noch vieles mehr. Oder fragt einen Deutschen, der in Berlin war, ob er nicht im Reichstagsgebäude Eugen Richters[4] und Bebels[5] Platz beschnuppert hat; ob er nicht im Apollotheater Linckeschen[6] Gassenhauern gelauscht und in Siegmund Lautenburgs Residenztheater[7] sich an den ins Deutsche verflachten französischen Schweinereien geweidet hat. Fragt ihn, ob ihn nicht ein Autotaxameter an allen Sehenswürdigkeiten vorbeikutschiert hat und ob er nicht mit derselben Begeisterung Begas'[8] besoffenen Bismarck wie Schlüters[9] großen Kurfürsten, den Menzelsaal[10] in der Nationalgalerie, wie die Kanonenparade im Zeughaus, Hermann Tietz' Abteilung für Weißwaren und Unterwäsche, wie im neuen Kaiser-Friedrich-Museum[11] den Saal der Gobelins von Rafael betrachtet hat. –

2 Georg von Borries war von 1903 bis 1908 Berliner Polizeipräsident.
3 Der von dem Bildhauer Otto Lessing geschaffene Rolandbrunnen auf dem Kemperplatz – am Ende der Siegesallee – war am 25. August 1902 enthüllt worden.
4 Eugen Richter (1838–1913), Führer der Deutschen Fortschrittspartei.
5 August Bebel (1840–1913), Mitbegründer und langjähriger Vorsitzender der SPD.
6 Paul Lincke (1866–1946), Berliner Dirigent und Komponist, der in der Zeit vor dem Ersten Weltkrieg zahlreiche populäre Schlager schrieb. Seit 1887 Kapellmeister am Königstädtischen Theater am Alexanderplatz, seit 1893 am Apollo-Theater in der Friedrichstraße. Den Grundstein für seine Karriere legte er mit der Aufführung der Operette „Frau Luna" am 1. Mai 1899, gilt seitdem als „Vater der Berliner Operette".
7 Siegmund Lautenburg (1851–1918), Schauspieler und Theaterleiter, von 1887 bis 1904 Direktor des Residenztheaters in der Blumenstraße. Unter seiner Leitung wurden dort mit viel Erfolg vor allem französische Salonstücke gespielt.
8 Der Bildhauer Reinhold Begas (1831–1911) hatte das Bismarck-Nationaldenkmal vor dem Reichstag geschaffen, das 1901 eingeweiht wurde.
9 Das von dem Berliner Hofbildhauer Andreas Schlüter (1660–1714) entworfene und im Jahre 1700 gegossene Reiterdenkmal des Großen Kurfürsten Friedrich Wilhelm stand bis zum Zweiten Weltkrieg auf der Rathausbrücke.
10 Der frühere Erste Corneliussaal in der Königlichen Nationalgalerie war um 1900 nach dem Kunstmaler Adolph von Menzel in „Menzelsaal" umbenannt worden.
11 Das Kaiser-Friedrich-Museum auf der Berliner Museumsinsel wurde am 18. Oktober 1904 eröffnet. 1956 wurde das Museum nach seinem Initiator Wilhelm von Bode in „Bode-Museum" umbenannt.

Gesamtansicht von Monte Verità: 1 Privathaus der Gründer; 2 Gemeinschaftshaus; 3 Wohnhütte; 4 Verwaltungshaus und Magazin

Monte Verità, um 1905

Gott vergebe mir die Sünde, dass ich eine Schrift über Ascona, – diesen ent-
zückendsten Fleck Erde, wo von den dunkeln Berggipfeln sehnsüchtige Schönheit sich im grünwelligen See spiegelt, mit einer Kritik meiner teuren Landsleute
beginne. Aber tagtäglich, wenn von Locarno hertrottend, eine Kompanie übels-
ter deutscher Reisephilister mit all ihrer Blödheit die herrlichen Gestade des Lago Maggiore entlanggafft, drängt sich mir der Vergleich auf mit den prächtigen
Menschen, die hier ihre Heimat haben, mit diesen Grenzitalienern mit den dunkeln offenen Augen und der frohen Lebensselbstverständlichkeit, ein Vergleich
aber auch mit den paar Ausnahms-Deutschen, die hier ihr absonderliches Leben
fristen und derentwegen ich dieses weiße Papier mit Tinte schwarz färbe …

Wenn etwas typisch ist für den Charakter einer Bevölkerung, so ist es ihre Arbeiterbewegung; und wer als vorwärts drängender Kritiker das kennen gelernt
hat, was in Deutschland unter dem Namen Arbeiter-„Bewegung" stagniert, dessen Laune müsste eitel Zuckerwerk sein, wollte er dem deutschen Volkscharakter gegenüber liebenswürdig bleiben. Ich für meine Person habe zu lange im
Kampfe für die Befreiung der Arbeiterschaft und für den Sozialismus dem feindlich gegenübergestanden, was in Deutschland Arbeiterbewegung heißt, um dem
Charakter der großen Volksmasse in Deutschland, der ganz und gar dem Charakter des Besitzmobs entspricht, die geringste Sympathie entgegenbringen zu

können. Und wenn ich angesichts des wahlbeflissenen Proletariats, das das Seinige getan zu haben wähnt, wenn es 3.000.000 sozialdemokratische Stimmen ins behördlich sanktionierte Closet[12] zerrt, nicht lache, bis ich mir den Bauch halte, wie es einige kluge Individualisten tun, sondern mit Zornesworten weiterkämpfe für die Arbeiter und gegen ihre Führer, so mag das wohl das Rudiment eines atavistischen Nationalbewusstseins sein, das mich selbst für die Deutschen noch auf die Stunde revolutionärer Selbsterkenntnis hoffen lässt.

Die psychologische Ursache der Schlappheit der Deutschen, wo immer es sich um einen Bruch mit dem Bestehenden, wenn auch für schlecht Erkannten, handelt, scheint mir in ihrer bodenlosen Gewissenhaftigkeit zu liegen. Schon Dostojewsky[13] charakterisiert in seinem „Totenhaus" einen Leidensgefährten, indem er von ihm sagt: „Er war gewissenhaft wie ein Deutscher". Es ist durchaus nicht wahr, dass das Pflichtbewusstsein, und im Zusammenhange damit die Freude an der notwendigen Arbeit ein allgemein menschlich-moralischer Zug sei. Es ist ein typisch deutscher Zug, – auch kein typisch jüdischer, wie mir ein Bekannter behaupten wollte. Nur der Deutsche ist stolz, weil er arbeitet. Der Romane empfindet die Arbeit als ein notwendiges Übel und empfindet es als Schmach, dass er sich der Notwendigkeit dieses Übels beugen muss. Und den Juden drückt nach der biblischen Mythe Gott die Arbeit als Strafe für die Erbsünde auf; auf Strafen aber pflegt man nicht stolz zu sein.

Bezeichnender als irgendwelche Deduktion beleuchten zwei Sprichwörter die verschiedene Auffassung der Pflichtarbeit bei den Deutschen und bei den Romanen. „Arbeit macht das Leben süß", lernt das deutsche Kind schon in den Windeln. Der Italiener aber lehrt seinen Säuglingen „Dolce far niente". (Süß ist es, nichts zu tun). Solche Sprichwörter sind in Wahrheit vox populi [Stimme des Volkes]. Die Revolutionsfeindlichkeit der deutschen Sozialdemokratie, ihre blinde Berufung auf Marx' Entwicklungstheorien[14], ferner die sehr geringe Zahl deutscher Anarchisten – all das erklärt sich also aus der im deutschen Volkscharakter begründeten Gewissenstreue allen einmal übernommenen Verpflichtungen gegenüber. Und das ist auch der Grund für die Intoleranz der Deutschen in Sittlichkeitssachen. – Was ist denn „Sittlichkeit"? – Doch nur gewisse durch Sitte, d. h. Gewohnheit herangezüchtete Lebensnormen. Was die meisten tun, was Sitte ist, gilt dem oberflächlichen Deutschen als Pflicht, und was von dieser allgemeinen Pflicht abweicht, ist „unsittlich". Wie viel anders, wie viel freier, wie viel schöner, wie viel liebenswerter fühlt der Italiener! Solange du nicht meine Kreise störst, tue, was dir beliebt – das ist die Lebensauffassung dieses Volks,

---

12 (Engl.): Kämmerchen, *übertragen:* Wahlkabine.

13 Fjodor Dostojewski (1821–1881), russischer Schriftsteller, wurde 1849 wegen Mitgliedschaft in einem geheimen Zirkel zum Tode verurteilt, dann aber zu 4 Jahren Zuchthaus begnadigt. In seinen „Aufzeichnungen aus einem Totenhaus" schildert er seine Leidenszeit.

14 Mühsam kannte Marx' Theorien vor allem durch revisionistische Schriften über Marx, die dessen Revolutionstheorie abschwächten und vom „friedlichen Hineinwachsen in den Sozialismus" sprachen.

soweit es nicht in den Fängen der widerwärtigen Pfaffenbrut hängt, die unter dem Deckmantel der christlichen Liebe das Gift der Moral in die unverdorbenen Temperamente spritzt.

Eine gesunde, durch keine Gesetzesparagraphen gebändigte Sinnlichkeit steckt den Italienern im Blut; ob solche Paragraphen, wie sie unter 175[15] etwa das deutsche Strafgesetzbuch zieren, in Italien oder in dem Schweizer Kanton Tessin überhaupt vorhanden sind, weiß ich nicht. Das aber weiß ich, dass die jungen Arbeiter hier miteinander tanzen und sich küssen, ohne dass irgend jemand das geringste Böse darin sieht, – und dass trotz dieser Sittenverderbnis hier ein temperamentvolles, starkes und schönes Geschlecht heranblüht, dem die dem deutschen Proletariat eigene Moralitätsduselei in tiefster Seele fremd ist, das weiß ich erst recht.

Und ein wilder revolutionärer Hass gegen ihre Bedrücker wogt diesen Menschen in den Fibern. Wie würden sie lachen, wollte man ihnen damit kommen, dass sie einen der ihren ins Parlament wählen sollen. Die Herren Turati[16] und Genossen im italienischen und besonders die Herren Greulich[17] und Genossen im schweizerischen Parlament zählt das natürliche Gefühl der großen Arbeitermasse Italiens und Tessins genauso zu den Reaktionären wie die Pfaffen der übrigen Parteien.

Hier weiß das Volk, dass eine Befreiung von allem Staats- und Kirchendruck nur möglich ist durch das Einsetzen jeder einzelnen Persönlichkeit, durch Verweigerung der Arbeitskraft – durch den Auszug auf den heiligen Berg. Hier wäre es nicht denkbar, dass Schillers „Lied von der Glocke", dieses klassische Dokument deutscher Spießerhaftigkeit und deutscher Bleichsucht, wie in Deutschland und der deutschen Schweiz – denn soweit die deutsche Zunge klingt, reicht auch der charakterlose deutsche Volkscharakter – sozusagen zur nationalen Bergpredigt werden konnte.

„Wo sich die Völker selbst befrein,
Da kann die Wohlfahrt nicht gedeihn,"

lernt der deutsche Proletarier mit Inbrunst auswendig; das Italiener-Volk, dessen Charakter ebenfalls soweit in die Erscheinung tritt, wie die italienische Zunge klingt, singt abends beim Kaminfeuer das prächtige Volkslied, das den armen Caserio[18], der seine Freunde Ravachol[19] und Henri rächte, feiert.

---

15 § 175 des Strafgesetzbuches, wonach geschlechtliche Beziehungen zwischen Männern unter Strafe standen. Mühsam beschäftigte sich mit diesem Thema in einer eigenständigen Schrift („Homosexualität", 1903).

16 Filippo Turati (1857–1932), Mitbegründer der italienischen Sozialdemokratie.

17 Hermann Greulich (1841–1925), Schweizer Sozialdemokrat.

18 Caserio Santo (1873–1894), italienischer Anarchist, ermordete 1894 den französischen Staatspräsidenten Carnot, wurde hingerichtet.

Erst 11 Jahre liegt die unerschrockene Tat dieses jungen Feuerkopfs hinter uns. Der deutsche Philister verurteilt noch heute den „nichtswürdigen Bluthund"; der deutsche Proletarier pfeift noch heute das Lied des „Vorwärts" nach, der ihn für einen irrsinnigen Fanatiker erklärte; in Italien aber ist er der Held eines in allen Volksschichten gesungenen Volksliedes geworden ...

Hier nun, mitten unter der ticineser[20] Bevölkerung, die schon ganz italienisch geartet ist und sich selbst ganz als Italienervolk fühlt, eine kurze Stunde von der italienischen Grenze, wo aber die rigorose Polizeimacht dieser Mustermonarchie noch nicht wirksam ist, sondern die schweizer Republik mit ihren demokratischen Staatsschikanen anerkanntermaßen am zahmsten herumhantiert – der Bundesstaat kennt wohl seine Tessiner! –, hier hat sich eine Kolonie Deutscher konzentriert, die in ihrer Vielfarbigkeit und der Originalität einzelner ihrer Mitglieder so sehr abweicht von der öden Schablonenhaftigkeit des teuren deutschen Vaterlandes, dass es sich verlohnt, diese Kolonisten im einzelnen sowohl wie in ihrer Gesamtheit und schließlich auch sub specie aeterni [im Lichte der Ewigkeit] einer Betrachtung zu unterziehen.

***

Ascona liegt, wie der Lago Maggiore überhaupt, neun Grade östlich von Greenwich und ist in beinahe gleichem Abstand begrenzt vom Äquator und vom Nordpol. 46 Grad südlich von jenem, 44 Grad nördlich von diesem. Jede bessere Spezialkarte bestätigt es.

Geht man von Locarno her an der Westseite des Sees entlang nach Italien zu, so stößt man ungefähr in der Mitte zwischen jenem wundervollen, nur von deutschen Hochzeits-, Handlungs- und Vergnügungsreisenden schwer entstellten Städtchen und der bei Brissago befindlichen italienischen Zollstation mit Sicherheit auf irgendeinen absonderlichen Haarmenschen. – Hier ist Ascona.

Auch dem Anblick eines buckligen, eingeborenen Trottels, des guten Paolo, entgeht man schwerlich. Gibt man ihm ein Zehn-Cent-Stück, so legt sich sein verwelktes Gesicht fächerförmig in tiefe Furchen, die sich weit über den Kropf herabziehen, und sein Grinsen lässt selbst den Gewohnheitspessimisten an das Walten einer humoristischen Allmacht glauben. Mir würde Ascona ohne Paolo vorkommen wie eine Klingel ohne Klöppel.

Ascona hat etwa 1000 Einwohner; dazu kommen 50-100 Deutsche, die ich hier einmal zusammenfassen will, obgleich wohl zu unterscheiden ist zwischen solchen, die in dem noch zu besprechenden Sanatorium „Monte Verità" bei Sonnenbädern, Früchten und Salat Heilung von wirklichen oder eingebildeten

---

19 Ravachol (1859–1892), verübte 1892 Attentate auf zwei Pariser Justizbeamte, wurde hingerichtet. Emile Henri (1873–1894), warf aus Protest gegen die Hinrichtung des anarchistischen Attentäters Vaillant eine Bombe in ein Pariser Café.
20 „Ticino" ist der italienische Name des zweisprachigen Schweizer Kantons Tessin.

Krankheiten suchen, und solchen, die hier ansässig geworden sind und die bei der Bevölkerung, gleichviel ob sie sich von Pflanzenkost oder „Leichenfraß" nähren, mit dem Sammelbegriff „Vegetariani" bezeichnet werden. Zur Weltstadt fehlt dem wie ein deutscher Flecken verwalteten Ort also noch mancherlei, und übermäßig viele sind es noch nicht, die sich an der göttlichen Herrlichkeit dieser einzigen Landschaft erfreuen.

Und wie schön diese Landschaft ist! In weitem Umkreise hohe dunkelgrüne Bergzüge, lange sanftgewellte, hie und da langsam abfallende Höhenflächen, manchmal unterbrochen von vulkanartig sich zuspitzenden Kegeln. Und wo der See im Winkel umbiegt tiefer nach Italien hinein, da schiebt sich eine neue stillmächtige Wand vor den Blick und vollendet die Umschließung. Nördlich aber, über Locarno recken sich die schneestrahlenden Zacken der Alpen riesig in die Höhe; ein wunderbarer Kontrast zu der friedlichen Bergkette im Osten, Westen und Süden.

Hellgrün ist die Farbe des Sees, seltener bläulich, nur wenn es stürmt und starke Wogen dröhnend ans Ufer schlagen, dann bäumt sich das Wasser in dunkelgrünen, gischtspritzenden Brandungen. Nirgends habe ich einen See so als Höhensee empfunden wie den Lago Maggiore. Es ist, als ob die in steiler Schräge nach dem Wasser abfallenden Hänge mit unterirdischen Fingern den Boden des Sees emporheben und als ob jenseits der Berge nach allen Seiten hin tiefe Täler liegen – viel viel tiefer als die Oberfläche des Sees.

Ascona liegt im Winkel einer flachen, von keinem Hügel gewellten Halbinsel, die sich von Locarno aus fast quadratisch in den See hinausreckt und an deren Ende die Maggia im breiten Delta in den See mündet. Wie eine Herausforderung gegen die ganze ebenmäßige Höhenstimmung ringsum diese Halbinsel. Mich stört aber die Niederung nicht, und sie ermöglicht von Ascona aus einen wundervollen Blick geradeaus nach Süden. An der Querseite entlang stehen alte echt italienische Häuser mit geräumigen Arkaden unter dem ersten Stockwerk, und davor der Raum bis zum Wasser ist breit genug, um mehrere Reihen Bäume, eine bequeme Fahrstraße und weiten Spielraum für die lebhaften und schönen Kinder zu lassen, die Asconas Hoffnung sind. Der übrige Ort liegt am Rande der tadellosen Chaussee, die sich unter den Berghängen entlang von Locarno bis Pallanza erstreckt und von Ascona ab viele Meilen weit, bis Cannobio, nach links hin unmittelbar am Seeufer entlangläuft.

Mit Asconas Sehenswürdigkeiten möchte ich mich nicht lange aufhalten. Es gibt deren auch nicht viel. Nur sei bemerkt, dass die frommen Frauen hier – die Männer sind weniger fromm – zwei Kirchen nötig haben, um ihre religiöse Notdurft zu verrichten, und dass es hier auch ein Priesterseminar gibt, ein Alumnat, in dem unglückliche Jünglinge mit dem Geist der katholischen Kirche durchtränkt, d. h. zu katholischen Pfaffen herangedrillt werden. Was uns aber am meisten auffiel, als ich im Sommer 1904 auf einer Fußtour, die ich in Gemeinschaft mit meinem Freunde Johannes Nohl[21] nach Italien hinein machte, zum ersten Mal Ascona betrat, waren eine große Menge Ruinen, traurige Trümmer ehemaliger Häuser, die am Seeufer weit entlang auf den vorderst gelegenen Hügeln den Eindruck einer erloschenen Betriebsamkeit, einer untergegangenen Kultur erwecken. Größtenteils zerfallene Weinbau-Anlagen geben diesem Anblick etwas noch Geheimnisvoll-Poetischeres.

In der Tat ist hier einmal Weinbau im großen Maßstabe betrieben worden. Aber die Reblaus kam, und die Bewohner, die ihre einzige Existenzmöglichkeit vernichtet sahen, gingen von ihren Wohnstätten fort und überließen ihre Häuser einfach dem Schicksal des Verfalls.

Daraus erklären sich auch die geradezu lächerlich billigen Preise der schönstgelegenen Grundstücke, die ihrerseits letzthin unter den deutschen Ansiedlern und denen, die es werden wollen, einen epidemisch auftretenden Grundbesitz-Kaufkoller bewirkt haben.

Natürlich ist aber auch hier schon wieder die Rückwirkung bemerkbar, indem in einem Jahre die Grundrente doch beträchtlich gestiegen ist. Im letzten Winter schloss ein Bekannter einen Kaufvertrag ab, nach dem er für ein Terrain von 2500 m, inklusive Baumaterial, soweit die Ruine dazu verwendbar wäre, im ganzen 300 Frk. zu erlegen hatte, zahlbar mit langer Frist in kleinen Raten. Vor ganz kurzer Zeit dagegen – im Mai – kaufte ein andrer Herr 20000 m für 6000 Frk., also die doppelte Summe für ein Stück Land, das dem ersteren an Schönheit der Lage nicht gleichkommt und an Bebauungsfähigkeit kaum überlegen ist.

Wenn ich bedenke, dass durch die bevorstehende Eröffnung der Simplonbahn[22], die natürlich in weitem Umkreise den Grundwert bedeutend hebt, durch die gesicherte Bahn Locarno-Pallanza, deren Station Ascona werden dürfte, durch die geplante Anlage einer Wasserleitung und anderer technischer Bequemlichkeiten eine weitere und immer wachsende Steigerung der Bodenrente zu erwarten ist, so graut mir vor der schauderhaften Aussicht, geschäftsbeflissene Banausen könnten hier zu Spekulationszwecken Land erwerben und etwa modische Villen hier erstehen lassen, von denen die Landschaft bis jetzt gottlob noch nicht befleckt ist.

Noch ist es schön und still hier. Noch genügen den wenigen, die statt auf den Monte Verità in Kur zu gehen, lieber im Ort selbst wohnen, die eingesessenen, alten Wirtschaften, an denen natürlich bei dem trinkfesten Tessinervolk kein Mangel herrscht. Male ich mir aber aus, hier könnten Hotels und Kurhäuser entstehen, aus Ascona könnte eine Sommerfrische werden, wo deutsche Rentner und Töchterpensionate Ozon schlürfend spazieren ständern, wo asthmatische

---

21 Johannes Nohl (1882–1963), enger Freund Mühsams (1915 endet die Freundschaft wegen Differenzen zum Krieg).

22 Die von der Schweiz betriebene Simplonbahn mit dem rund 20 km langen Simplontunnel, der das schweizerische Brig mit dem italienischen Iselle verband, konnte 1906 fertiggestellt werden.

Tanten ihren hühnerbrüstigen Nichten eine passende Partie suchen – dann wollte ich lieber, einer der umliegenden Berge enthüllte einen ungeahnten mildtätigen Krater, der noch vorher alle Lieblichkeit dieses Ortes in Lava und Asche ersäufte.

Vorläufig möchte ich aber weder mir noch dem Leser mit solchen Befürchtungen die Schönheit des Lago Maggiore verekeln, von der ich freilich bei meiner mangelhaften Begabung zur Landschaftsschilderung keinen rechten Begriff geben kann. Wer sich nicht durch den Anblick überzeugen will, was hier die Natur vermocht hat, und wem's doch nicht genügt, meinen dürftigen Beschreibungen des äußerlichen Rahmens zu folgen, den mache ich darauf aufmerksam, dass Deutschlands größter Dichter Goethe in „Wilhelm Meisters Wanderjahren" und Deutschlands allergrößter Dichter Jean Paul im „Titan" so vom Lago Maggiore sprechen, dass phantasiebegabte Menschen doch wohl eine Ahnung bekommen können von den exotisch anmutenden Bäumen, die am Seeufer und auf den Bergen wachsen, von den Kakteen und Gummipflanzen, die aus den Felswänden hervorquellen, von den Bächen und Wasserfällen, deren Rauschen nachts mit dem Gesange der Nachtigallen zusammenklingt und von all den Herrlichkeiten auf dem Spiegel des Wassers, auf dem Kamm der Berge und in den Wolkenhöhen, wo die Adler kreisen.

Ich verzichte darauf, das alles anschaulich zu machen, und verfüge mich zurück in die Prosaniederung der Marktpreise.

Freilich – herumzulaufen im Ort und Schlächter, Bäcker und Gemüsefrauen um einen Preiscourant zu bitten, ist mir, und eine spezialisierte Preisstatistik in dieser Broschüre zu finden, wäre intelligenteren Lesern zu langweilig. Deshalb beschränke ich mich auf die Mitteilung, dass laut Versicherung vegetabilischer und animalischer Damen und solcher Leute, die die Fähigkeit haben, sich in ihren Ausgaben nach ihren Ressourcen zu richten – es gibt hier auch solche Käuze – das Leben in Ascona sehr billig sein soll. Ich kann darüber aus eigner Erfahrung nur berichten, dass ich für ein Zimmer mit Bedienung, notwendigster Einrichtung und prächtigster Aussicht über den See monatlich 10 Frk. zu zahlen hatte und dass die Wirte in langmütiger Vertrauensseligkeit Kredit gewähren.

Um nicht den Vorwurf zu verdienen, ich sei in meinen Angaben über Ascona nicht mit der Genauigkeit verfahren, die einem Deutschen ansteht, sei auch noch bemerkt, dass die Verbindung hier für den, der Grund hat, seinem Schuhzeug nicht zu trauen, in folgenden Möglichkeiten besteht.

Dreimal täglich im Winter, viermal täglich im Sommer legt an Asconas Gestade ein schweizerisch-italienischer Dampfer an, der mit geschlachteten Kälbern, Frachtkisten, Reisekoffern und Arbeitern auf der einen, mit italienischen Pfaffen und internationalen Reisesüchtigen erster Klasse auf der andern Seite beladen ist; zweimal täglich klingelt die Post Locarno-Brissago und ebenso oft dieselbe Post Brissago-Locarno mit Briefen, Paketen, Zeitungen und Passagieren durch den Ort; und je viermal täglich hält hier ein Automobil-Omnibus Locarno-Pallanza-Gravellona, der auf der Hin- und Rücktour für einige Minuten die schöne Gegend mit Lärm und Gestank versieht. Dass die Chaussee daneben von Fahrrädern mit Pedal- oder Motorbetrieb, von Mietskutschen und Privat-Autos wimmelt, dass einem Angst und Bange werden kann, versteht sich am Rande.

So also ist der Ort beschaffen, den sich ein Rudel von Eingängern zur Stätte der Wirksamkeit erkoren hat.

***

Nun wäre es jawohl auch meine Pflicht und Schuldigkeit, den historischen Werdegang der Entwicklung Asconas von einem Tessiner Grenzflecken mit ungestört italienischem Gepräge zu einer deutschen Sonderlings-Kolonie aufzurollen. Leider bin ich aber über die Anfänge des jetzigen Zustands zu wenig orientiert und muss mich mit der Feststellung begnügen, dass vor etlichen Jahren eine Anzahl Vegetarier, die sich im Harzer Jungborn[23] getroffen hatten, die dann von dort miteinander gen Süden gezogen waren und, ich glaube in Rapallo, den Beschluss zu einer ethisch-sozial-vegetarisch-kommunistischen Siedlung fassten, auf der Suche nach einem hierzu geeigneten Gelände den Platz fanden, der heute „Monte Verità" heißt. Schön gewählt ist dieser Platz jedenfalls, ob er auch praktisch gewählt war, steht dahin. Der „Monte Verità" ist ein hochgelegenes Plateau mit wundervollem Blick über den Lago Maggiore, zu dem man von Ascona aus etwa 20 Minuten ziemlich steil zu steigen hat.

Die ersten Ansiedler also bauten dort eine oder mehrere Holzhütten, und anfangs soll sich ein recht hübsches kommunistisches Leben entwickelt haben, hübsch besonders für alle diejenigen, die mit leerer Tasche sich zu den Kommunisten hinzufanden. Der Dilettantismus eines solchen Beginnens liegt auf der Hand. Kommunistische Siedlungen, die nicht auf der Basis einer revolutionär-sozialistischen Tendenz erwachsen sind, werden stets Fiasko machen müssen, zumal wenn das Band, das die Teilnehmer seelisch aneinander bindet, ein so belangloses ist wie das Prinzip des Vegetabilismus. Natürlich konnte das ideale Zusammenleben nicht von langer Dauer sein. Man musste daran denken, den steigenden Kosten des gemeinsamen Betriebes in gewinnbringenden Anlagen ein Äquivalent zu schaffen, und so entstand das Sanatorium, das sich allmählich mit zwingender Notwendigkeit zu einem rein kapitalistischen Unternehmen entwickelt hat, an dem eigentlich nur noch einige in der Hausordnung gebotene Primitivitäten und der radikal durchgeführte Vegetabilismus an den ethischen Ursprung erinnern. Erstere dürften wohl in absehbarer Zeit den höheren Ansprüchen verwöhnter Kurgäste zum Opfer fallen. Der Bruch mit dem Prinzip einer sozial-ethischen Gemeinschaft musste den Bruch der Teilnehmer untereinander

---

23 Naturheilanstalt bei Stapelburg im Harz, die im Juni 1896 von dem gelernten Buchhändler Adolf Just (1859–1936) eröffnet wurde.

selbstverständlich mit sich führen. Mehrere von ihnen räumten denn auch dem Begründer des Sanatoriums, Herrn Henri Oedenkoven[24], der heute noch Besitzer des Monte Verità ist, das Feld und kauften sich selbständig Grundstücke, auf denen sie nach eigenem Belieben schalteten. Ihr Beispiel fand mehr und mehr Nachahmung, und so kommt es, dass in Ascona und den Nachbardörfern jetzt eine große Zahl von Grundstücken in den Händen Deutscher ist, von denen die Mehrzahl Vegetarier sind.

Der Monte Verità bietet heute für den sozialen Beobachter kein großes Interesse mehr. Er ist ein Sanatorium wie andere auch, nur eben ein vegetarisches. Da ja aber die Vegetarier vor andern Deutschen zunächst den Vorzug haben, dass sie sich wenigstens in ihren äußeren Lebensgewohnheiten von den Gepflogenheiten der Massen unterscheiden, so trifft man da oben denn doch hie und da einen Menschen, der als Individualität bestehen kann.

Ich sehe mancherlei Parallelen zwischen der Entwicklung des „Monte Verità" von einem ideellen Experiment weniger zu einem kapitalistischen Sanatorium, das jedem offen steht, der bezahlt, einerseits, und der Neuen Gemeinschaft der Brüder Hart[25] in Berlin andrerseits, die in ihren Ideen und Prinzipien Großes verhieß, dann aber in dem sozialen Angstprodukt von Schlachtensee, das schließlich zu einer Hotelpension mit ethischem Firmenschild wurde, elend verendete.

Hier war es die dogmatische Unduldsamkeit der Begründer selbst, woran die Idee zugrunde ging, die glaubten, soziale Gebilde aus Weltanschauungen gestalten zu können, ferner der ungehemmte Zulauf harmloser Ethiker, die sich von

---

24 Eine Gruppe von Lebensreformern, Vertretern eines Weges zwischen Kapitalismus und Kommunismus, gründete 1900 und eröffnete 2 Jahre später die zuerst urkommunistische, dann individualistische vegetabilische Kooperative auf dem Monte Verità. Henri Oedenkoven (1875–1935), belgischer Industriellensohn, wollte die Erfahrungen, die er mit Naturheilverfahren gemacht hatte, weiter verbreiten. Außerdem hatte er das nötige Kapital. Außer ihm sind an der Gründung beteiligt: die Pianistin und Frauenrechtlerin Ida Hofmann (1864–1926), Karl Gräser (1875–1915), ehemaliger Offizier der österreichisch-ungarischen Armee, der seinen Dienst quittiert hatte und nun soldatischen Zwang ablehnte, Arthur (Gusto) Gräser (1879–1958), Maler, und Lotte Hattemer, Beamtentochter, die – damals noch nicht 20-jährig – von ihrem bürgerlichen Elternhaus ausgerissen war. Dazu kommt noch Ida Hofmanns Schwester Jenny, wie ihre Schwester Pianistin und Erzieherin. Sie alle steigen aus der bürgerlichen Gesellschaft aus. Henri Oedenkoven und Ida Hofmann, Karl Gräser und Jenny Hofmann leben auch in freier Ehe auf dem Monte Verità. Henri Oedenkoven heiratet später allerdings die Engländerin Isabelle Adderley, mit der er auch 3 Kinder hat. Zwischen den Gründungsmitgliedern gibt es Spannungen. Henri Oedenkoven und Ida Hofmann wollen ein modernes Natursanatorium, Karl Gräser will eine kommunistische Kolonie nach den Lehren des Frühsozialisten Charles Fourier. Henri Oedenkoven und Ida Hofmann setzen sich durch; er hat ja auch das Kapital. Die Mitglieder der Gegenpartei verlassen den Monte Verità. Henri und Ida Hofmann bauen die Naturheilanstalt aus. Die anderen siedeln zumeist in der Umgegend neu. 1920 geht der Berg in andere Hände, weil Henri Oedenkoven den Monte Verità aufgibt und verkauft.

25 Heinrich Hart (1855–1906) und Julius Hart (1859–1930), Schriftsteller und Journalisten, Vorkämpfer des Naturalismus, Mitglieder des Friedrichshagener Dichterkreises und Gründer der „Neuen Gemeinschaft".

der Welt missverstanden fühlten, und nicht zum mindesten der Einfluss der Frauen, die auf der einen Seite die Neue Gemeinschaft zu ihrem Emanzipationsherd aufkacheln wollten, auf der andern Seite die philosophischen Ewigkeitsfragen, um die es sich handelte, im Kochtopf und Waschfass ersäuften.

Ganz ähnlich war es auf dem „Monte Verità". Der Vegetarismus wurde zu einer menschheitbefreienden Idee aufgepustet, und als die Beteiligten aus dieser recht irrelevanten Weltanschauung heraus ihre sozialen Träume nicht verwirklichen konnten, versuchte man es mit der ganz unmöglichen Verquickung eines ethischen Prinzips mit einem kapitalistischen Spekulationsunternehmen. Wie in solchen Fällen immer musste die Ethik hierbei den Kürzeren ziehen, und heute kann man über die Rudimente dessen, was werden sollte, über die gutmütige Laune des Besitzers, der „Mitarbeiter" in fünfstündiger Arbeitsfrist nötige Handreichungen verrichten lässt, wobei er natürlich ohne regulär bezahlte und ausgebeutete Arbeitskräfte doch nicht auskommt (darin liegt kein Vorwurf gegen Herrn Oedenkoven), und über die Hausordnungsbestimmung, dass sich jeder Kurgast seine Lufthütte selbst in Ordnung halten muss, nur noch lächeln. So schmeichelte sich auch Julius Hart in Schlachtensee dann noch mit der Illusion, hier bereite sich das Leben einer neuen, abgeklärten Menschheit vor, als die Neue Gemeinschaft schon lange in den Kreis der wenigen Auserwählten jeden guten Bürger aufnahm, der sich bereit fand, in ihrem Heim ein Zimmer für sich zu mieten.

Was die Mitwirkung weiblicher Kräfte an irgendeinem einigen Fernblick erfordernden Unternehmen betrifft, so steht für mich a priori [von vornherein] fest, dass die alten Griechen, Römer und Orientalen von einem sehr sicheren Instinkt geleitet wurden, indem sie den Weibern zu jedwedem wichtigeren Beginnen den Zuschauerplatz anwiesen. Wohl weiß das listig tastende Gefühl der Frau das Naheliegende oft genug rascher zu erkennen und richtiger zu bewerten als der bedächtig abwägende Mann. Wo es sich aber um Organisieren handelt, bzw. um die Verwaltung groß angelegter Institutionen, da – cave mulierem [hüte dich vor der Frau]! Deshalb eben bin ich ein so begeisterter Anhänger der von den Frauenrechtlerinnen betriebenen Beteiligung des zarten Geschlechts an der Staatsregierung, weil ich gar kein geeigneteres Mittel ausdenken kann, um die segensreichen Einrichtungen unserer Zentralgewalten in Grund und Boden zu arbeiten.

Wie weit diese allgemeine Betrachtungen auf die besonderen Verhältnisse des „Monte Verità" anzuwenden sind, entzieht sich meiner intimeren Beobachtung. Ich weiß nur soviel, dass an der ursprünglichen Anlage sowohl wie an der ferneren Gestaltung der Dinge Frauen hervorragenden Anteil hatten, und ich weiß ferner, dass aus der anfangs beabsichtigten Gemeinschaft etwas geworden ist, was damit nur noch sehr entfernte und sehr äußerliche Ähnlichkeiten aufweist. Wenn ich nun zwischen diesen beiden Tatsachen vermöge meiner oben ausgesprochenen skeptischen Auffassung von dem Wert weiblicher Beihilfe an sozialen Bestrebungen einen kausalen Zusammenhang konstruiere, so möchte ich damit den auf dem „Monte Verità" tätigen Damen keineswegs zu nahe treten. Ich weiß ihre Ausdauer und Unverdrossenheit sehr wohl zu schätzen, nur will eben meinem subjektiven Eindruck die Art der ihnen zugewiesenen Obliegenheiten im Prinzip ungeeignet erscheinen.

Die dritte und bedenklichste Erscheinung, von der analog der Neuen Gemeinschaft auch der „Monte Verità" heimgesucht wurde und wird, sind die ethischen Wegelagerer mit ihren spiritistischen, theosophischen, okkultistischen oder potenziert vegetarischen Sparren. Wer je in Vereinigungen irgendwie absonderlicher Prägung hineingerochen hat, weiß, was ich meine, kennt die schmachtäugigen Blassgesichter, die von morgens früh bis abends spät nur beflissen sind, in untadeligem Lebenswandel Leib und Seele im Gleichgewicht zu halten. Vegetarier sind diese Geister ja fast alle. Dagegen ist auch gar nichts einzuwenden. Wenn mich jemand überzeugen könnte, für meine Gesundheit und bei meiner Konstitution sei Pflanzenkost, Alkoholenthaltung und was sonst noch alles dazu gehört, unbedingt geboten, und wäre ich der Meinung, die intensive Pflege des Leibes sei wichtiger als die des Geistes und der Seele, so würde ich auch wohl Vegetarier werden. Sicher bin ich der Meinung, dass einem Rekonvaleszenten ein paar Monate konsequent vegetarischen Lebens etwa auf dem „Monte Verità" überaus nützlich sein mögen. Wenn mir aber jemand mit allgemeinsittlichen Vorhaltungen kommt, mir „Leichenfraß" vorwirft und sich als den höhern Menschen aufspielt, so wirkt er auf mich im höchsten Maße lächerlich.

Mit solch läppischen Albernheiten aber begründen die meisten ihren Vegetarismus. Als ob sie nicht mit jedem Radieschen, das sie verzehren, ein Stück Leben vernichten und sich von „Leichenfraß" nähren! – Solche Leute aber sind auf dem „Monte Verità" natürlich immer zu finden gewesen. Sie tragen ihren zum Schutz vor Sonnenbrand sehr zweckmäßigen Leinenkittel wie ein Priester seinen Talar, und die Haare, die sie sich, wie viele Künstler aus ästhetischen, aus naturgemäßen Gründen lang wachsen lassen, wallen ihnen um die verzeichneten Christusköpfe, als wohnten ihrer Mähne magische Kräfte inne. Dass solche Elemente, die mit äußerlichem Aufputz Innenleben zu markieren trachten, den ernsten Ideen eines Unternehmens als Hemmschuh anhängen, liegt auf der Hand, und ich bin überzeugt, dass aus dem „Monte Verità" ganz etwas andres hätte werden können, wären diese Herrschaften von vornherein mehr im Hintergrunde gehalten worden. Ich habe die Sorte in der Zeit, als ich noch der Neuen Gemeinschaft mit Enthusiasmus ergeben war, hinreichend kennen gelernt und weiß, wie sie sich mit ihrem bisschen „Weltanschauung" als „Individualitäten" aufblasen, während sie doch einander gleichen wie durchgepaust.

An dieser Stelle mag die Wiedergabe eines Liedes am Platze sein, das mir jüngst in einer verbrecherischen Stunde entfuhr und das den Vegetarier als Sammelbegriff vielleicht besser illustriert als eine weitschweifige Charakteristik.

Der Gesang der Vegetarier

Ein alkoholfreies Trinklied
(Mel. „Immer langsam voran")

Wir essen Salat, ja wir essen Salat
Und essen Gemüse früh und spat.
Auch Früchte gehören zu unsrer Diät.
Was sonst noch wächst, wird alles verschmäht.
Wir essen Salat, ja wir essen Salat
Und essen Gemüse früh und spat.

Wir sonnen den Leib, ja wir sonnen den Leib,
Das ist unser einziger Zeitvertreib.
Doch manchmal spaddeln wir auch im Teich,
Das kräftigt den Körper und wäscht ihn zugleich
Wir sonnen den Leib und wir baden den Leib,
Das ist unser einziger Zeitvertreib.

Wir hassen das Fleisch, ja wir hassen das Fleisch
Und die Milch und die Eier und lieben keusch.
Die Leichenfresser sind dumm und roh,
Das Schweinevieh – das ist ebenso.
Wir hassen das Fleisch, ja wir hassen das Fleisch
Und die Milch und die Eier und lieben keusch.

Wir trinken keinen Sprit, nein wir trinken keinen Sprit,
Denn der wirkt verderblich auf das Gemüt.
Gemüse und Früchte sind flüssig genug,
Drum trinken wir nichts und sind doch sehr klug,
Wir trinken keinen Sprit, nein wir trinken keinen Sprit,
Denn der wirkt verderblich auf das Gemüt.

Wir rauchen nicht Tabak, nein wir rauchen nicht Tabak,
Das tut das scheußliche Sündenpack.
Wir setzen uns lieber auf das Gesäß
Und leben gesund und naturgemäß.
Wir rauchen nicht Tabak, nein wir rauchen nicht Tabak,
Das tut nur das scheußliche Sündenpack.

Wir essen Salat, ja wir essen Salat
Und essen Gemüse früh und spat.
Und schimpft ihr den Vegetarier einen Tropf,
So schmeißen wir euch eine Walnuss an den Kopf.
Wir essen Salat, ja wir essen Salat
Und essen Gemüse früh und spat.

Dieser Gesang soll übrigens nicht nur auf den „Monte Verità" bezogen werden. Auch die im Ort selbst wohnenden Vegetarier werden hie und da Heimatklänge darin hören, und wer ihn mir am schwersten übel nimmt, der mag versichert sein, dass er am portraitähnlichsten darin photographiert ist.

Die Bewertung der hygienischen Anstalt, als welche ich den „Monte Verità" allein noch auffasse, gehört nicht in den Rahmen dieser Broschüre. Geschmeckt hat mir persönlich die Rohkost, die dem Hungrigen dort vorgesetzt wird, stets vorzüglich. Auch fand ich immer unter den Kurgästen der Anstalt vortreffliche und interessante Menschen. Der Besitzer des Sanatoriums, Herr Oedenkoven, ist ein ästhetisch fein empfindender Mann, und die von seiner Gattin geleiteten musikalischen Abende, denen ich beiwohnte, waren genussreich und verständnisvoll arrangiert. Mehr habe ich über das Prinzipielle hinaus hierzu nicht zu bemerken. Die Abfassung von Reklamebroschüren überlasse ich dem „lichtvollen Historiographen", Herrn Professor Ludwig Pietsch[26] in Berlin, dem Autor der epochemachenden Schrift über den Kaiserkeller.

***

Ich komme jetzt zu den Sezessionisten des „Monte Verità", zu den Mitbegründern der ursprünglichen vegetarischen Gemeinschaft, die aus der Umwandlung in ein Sanatorium die Konsequenz zogen, und ich beginne mit der interessantesten, tiefsten und bedeutendsten Persönlichkeit unter allen Kolonisten, Carl Gräser. Dieser Mann, der einmal Offizier gewesen ist, lebt jetzt mit seiner Frau Jenny Gräser auf einem ziemlich umfangreichen Grundstück, das die beiden durch ihrer eignen Hände Arbeit bewohnbar gemacht haben. Es ist ihr Stolz, möglichst alles, was sie zum Leben nötig haben, selbst herzustellen. Sie begnügen sich daher mit den primitivsten Bedarfsmitteln und lehnen es fast prinzipiell ab, den gemeinhin üblichen Tauschverkehr mit der Außenwelt durch Geldmünzen zu bewirken.

Gräser ist der erste Mensch, der mir begegnet ist, der mit starrer Konsequenz das, was er theoretisch als richtig erkannt hat, in die Praxis umsetzt. Es gibt köstliche Anekdoten, wie sich das seltsame Paar prinzipiengetreu mit den ärgerlichen Einrichtungen ihrer Umwelt abfand.[27]

Frau Gräser, die über eine sehr schöne Stimme verfügt, musste einmal den Zahnarzt aufsuchen: sie bezahlte den ihr geleisteten Dienst mit dem Vortrag einiger Lieder. Soll etwas, was die beiden nicht allein herstellen können, erhandelt werden, so gehen sie mit selbstgezüchtetem Obst nach Locarno und Bellinzona und werden mit dem Kaufmann über den Tausch stets einig.

---

26 Ludwig Pietsch (1824–1911), bekannter Kunstschriftsteller und Gesellschaftsberichterstatter.
27 Erich Mühsam wollte, wie er seinem Vater am 13.5.1906 schreibt, die Aufzeichnungen Gräsers publizieren, was aber nicht erfolgte.

Was aber irgend selbst geschaffen werden kann, das erhandeln sie nicht von andern. Ich traf Gräser einmal an, als er damit beschäftigt war, sich aus einem Stück rohen Holzes einen Esslöffel zu schnitzen, ein andermal verfertigte er gerade ein Paar Sandalen.

Diese Arbeiten begleitet er mit allgemeinen Betrachtungen und Sentenzen über die Schönheit der Natur, über seine persönliche Beziehung zum Weltganzen und über seine selbstgefundenen Erkenntnisse.

Sein Ideenkreis ist ein recht begrenzter, aber innerhalb dieser Begrenztheit doch ein sehr tiefer. Seine Philosophie lässt sich in Kürze vielleicht so fassen: Gleiches findet sich überall zum Gleichen: Gutes zum Guten, Schlechtes zum Schlechten, Schönheit zu Schönheit, Kraft zu Kraft und Schwachheit zu Schwachheit.

In der Natur sieht er alles Gute, Schöne, Kräftige, Reine in höchster Vollendung; darum ist ihm die Phrase „Zurück zur Natur!", die die schwächlichen Geister der Schablonen-Vegetarier sinn- und verstandlos einander vorpredigen, innerste Lebenssehnsucht geworden. All sein Trachten und Handeln geht deshalb dahin, in Wort und Tat sich mit der Natur, diesem Inbegriff aller Vollendung, möglichst zu „gleichen".

(Wie alle Naturphilosophen hat auch Gräser die Eigentümlichkeit, seinen Ansichten neue Ausdrücke anzupassen und etymologische Zusammenhänge zwischen verschiedenen Begriffen zu konstruieren, die häufig genug recht willkürlich ausfallen.)

Die Beschäftigung mit den Buchweisheiten andrer weist er grundsätzlich zurück. Er sieht darin eine Hemmung seines eignen, natürlichen Vorstellungsvermögens. Nur was er selbst aus dem Gefühl heraus gefunden hat, ist für ihn wahr und wert, im Handeln zum Ausdruck zu kommen. Nur der eigne, frei und unabhängig von jedem theoretischen Programm gefasste Entschluss scheint ihm dem Wesen der Natur zu entsprechen, deshalb ist ihm Spontanität und Unmittelbarkeit im Handeln gleichbedeutend mit naturgemäßem Handeln.

Ein sehr ähnlicher Gedanke findet sich in Otto Weiningers[28] posthumem Buch „Über die letzten Dinge", wo es in dem Abschnitt von der „Einsinnigkeit der Zeit" heißt:

> Tue, sage oder handle ich, was ich mir vorgenommen habe, so streiche ich die Zeit, die zwischen jedem Augenblick der Überlegung, und dem neuen, der die Handlung erfordert, liegt. Ich begehe die Lüge gegen den neuen Augenblick, setze ihn nämlich als identisch mit dem freieren und bin damit zugleich determiniert, indem ich mich durch einen früheren Augenblick durch empirische Kausalität determiniert habe. Ich handle nicht mehr frei aus dem ganzen meines Ich heraus. Ich

---

28 Otto Weininger (1880–1903), österreichischer Philosoph, Hauptwerk: „Geschlecht und Charakter" (1903).

suche nicht mehr neu, das richtige zu finden; und bin doch wirklich ein andrer, als in jenem früheren Moment, zum mindesten um jenen reicher und nicht mehr ganz identisch mit dem früheren.

Weininger erinnert in diesem Zusammenhange selbst an den Bibelvers Ev. Matth. 10.19: „Sorget nicht, was ihr sagen werdet, wenn man euch fragt, sondern sprechet, was euch der Geist eingeben wird."

Nun ist dies Prinzip der Prinzipienlosigkeit natürlich eine contradictio in adjecto [Widerspruch in sich selbst] in dem Augenblick, wo es nicht aus dem Instinkt heraus befolgt, sondern zum Prinzip des Handelns erhoben wird. Und hier fängt denn auch der Bau der Gräserschen Theorie an zu wackeln. Denn seine Gewohnheit und sein Bestreben, alles was er tut und lässt, gleichzeitig vor sich selbst zu begründen, steht nun einmal im Widerspruch zu der Idee der konsequenten Spontanität, der er im selben Augenblick Ausdruck gibt.

Immerhin ist seine Philosophie ad hominem [auf den Menschen bezogen] und das unausgesetzte Bestreben, sich danach zu richten, eine herzerquickende Erscheinung im Vergleich zu den öden, unerlebten und unverdauten Lebensmaximen, wie sie das Gros der Vegetarier auf der Zunge trägt. Diese Leute bilden sich ein, freie Menschen zu sein, und halten es nicht mehr für nötig, irgendwelche höhere innere Freiheit anzustreben; dabei aber stecken sie bis zum Halse in Unfreiheiten aller möglichen Art. Gräser dagegen arbeitet unaufhörlich an seiner seelischen Befreiung; das würde ihn allein hoch über seine ganze Umgebung erheben, wenn er nicht auch tatsächlich ein sehr viel freier empfindender Mensch wäre als jene.

Ich hatte jedesmal einen starken Eindruck, wenn ich Gräser besucht hatte. Fast ganz unbekleidet liegt er dann im Gras und philosophiert. Seine Augen sind ungleich beredter als sein Mund, denn sein Wunsch, den Gast mit jedem Wort, das er ausspricht, zu bereichern, nie etwas Banales zu sagen, gibt seiner Rede etwas Schwerfälliges; aber es ist köstlich mitanzusehen, wie dieser Mann nach dem Ausdruck sucht, der das, was er begreiflich machen möchte, am wahrhaftigsten wiedergibt.

Frau Jenny passt vorzüglich zu ihm. Sie ist ein echtes Weib und als solches imstande, sich in den Ideengang des Mannes, den sie liebt, völlig hineinzutasten. Das ist ja die beste Eigenschaft der Frauen, dass sie sich mit ganzer Seele und ganzem Geist ihrem Manne hingeben können und daher rezeptiv Gedanken und Lehren schneller in sich aufnehmen und verarbeiten können, als es manchem produktiven und scharfsichtigen Mannesgeist möglich ist, die Einsichten eines andern zu begreifen.

Karl und Jenny Gräser sprechen miteinander gradezu in einer eignen Terminologie, sie hat sich seiner Art mit so taktsicherem Verständnis angepasst, dass er ohne sie jetzt fast so wenig zu denken ist wie sie ohne ihn. Seit einiger Zeit haben sie ein Kind zu sich genommen, den vierjährigen Sohn einer bekannten sozialistischen Frauenrechtlerin, die plötzlich katholisch geworden ist. Denn die Gräsersche Ehe ist kinderlos. (Hier sei bemerkt, dass die Vegetarier-Ehen in Ascona und Nachbarorten durchweg kinderlos geblieben sind. Mir ist nur eine Ausnahme bekannt. Doch stammt, soviel ich weiß, das Kind in diesem Falle aus der vorvegetarischen Zeit. Es wäre interessant, von Sachverständigen zu erfahren, ob die Erscheinung der Unfruchtbarkeit bzw. Impotenz – viele Vegetarier zählen das Prinzip der Geschlechtsenthaltung zu ihren ethischen Grundsätzen – aus der vegetarischen Lebensweise resultiert, resp. ob der Drang zum Vegetabilismus vorwiegend bei potenzgeschwächten Individuen entsteht.)

Der kleine Habakuk, den Namen haben Gräsers ihrem Pflegesöhnchen beigelegt, der ein ausnahmsweise intelligentes und schönes Kind ist, genießt die freieste Erziehung, die man sich vorstellen kann, das heißt gar keine Erziehung. Ihm wird nichts befohlen und nichts verboten, er darf schlafen und essen, soviel und wann er will, und herumtollen, wo und wie lange es ihm nur Spaß macht. Was aber das schönste ist: seine Pflegeeltern nehmen ihn völlig ernst. Man dressiert ihn nicht, wie es deutsche Bourgeoisfamilien mit ihren Kindern tun, zu artigen Kunststücken und konventionellen verlogenen Redensarten, die er herleiern müsste, wenn Besuche kommen, sondern er sitzt mitten zwischen den Erwachsenen, und wenn er eine Bemerkung zu machen oder eine Frage an jemand zu richten hat, so wird ihm mit demselben Ernst, mit derselben Achtung zugehört und geantwortet wie jedem Großen. Wie widerwärtig ist es doch, Kinder, denen etwas geschenkt wird, zum Danke sagen zu zwingen, ehe sie fähig sind, ein Gefühl der Dankbarkeit zu empfinden. Mir verekelt es jede Gabe an ein kleines Kind, wenn es mir mit solcher angelernten Lüge antwortet. Wenn es sich wirklich über mein Geschenk freut, so weiß es sein Gefühl schon zu äußern, und zwar herzlicher und ehrlicher als so ein Berlin-W-Fratz[29], der da, wo ihm die Lüge aus dem Herzen kommt, wo er aus seiner reinen Kinderphantasie heraus allerliebste Lügen erfindet, wie für ein Todverbrechen geprügelt wird. Die Erziehung des kleinen Habakuk zu beobachten, wirkt dieser innerlich verlogenen Verbildung des Kindergemütes gegenüber, wie sie die besten Eltern im besten Glauben betreiben, einfach erlösend.

Bei all den großen Vorzügen, die Carl Gräser im Denken und Handeln auszeichnen, möchte ich ihm die eine Unfreiheit, die ich an ihm bemerken konnte, nicht zu dick ankreiden, wenn ich sie auch nicht verschweigen will. Das ist seine Unduldsamkeit gegen wirkliche oder vermeintliche Schwächen andrer.

Unduldsamkeit ist dann notwendig und angezeigt, wenn man im Kampfe für eine Menschheitsidee durch das Verhalten des andern sein Bestreben gefährdet sieht. Bei Gräser aber, der immer wieder ausdrücklich betont, er verzichte dar-

---

29 „W" war die postalische Abkürzung für „West". Im Berliner Westen wohnten traditionell die wohlhabenden Bürger der Hauptstadt.

auf, für die Befreiung einer andern als nur seiner eignen Persönlichkeit zu kämpfen, ist die Intoleranz ein leidiger Beweis dafür, dass er seinem Ziel noch recht weit entfernt ist. Ich weiß aus eigner Beobachtung, dass er einem Menschen gegenüber, dem er stets freundlich begegnet war, sein Verhalten von dem Augenblick an änderte, als er ihn einmal bezecht sah. Darin liegt eine Kurzsichtigkeit, eine Inkonsequenz und eine innere Unfreiheit. Kurzsichtig ist dies Verhalten deshalb, weil Gräser gar nicht einzudringen versucht in die psychologischen Vorgänge, die den andern vielleicht grade im Alkohol die Befreiung von momentanen oder konstanten Leiden suchen ließ; inkonsequent ist es, weil es moralisierend Stellung nimmt zu der Lebensart eines andern, was dem Gräser'schen Grundsatz, nur an der eignen Vervollkommnung zu arbeiten, stracks zuwiderläuft; und die Kurzsichtigkeit und die Inkonsequenz entspringen einer Unfreiheit insofern, als sich hier die Aufstellung einer allgemeingültigen Moral, und damit die Unterwerfung unter diese, somit also eine schwere innere Abhängigkeit ergibt.

Ich bin indessen vollkommen überzeugt, dass Gräser bei dem schweren und ernsten Ringen mit sich allmählich auch dahin gelangen wird, diese Schwäche abzulegen und so den letzten Querstrich, der sich ihm noch zwischen die Übereinstimmung von Denken und Handeln drängt, auslöscht. Schon jetzt ist er von allen in Ascona eingesessenen Deutschen bei weitem die originalste und am ernstesten zu beurteilende Persönlichkeit.

✳✳✳

Lotte H.[30] „Die Lotte", die gehört auch noch zu denen, die den „Monte Verità" begründen halfen, sich dann aber, als der Hase anders lief, als er getrieben werden sollte, auf eigne Faust ansiedelte. Zuerst hatte sie es allerdings noch als Mitarbeiterin in dem Sanatorium versucht gehabt und „Portiönchen ausgeteilt", wie sie selbst sich ironisch ausdrückt, bevor sie einsah, dass in solchem Betrieb die ewige Glückseligkeit nicht zu erwerben sei.

Nannte ich Gräser die originalste Persönlichkeit unter den Asconeser Ansiedlern, so hat Lotte unbedingt Anspruch darauf, als originellstes Wesen der ganzen Gegend angesprochen zu werden. Man wird den Unterschied der beiden Begriffe fühlen. Ihre Originalität hat einen starken Einschlag ins Groteske, Abenteuerliche, Absurde.

Dass sie die Tochter eines höheren preußischen Beamten ist, sieht man ihr in der Tat nicht an, wenn sie, den rundlichen Körper in die notdürftigsten, Kleidungsstücke vorstellenden Textilerzeugnisse gehüllt, einige Blumen in den Händen und in den wüsten flachsblonden Haaren, die Chaussee entlangträllert. Ihr eine Viertelstunde südlich von Ascona sehr hübsch gelegenes Grundstück mit dem

---

30 Lotte Hattemer, vergiftete sich 1906 mit einem von Otto Gross gereichten Mittel.

fensterlosen, schief dastehenden Häuschen erweckt denselben romantisch-chaotischen Eindruck wie die Besitzerin. Irgendwo im Freien verstreut, liegt eine Decke und ein Reisigbündel. Das ist Lottens Nachtlager. Hie und da stolpert man über ein Kleidungsstück, ein Küchengeschirr oder ein Andenken aus der höheren Tochterzeit. Im Hause selbst, das aus zwei übereinanderliegenden Räumen besteht, sieht es noch bunter aus. In tollem Durcheinander Koffer, Utensilien, Nahrungsmittel, Bücher, Briefe und Ratten; dazwischen Bindfaden, Lederriemen, Matratzen, Holzklötze und was noch alles. Eine einzelne Sandale, ein ehemaliger Hut und ein paar Glasscherben vervollständigen das Bild.

In dieser Umgebung haust die Lotte nun seit Jahren mutterseelenallein. Ob sie sich dabei glücklich fühlt? Sie tut so. Und man muss es ihr lassen, sie tut mit viel Geschick so.

Lottens Charakter ist lange nicht so durchsichtig wie der Gräsers, und es ist nicht leicht, aus der Fülle der einander widersprechenden Eigenschaften ein einigermaßen scharfes Bild ihres Inneren zu gewinnen. Auch möchte ich das junge Mädchen nicht durch allzu intime Indiskretionen kränken. Trotzdem muss ich etwas näher auf ihre Art eingehen, weil die ganz eigenartige Entwicklung der Lotte fast nur aus ihrer Umgebung heraus zu erklären ist und deshalb typisch ist für die Erkenntnis der Einwirkung absonderlicher Gesellschaftsumstände auf die einzelnen Glieder solcher lockeren Gemeinschaften überhaupt.

Zweierlei ist zur Charakteristik der Lotte zunächst von Bedeutung: einmal ihre katholische Herkunft und daraus entspringend ihr Hang zum Mystischen und zweitens der unverkennbare Einfluss Gräsers auf ihre Ideenbildung, dieses bei aller Natur- und Ich-Versunkenheit doch ganz nationalistisch empfindenden, nach innerer Unabhängigkeit lechzenden Menschen.

Den Einfluss verborgener Kräfte hinter den Dingen zu erkennen, rastlos sich hinzugeben, aufzugehn im Gefühl der Gotteskindschaft, demütig anzubeten und im Glauben zu leiden und doch zugleich sich als Mittelpunkt zu wissen, als treibende Kraft zu betätigen, spontan draufzugehn und sorglos jeder Laune zu folgen, dahin geht, wie mir scheint, wohl ziemlich unterhalb der Bewusstheit ihr Streben. Daraus entspringt auch wohl die Zwiespältigkeit ihrer Wesensäußerungen.

Das unablässige Bemühen nun, zwei so heterogene Empfindungen miteinander zu verquicken, lässt die Lotte nie aus dem Zustand einer fast krankhaften Ekstase herauskommen. Dazu kommt, dass der Eindruck des Gewaltsamen in ihrem Benehmen dadurch noch verstärkt und peinigender empfunden wird, dass ihre völlig misautische[31] Natur sie zwingt, den ihr ganz unnatürlichen philautischen Zug spontaner Energieentfaltung konstant nach außen hin zu dokumentieren. Ist doch eine Frau ohnehin nicht imstande, eine von außen her kommende Erkennt-

---

31 Misautisch: selbstverachtend; philautisch: selbstliebend.

nis mit ihrem ganzen Wesen zu verschmelzen, sofern nicht durch die Kraft der Liebe die Erkenntnis des Mannes von vornherein als Gefühl in ihr aufsteigt.

Ich habe es viele Male beobachtet, wie sie aus einem Kreise gemütlich beieinander sitzender Menschen plötzlich ostentativ verschwand, um nach einer Viertelstunde mit Blumen behangen ostentativ wiederzukommen. Dann war offenbar aus irgendeiner Ursache plötzlich eine religiöse Stimmung über sie gekommen – soweit war ihr Empfinden natürlich; zugleich aber erinnerte sie sich ihres Vorsatzes, jeder Stimmung im Moment nachzugeben, was sie sich auslegt, als ob sie sie den andern Menschen deutlich machen müsste. Deshalb lenkt sie durch ihren gezwungenen Aufbruch die Aufmerksamkeit auf sich und deutet dann durch den botanischen Aufputz die gehobene Stimmung an, in die sie sich versetzt fühlte.

Es ist nicht immer leicht, die psychologischen Gründe ihres oft sehr wunderlichen Gebahrens zu erkennen, und ich maße mir keineswegs an, mit meiner Erklärung ihres Charakters das Wesen dieses unzweifelhaft selten tief veranlagten Mädchens erschöpft zu haben. Mir kam es nur darauf an, einmal an einem markanten Beispiel darauf hinzuweisen, wie ungeheuer stark die Umgebung individuell gearteter Menschen und die fortwährende Verbindung mit der Natur auf ebenfalls individuell geartete Menschen, die aber für einen völlig andern Rahmen geschaffen sind, zu wirken vermag.

Wie die Wesensart Lottens bei ihrem bloßen Anblick äußerlich in die Erscheinung tritt, das will ich damit zu illustrieren versuchen, dass ich immer, wenn ich sie in ihrem primitiv-phantastischen Anzug daher schweben sehe, das schöne Lied singen möchte: „Vom Himmel hoch, da komm ich her –", und dass ich manchmal glaube auch die Drähte noch zu sehn, an denen sie Gottvater herumtanzen lässt. Alles in allem ist Lotte eine sehr bemerkenswerte und komplizierte Erscheinung, die der, der sie einmal kennen gelernt hat, so leicht nicht wieder vergisst, gleichviel, ob ihn sein inneres Gefühl ihrer Art sympathisch oder antipathisch gegenüberstellt.

***

Es würde natürlich viel zu weit führen, wollte ich die ganze Schar der sonst noch hier ansässigen Ausnahmsgestalten breitspurig aufmarschieren lassen. Ich will mich damit begnügen, noch einige besonders charakteristische Originalitäten einzelner Anwohner kurz zu berühren, um dann noch zwei ganz aus dem Rahmen der Asconeser Ansiedlerschaft fallende und darum um so bemerkenswertere Persönlichkeiten zu behandeln.

Zuerst noch eine Frau: Elly L.[32], die noch weiter hinaus ein in gänzlicher Abgeschiedenheit, wundervoll zwischen großen Höhlen und Fuchsbauten gelegenes Häuschen bewohnt. Elly ist das strikte Gegenteil der Lotte. An ihr ist nichts Er-

---

32 Elly Lenz (1874–1945), Malerin.

künsteltes, nichts Gemachtes, nichts Forciertes. Aber eine vollendete Zigeunernatur ist sie, wie man sie unter Frauen sehr selten findet. Ihr würde es ein Leichtes sein, wenn irgend ein äußerer Antrieb sie dazu bewöge, ihr allerliebst aussehendes Zimmer, den einzigen bewohnbaren Raum ihrer Klause, zu verlassen und sich in diametral entgegengesetzte Lebensverhältnisse zu fügen. Sie ist ein Weib, das nicht mehr sein will als ein Weib und grade darum mehr ist als die meisten Weiber. Den Moralbegriffen der Kreise, denen sie entstammt – Elly ist eine deutsche Professorstochter –, steht sie mit den denkbar freisten Anschauungen gegenüber und ist dabei weder auf den Vegetarismus noch auf sonst einen Ismus versessen. Dass sie die größte Freiheit in der Auffassung des Lebens mit der größten Freiheit von allen absonderlichen Originalitäten verbindet, das ist ihre einzige und nicht geringe Originalität.

Einer besonders ulkigen Marotte wegen möchte ich ferner einen Herrn erwähnen, der in Orsolina, einem zwischen Locarno und Ascona gelegenen Orte, wohnt. Dieser Herr ist nicht nur Rohköstler und Temperenzler, er verschmäht es sogar, rohe Weintrauben zu genießen, und begründet das mit seinem Keuschheitsprinzip. Weintrauben, behauptet er, wirken auf die Geschlechtsnerven, denn schon die alten Griechen feierten das Fest des Dionysos zugleich mit dem der Aphrodite. Dies nur als Beispiel für die Begründungen, die man hier von allen möglichen Leuten für alle möglichen Torheiten tagtäglich zu hören bekommen kann.

Genannt seien schließlich noch ein Hypochonder, der sich nie unter Leuten sehen lässt und sich immer krank fühlt, von dem ich aber nicht weiß, ob ihn der Vegetarismus hypochondrisch oder die Hypochondrie vegetarisch gemacht hat – und im Gegensatz zu diesem ein allzeit fideler ehemaliger Berliner Arbeiter, der tagaus tagein singt. Sein Grundsatz ist: Der Herrgott ist ein guter Mann, und wenn man nur tüchtig daran glaubt, kann der Lohn auf die Dauer nicht ausbleiben. In dieser Überzeugung schmettert er mit unverdrossener Gläubigkeit Choräle gen Himmel, und ein geduldiger Nachbar hat einmal gezählt, wie er hintereinander 46 mal „Nun danket alle Gott" sang.

Damit mag es genug sein der Beispiele. Auch die andern haben noch alle ihre Seltsamkeiten, die ja teilweise recht lustig sind. Sicher glaube ich, dass Ascona von den drei Vegetarier-Sammelplätzen – Obstbaukolonie Eden bei Berlin, Ascona und Samoa – in der Zusammensetzung der Mitglieder und auch schon durch die äußeren Vorbedingungen der interessanteste ist. Auf Samoa war ich freilich noch nicht, doch gibt es hier Vegetarier, die es auch dort versucht haben und mir bestätigten, dass die originellsten Typen selten bis dahin gelangen; Eden dagegen, das ich aus eigner Anschauung kenne, hält die Teilnehmer zu sehr zu gemeinschaftlicher Arbeit an, was ja im Interesse der Produktivgenossenschaft sicher von Vorteil ist, als dass sich solche Eingänger, wie sie hier zu Dutzenden hausen, dort wohlfühlen könnten.

***

Wie ein wandelnder Protest gegen die alkohol-enthaltsame Tugendboldigkeit der Vegetarier spukt die Gestalt eines Mannes durch Ascona, der meist ein wenig wankend mit unermüdlicher Geschäftigkeit von Kneipe zu Kneipe trabt. Es ist ein baltischer Baron[33], ein Hüne von Figur, dem sich die Merkmale des Gewohnheitstrinkers allmählich um Nase und Beine zeichnen. Dieser Mann verdient, grade weil er in die vegetarische Umgebung passt wie ein Kunstwerk in den Berliner Tiergarten, eine ausführlichere Betrachtung. Denn eine solche wie von einem andern Planeten hergeschneite Persönlichkeit verlockt zu soviel Vergleichen mit den Sonderlingen, die hier Durchschnitts-Deutsche sind, dass ich mir die Unterlassung einer Gegenüberstellung nicht würde verzeihen können.

Baron Alexander v. R.-L. ist stocktaub und versteht das, was man ihm zu sagen hat, nur, wenn man es ihm mit einiger Kraftentfaltung ins Ohr brüllt. Umso komischer mutet das „hör'n Se" an, das er seiner von unverfälscht kurländischem Dialekt gefärbten Rede nach jedem dritten Wort einschaltet.

Er hat eine bewegte Vergangenheit hinter sich. Jüngst gab er mir eine kleine, mit viel Humor geschriebene Skizze zu lesen, in der er seine tollen Kindheitsstreiche erzählt. Danach muss die Lust zu Abenteuern schon in seiner frühesten Jugend in ihm gelegen haben. Als das verwöhnte, nur manchmal wegen seiner gar zu wüsten Streiche verhauene Kind einer deutschrussischen Adelsfamilie wuchs er auf. Sein Hang zu Abenteuern ließ ihn Seemann werden. Er diente vom Schiffsjungen auf, wurde Matrose und befuhr von Riga aus die Ostseehäfen. Ich glaube, bis England kam er auf seinen Reisen. In dieser Zeit wurde er schwerhörig und musste deswegen den Seemannsrock an den Nagel hängen. Jetzt wurde er Goldwäscher im Ural, in der Hoffnung, hierbei große Reichtümer zu erjagen. Diese Hoffnung betrog ihn, und jetzt sumpft er, hergelockt durch seinen vegetarischen Bruder, der hier auf seiner eigenen Scholle nach allen Regeln naturgemäßer Enthaltsamkeit lebt, in Ascona herum. Er ist jetzt 38 Jahre alt – ob's ihn hier lange, ob's ihn gar für immer hier halten wird? Ich kann's so wenig wissen wie er selbst oder sonst jemand.

Wie er zum Trinker geworden ist, lässt sich mit Sicherheit natürlich nicht nachweisen. Ich denke mir, dass ihm die Liebe zum Spiritus als echtem Kurländer schon im Blut liegt, in seiner Matrosenzeit konnte er ihr ungezügelt folgen, und als dann die Taubheit dazu kam, war es nur selbstverständlich, dass ihm der Alkohol vernehmlicher Trost zusprechen konnte als die Menschen, die um ihn waren. Er ist aber gleichzeitig auch ein Opfer seiner beschränkten materiellen Verhältnisse. Sein Vater hielt ihn sehr knapp, 80 Rubel monatlich – das sind wenig über 200 Franken – ist herzlich wenig für einen Menschen mit solchen Bedürf-

---

33 Baron Alexander von Rechenbach-Linden: Mühsam vermittelte zwischen ihm und der mittellosen Schriftstellerin Franziska zu Reventlow eine Scheinehe, damit sie in den Genuss einer Erbschaft gelangt.

nissen, wie sie R.'s Herkunft und Erziehung großgezogen haben. Sich nach der Decke zu strecken, ist seine Sache so wenig wie die jedes andern, der das Gehäuse landläufiger Lebensgewohnheiten gesprengt hat. So konnte er Schulden nicht vermeiden, über deren Bedrückung ihm nur die intensive Beschäftigung mit der Weinflasche hinwegzuhelfen vermochte. Natürlich bewirkte aber die hierdurch hervorgerufene Steigerung der Ausgaben eine ständige Erhöhung der Schulden, und die Rechnung potenzierte sich zum circulus viciosus [Teufelskreis].

Dass den lammfrommen Vegetariern solche Überlegungen nicht aufkommen, wenn sie dem feuchtfröhlichen Baron begegnen, versteht sich von selbst.

In tiefster Seele mit dem eigenen Lebenswandel zufrieden, dankerfüllt gegen ihr Schicksal, weil es sie an den Klippen solcher Verworfenheit gnädig vorbeigesteuert hat, schlagen sie die wasserblauen Augen zum Firmamente auf und strafen den Knecht des Alkohols mit Blicken abgründigster Verachtung. Es gibt ja auch nichts Erhebenderes, als die eigenen Vorzüge an den Schwächen eines Mitmenschen zu messen.

R. seinerseits, der zu den bestgearteten Charakteren gehört, die ich je angetroffen habe, ist gegen die Vegetarier von einem unbegrenzten Hass beseelt, der jedoch durch die alberne Verächtlichkeit, mit der er von ihnen betrachtet wird, nicht hervorgerufen ist, sondern nur verstärkt wird. Auch ist der Grund nicht etwa seine Intoleranz gegen das Temperenzlertum der Vegetarier. Das erscheint ihm einfach verrückt, mindestens total absurd. – „Wenn man nicht säuft", fragte er mich einmal, „was soll man denn noch?" – Die Ursache seiner ingrimmigen Gesinnung ist vielmehr eine unendlich rührende. Er kann es den Vegetariern nicht verzeihen, dass sie seinem Bruder, von dem er ungeheure Stücke hält, ihre Ideen aufoktroyiert haben. Zum besseren Verständnis dieses Gefühls muss man sich vergegenwärtigen, wie stark Menschen von aristokratischer Abkunft das Familienehrgefühl im Blut sitzt. Sich selbst hält R. zur würdigen Repräsentation seines Namens verloren, deshalb möchte er seinen Bruder allen Glanz ausstrahlen sehen, der von dem Adelswappen der Familie ausgeht. Jetzt sieht er aber diesen Bruder, den er über alles liebt und verehrt, in einer Lebensweise aufgehen, die ihm über die Maßen verächtlich erscheint. Daher sein tiefer Hass gegen die, die er der Verführung seines Bruders bezichtigt. Als er von mir erfuhr, dass ich diese Broschüre schreiben wolle, bat er mich, ich solle den Vegetariern „feste auf die Kapuze hauen", aber seinem Bruder möchte ich nicht zu nahe treten: „Das ist ein guter Mensch". – „Von mir können Sie ja schreiben, dass ich ein altes versoffenes Luder bin."

Seine Leistungsfähigkeit im Trinken ist ungeheuerlich, und sie ist in letzter Zeit noch dadurch gesteigert, dass er sich in eine fesche Italienerfrau unglücklich verliebt hat. „Sie ist mir ins Herz gekrochen", erzählte er, „und hat mir den Kürbel verdreht." Schon morgens, wenn er mich trifft, sind seine ersten Worte: „Hören Sie, liebes, gutes Herr Mühsamchen, kommen Sie schmoren, hör'n Se!"', und seine Freude ist riesengroß, wenn man mal mit ihm „schmoren" geht.

Seine Konstitution ist von einer fabelhaften Widerstandskraft. Es kommt vor, dass er manchmal tagelang nicht das Geringste isst, dazwischen aber ganz unglaubliche Mengen Alkohol vertilgt. Trifft man ihn dann nach so einer vier- bis fünftägigen Fastenzeit, so sieht er aus, als ob er eben einen ganzen Ochsen verzehrt habe. Ob die schmachtlappigen, immer nur um ihr bisschen Leiblichkeit angstvoll besorgten Vegetarier, die bei der geringsten Unregelmäßigkeit in der Magenversorgung umkippen, wirklich Grund haben, angesichts der imponierenden Vitalität dieses Riesen mit ihrer naturgemäßen Überlegenheit aufzutrumpfen, möchte ich mindestens doch sehr in Frage stellen. Ich für meine Person blicke die kolossale Kraft, die eine Lebensweise, wie sie R. übt, voraussetzt, viel eher mit Hochachtung als mit Geringschätzung an, während ich nicht behaupten kann, dass mir die Art, wie die Vegetarier sich zu Sklaven ihres Verdauungsapparats machen, den geringsten Respekt abnötigt.

Jedenfalls gehört für mich dieser Mann mit seinem gesunden und natürlichen Menschenverstand und mit dem tiefen echten Leid hinter der roten Nase zu den sympathischsten Persönlichkeiten und angenehmsten Gesellschaftern, die ich in Ascona gefunden habe. Das will ich den männlichen und weiblichen Tugendjungfern gegenüber, die sich mit so gewaltigem sittlichen Aufwand über ihn entrüsten, doch ausdrücklich betonen.

***

Ehe ich zum allgemeinen Rückblick und zur Schlussbetrachtung komme, habe ich noch einen Menschen zu behandeln, dessen singuläre Wesensart ein eigenes Blatt beansprucht und den hier engere Beziehungen mit den eingebornen Ticinesern als mit den eingewanderten Deutschen verbinden. Eigentlich sind es noch zwei Menschen, doch will ich mich aus Bescheidenheit nur mit einem von ihnen befassen, und das ist mein vorne schon flüchtig erwähnter Freund Johannes Nohl[34].

Man hat sich in deutschen Literaturkreisen seit einigen Jahren viel mit dem Wesen der Bohème beschäftigt,[35] und dabei sind stellenweise so verrückte Vorstellungen von diesem Wort entstanden, haben sich der Natur dieser Menschengattung so wesensfremde Elemente, um sich interessant zu machen, in die Pose des Bohémiens geworfen, dass es mich oft beinahe schamrot macht, meinen Namen, wo man sich mit mir abgibt, immer wieder im Zusammenhang mit diesem Ausdruck zu lesen. Wohlriechende Jünglinge, die verdeckt von gewaltigen Krawat-

---

34 Zu J. Nohl vgl. jetzt Peter Dudek: Ein Leben im Schatten. Johannes und Herman Nohl – zwei deutsche Karrieren im Kontrast. Bad Heilbrunn 2004.

35 Mühsam denkt hier vor allem an das Buch seines Freundes Julius Bab (1880–1955), in dem er auch selbst porträtiert wird: *Die Berliner Bohème*. Berlin o.J. [1904] [= Großstadt-Dokumente Bd. 2].

ten und öltriefenden Napoleonlocken mit ihren Kastratenstimmen die literarischen Nachtcafés durchzirpen, bilden sich größenwahnsinnig ein, ihre durch geistige Impotenz gebotene, absolute Untätigkeit stemple sie zu Vertretern der Bohème. Beschäftigungslose Künstler, die mit ihrem Mädel ein dürftiges Atelier bevölkern, die einmal Murger[36] gelesen haben und sich daher, wenn sie mal einen Taler flüssig haben, eine Flasche Mosel leisten, wo doch all ihr Sehnen und Trachten dahin geht, einmal, von Aufträgen überhäuft, im Kreise einer liebenden Familie eine elegante Villa mit Park zu bewohnen, schmeicheln sich in demselben Wahn.

Wenn meine Erklärung richtig ist, so ist ein Bohémien ein Mensch, der aus der großen Verzweiflung heraus, mit der Masse der Mitmenschen innerlich nie Fühlung gewinnen zu können – und diese Verzweiflung ist die eigentlichste Künstlernot –, drauf losgeht ins Leben, mit dem Zufall experimentiert, mit dem Augenblick Fangball spielt und der allzeit gegenwärtigen Ewigkeit sich verschwistert; dann aber ist Johannes Nohl der typischste Bohémien, der lebt.

Vor anderthalb Jahren lernten wir uns in Berlin kennen. Wir haben seitdem miteinander geteilt, was zu teilen war, wenig materielle und viel ideelle Schätze, wir haben zusammen die Schweiz gesehen, deren verschiedenste Kantone besucht, haben gemeinsam Nord-Italien durchstreift, uns gemeinsam die Bedrängnisse des täglichen Lebens um die Ohren geschlagen, gemeinsam gehungert, gedurstet, geschlemmt und gezechprellt und sind schließlich gemeinsam in Ascona – gelandet? Schwerlich, zunächst aber hängen geblieben.

Nohl ist noch nicht 23 Jahre alt. Er entstammt einer Berliner Professorenfamilie. Trotzdem ist er schon jetzt der befreiteste Mensch, der mir je über den Weg gelaufen ist.

Unabhängig von jeglicher Moralsimpelei, von aller vorgefassten Tendenz, beurteilt er jeden Menschen, jedes lebende Wesen nach der Eigenart des betreffenden Individuums, und nur an sich selbst stellt er mit strengem Ernst die Anforderungen, die sich für ihn aus seiner großen Weltauffassung ergeben. Man könnte wirklich versucht sein, seine niedrige Meinung vom Wert der deutschen Rasse zu revidieren, wenn man sich vorstellt, dass dieser Mensch ein Deutscher ist; doch ist Künstlerblut ja wohl international. Und Künstler ist Nohl vom Fundament aus, nicht nur in seinem Leben, sondern auch in seinem Dichten. Obgleich noch nicht eine Silbe von ihm gedruckt ist, wage ich die Behauptung, dass er in absehbarer Zeit unter den von Kunstkennern anerkannten Dichtern in der ersten Linie genannt wird. Ich gebe jedem Leser das Recht, mir einmal diese Zeilen unter die Nase zu reiben. Wenn meine Prophezeiung nicht eintrifft, so will ich blamiert sein bis auf die Knochen. Man wird mir vorwerfen, dass ich als Freund zu illusionistisch sehe – ich behaupte genau das Gegenteil. Gerade aus der engen

---

36 Henri Murger (1822–1861), französischer Schriftsteller; sein bekanntestes Buch: „Szenen aus dem Leben der Bohème" (1849), Vorlage für Puccinis Oper „La Bohème".

Freundschaft heraus, die mich mit Nohl verbindet, kann ich eher als irgendein anderer beurteilen, was in ihm steckt und wohin er sich entwickeln wird.

Freilich: dornig genug ist ja der Weg, den er noch vor sich hat. Die jammervollen Zustände, dass wir auf Schritt und Tritt von elendem Gelde abhängig sind, binden selbst dem Freiesten die Flügel. Nohl hat das lange nicht einsehen wollen. Er ist zu sehr Revolutionär in sich selbst, als dass er sich je zu meinen individualistisch-sozialistischen Überzeugungen hätte bekehren lassen, in denen er eine Unfreiheit, immer noch eine Konzession an die irdischen Verhältnisse überhaupt erblickt.

Jetzt hat er sich doch entschlossen, sich die Möglichkeit eines ungehemmten künstlerischen Schaffens dadurch zu sichern, dass er sich hier ansiedelt. Das wird ihn hier nicht für Zeit und Ewigkeit fesseln können, aber er hat sich dadurch eine Zuflucht geschaffen, eine Möglichkeit, irgendwohin doch immer zurück- und einkehren zu können. Das Grundstück ist da, ein prächtiges Terrain mit wunderbarem Blick über den Lago Maggiore.

Ob ihm das Grundstück etwas nützen wird, ob es uns gelingen wird, die 1500 Mark zum Hausbau zusammen zu bringen – das wissen die Götter. Vielleicht fühlt sich durch diesen Hinweis ein gütiges Wesen veranlasst, uns zu helfen. Auf Wunsch wird das Kapital sogar verzinst.

Ich bin etwas von meinem Thema abgekommen, das die Menschen, von denen ich Notiz nehme, in ihren Beziehungen zu der Landschaft und den andern Bewohnern Asconas zeigen wollte. Doch war es zu verlockend, einmal über meinen Freund etwas allgemein Interessierendes mitzuteilen, als dass ich mir die Gelegenheit hierzu hätte entgehen lassen mögen.

Bei seiner ganzen Art ist es nur natürlich, dass Nohl sich im Kreise des urwüchsigen Italienervolkes im Allgemeinen wohler fühlt als in Gesellschaft der, wenn auch eigenartig, so doch ziemlich schematisch lebenden Deutschen. Es ist ein famoser Anblick, wenn er mit dem jugendlichen Künstlerkopf – „il poeta bello" [der schöne Dichter] sagen die Leute hier von ihm –, mit den langen dunkeln Locken und dem weißen Leinenanzug inmitten der schwielhändigen, rußgeschwärzten Fabrikarbeiter beim Weinglase sitzt.

Die Leute verehren ihn in ganz rührender Weise. Nie wird es einem einfallen, ihn wegen seiner langen Haare, wegen seiner mangelhaften Kenntnis der italienischen Sprache oder aus anderen Gründen zu verhöhnen.

Der Italiener hat einen angebornen, natürlichen Respekt vor aller Künstlerindividualität, der dem Deutschen völlig ermangelt.

Links: Erich Mühsam mit Johannes Nohl 1904 in Zürich;
rechts: Erich Mühsam auf dem Monte Verità in Ascona, um 1904/05

Man stelle sich einmal vor, in einer deutschen Kleinstadt geriete ein Italiener, mit Anzug à la Gustav Nagel[37] (die Tracht der Vegetarier hat Nohl aus Zweckmäßigkeitsgründen angenommen; mehr aber auch nicht) in eine Arbeiterkneipe, setzte sich zu den Leuten an den Tisch und begänne mit ihnen zu radebrechen. Welches Spottgejohl würde sich erheben! – Hier sind die Menschen anders. Hier ist es sogar möglich, dass der alte Trottel Paolo, den ich oben bereits vorgestellt habe, Abend für Abend in einem besuchten Lokal sitzt und sein Süppchen schlürft, ohne dass er je ein rauhes Wort vernimmt. Wie würde wohl in Deutschland ein Idiot behandelt werden, der grinsend sich in eine Wirtschaft setzte, wo selbst der Herr Bürgermeister verkehrt!

Wie freuen sich die Leute hier, wenn Nohl und ich in ihren Rundgesang des Caserio-Liedes mit einstimmen oder mit ihnen würfeln und uns an ihren harmlosen Kartenspielen beteiligen. Zumal wir die einzigen der hier lebenden Deutschen sind, die sich mit den Eingebornen näher abgeben, abgesehen von dem tauben Baron von R., mit dem ja aber für die Leute eine Verständigung völlig ausgeschlossen ist.

Ich komme zum Schluss. Viel oder gar Erschöpfendes habe ich über Johannes Nohl hier nicht sagen können. Was ich über ihn gesagt habe, mag denen, die sich für die Eigenart starker Künstlernaturen interessieren, solange genügen, bis er eines Tages mit eigenen Worten hervortritt. Mein Stolz aber wird es sein, als Erster vor der Öffentlichkeit überhaupt etwas über ihn gesagt zu haben.

***

Sat prata biberunt [Die Wiesen haben genug getrunken, *übertragen:* Genug davon.]. Ich hoffe, mit dem Gesagten, mit der Andeutung des landschaftlichen Milieus und der Zeichnung der ursprünglichen und der zugewanderten Bevölkerung, sowie mit der Hervorhebung besonders markanter Persönlichkeiten ein genügend erkennbares Bild von Ascona gegeben zu haben, wie es heute ist.

Über die Beziehungen der Ansiedler untereinander und zu der eingesessenen Bevölkerung bin ich hinweggegangen. Die kleinstädtische Überwachung, der hier jeder von allen ausgesetzt ist, das Netz der erotischen Verknüpfungen, die Eifersüchteleien und kleinlichen Gehässigkeiten sind hier im Wesentlichen nicht anders als überall. Von wirklich innigen Freundschaftsbanden unter den Deutschen habe ich nichts bemerken können, abgesehen von meinem eigenen zu Johannes Nohl. Intoleranz und gegenseitiger Argwohn haben hier ihre Stätte wie nur irgendwo anders. Auch wüsste ich mit der einzigen Ausnahme von Carl Gräser unter den dauernd hier Lebenden keinen, dessen Sonderart in irgendeiner Richtung als vorbildlich wirkend gewünscht werden könnte. Und trotzdem hat es mir gelohnt, das Bild Asconas unter Zukunfts-Gesichtspunkten zu entrollen.

---

37 Gustav Nagel, Wanderprediger, Apostel einer naturverbundenen Lebensweise.

Nicht, weil ich in der vegetabilischen Lebenshaltung, wenn sie die Massen übernähmen, etwas Kulturförderndes erblicken könnte; auch nicht, weil ich die gewiss erfreuliche Erscheinung, dass die meisten der hier bestehenden Ehen ohne Staats- und Pfaffenhilfe zu Stande gekommen sind, für einen überwältigenden Beweis der Weltentwicklung hielte. Dass sich die in freier Ehe Lebenden so sehr mit dieser Errungenschaft brüsten, fasse ich eher als eine Schwäche auf, indem sie mit dem großen Jubel über eine im Grunde ganz selbstverständliche Sache das bürgerliche Gewissen übertönen wollen, das ihnen ihr dem Prinzip entsprechendes, aber nicht in der Seele natürliches Verhalten noch immer als einen Schritt vom Wege erscheinen lässt. Es hat mir vielmehr deshalb gelohnt, weil ich in der augenblicklichen Konstellation von Landschaft, Ureinwohnern und Zugezogenen Möglichkeiten zu sehen glaube, wie sich unter Umständen Asconas Zukunft noch entwickeln kann.

Ich will einmal absehen von der schon geäußerten Befürchtung, das Asconasche Gelände könnte Spekulationswüterichen zum Opfer fallen oder Asconas seelische Qualitäten könnten an sommerfrischelnden Kurgästen zum Teufel gehen, so bleiben doch noch verschiedene andere Aussichten, die nach dem Grade ihrer Wünschenswürdigkeit zu untersuchen sind.

Ich glaubte einmal, Ascona sei der geeignete Ort, um hier eine kommunistische Siedlungsgenossenschaft in großem Maßstabe zu versuchen. Aber so wünschenswert das Experiment auch wäre, einmal mit einer genügenden Anzahl Menschen in primitiver Gemeinwirtschaft, unter Ausschaltung aller kapitalistischen Hilfsmittel, ein Zusammenleben auf eigene Faust zu bewirken, wie es Carl Gräser für sich allein ja beinahe schon erreicht hat – die Idee hierzu stammt von Gustav Landauer, der sie zuerst in einer Berliner Zionisten-Versammlung aussprach und entwickelte[38] –, so ist doch Ascona nicht der rechte Fleck dazu. Denn einmal ist zu einem solchen Beginnen ein zusammenhängendes, weites und leicht kultivierbares Terrain erforderlich; das hier erwerbbare Land aber, das zwar wie gesagt enorm billig ist, ist in viele kleinere Grundstücke weit auseinander gerissen, auch ist der Boden dadurch, dass er Jahrzehnte lang brach gelegen hat, derart mit Weinranken, Wurzeln und Gestein versetzt, dass es unverhältnismäßige Arbeitsleistungen beansprucht, um ihn wieder bebaubar zu machen. Dann ist es aber auch nicht zu empfehlen, ein Unternehmen, das in erster Reihe Zuversicht und festen Mut der Teilnehmer erfordert, da ins Leben zu rufen, wo ein, wenn auch nicht gleiches, so doch verwandtes Experiment schon einmal missglückt ist. Jeder Blick zum „Monte Verità" hinauf müsste den Betei-

---

38 Nach einem Vortrag des „liberalen Sozialisten" und Siedlungstheoretikers Franz Oppenheimer (1864–1934) über „Groß- und Kleinkolonisation" im Februar 1904 hatte sich Gustav Landauer (1870–1919) als Diskussionsredner zu Wort gemeldet und erstmals den Aufbau möglichst autarker Siedlungen „im Sinne Proudhons" propagiert. Die beiden Versammlungen, die offenbar auch Mühsam besucht hatte und über die in der „Jüdischen Rundschau" berichtet wurde, wurden von der Akademischen Gruppe der Berliner „Zionistischen Vereinigung" veranstaltet.

ligten Zweifel und Misstrauen erwecken und ihnen die Befürchtung nahelegen, ihr neuer Versuch könnte das Geschick des alten erleben; solche Befürchtungen aber wären schon gleichbedeutend mit einem Fiasko.

Schließlich ist zu erwägen, dass die hier schon Ansässigen, die als Pioniere einer derartigen Siedlung in Betracht kämen, sich in jahrelanger Gewöhnung allein zur Einzelarbeit geeignet gemacht haben und sich schwerlich in die Organisation eines gemeinschaftlichen Wirtschaftsbetriebes fügen würden. Zumal Gräser mit seinen persönlichen Eigentumsbegriffen, nach dessen Überzeugung alles, was seiner Arbeit entstammt, sein ureigenster und einziger Besitz ist, würde sich niemals in eine Arbeitsgenossenschaft eingesellen können und wollen. Auf ihn sind die Faust-Verse anzuwenden:

> Nur der erwirbt sich Freiheit und das Leben,
> der täglich es erobern muss.

Die meisten andern aber sind viel zu eng in ihren vegetarischen Maximen befangen, als dass sie nicht ihre Ethik, ihre Weltanschauung über die Erfordernisse des wirklichen lebendigen Lebens stellen würden. Dadurch aber wäre eine sozialistische Siedlung in Ascona von vornherein zum Schicksal der Neuen Gemeinschaft verurteilt. Der Gedanke an eine Ausgestaltung der in Ascona bestehenden Verhältnisse zu einem großen sozialen Versuch nach dieser Richtung hin muss also ausscheiden.

Nun läge es nahe, bei der stark individualistischen Luft, die hier weht, an eine Künstlerkolonie à la Worpswede[39] zu denken. In der Tat ist diese Idee auch schon entstanden, und es liegt nicht außer dem Bereich der Möglichkeit, dass sie zur Wirklichkeit wird. Schon will ein deutscher Bildhauer hier ein Grundstück erwerben, um darauf ein Atelier zu bauen, und wenn man Gerüchten glauben darf, so soll auch ein bekannter italienischer Dichter mit dem Plan umgehen, sich hier niederzulassen. So sehr ich aber auch besonders den Bildhauernamen schätze, so stimmt mich doch gerade die gemeinschaftliche Erwähnung der beiden Künstler im Zusammenhange mit dem Wort Ascona bedenklich. Beide sind sehr exklusive Naturen, und wenn ich mir etwa vorstelle, eben die Exklusivität führe sie hier zusammen, so kann ich mich der Befürchtung nicht erwehren, es möchte hier eine Künstlereinkapslung vor sich gehen, die sich wie der Münchner Stefan-George-Kreis mit großer Wahrscheinlichkeit zu einer Genie-Brutanstalt auswachsen würde.

Das aber kann ich weder im Interesse der Kunst, noch im Interesse Asconas, am wenigsten aber im Interesse der innern Beziehungen aller Künstler zueinander wünschenswert finden. Ein gewisses Gegengewicht gegen etwa bestehende Absichten, eine neue exklusive, distinguierte Künstler-Sezession in Ascona zum

---

39 Künstlerkolonie bei Bremen, die sich seit 1889 bildete; F. Mackensen, P. Modersohn-Becker, H. Vogeler u.a. lebten dort; zeitweilig auch R. M. Rilke und C. Hauptmann.

Leben zu erwecken, wäre freilich sofort da. Nohl und ich selbst würden eine solche aggressive Abschließung niemals mitmachen – auch wohl kaum als Teilnehmer gewünscht werden. –

Sollte es meinen oft wiederholten Überredungskünsten außerdem noch gelingen, auch Paul Scheerbart[40] hieherzuziehen, was hiermit auf diesem noch nicht gewöhnlichen Wege erneut versucht sein soll, so wäre die Gefahr, Ascona zum Hort einer nicht unbedenklichen Künstlerabsonderung erwachsen zu sehen, die den Charakter der Intoleranz an der Stirn trüge, wohl ein für allemal beseitigt.

Mir scheint Ascona zu einem weit erstrebenswerteren, wenn auch neuen und vielleicht recht absonderlichen Experiment der geeignete Ort zu sein. Die Menge außergewöhnlicher Erscheinungen, die schon jetzt hier ihren Wohnsitz haben, in Verbindung mit dem duldsamen, freiheitlichen Charakter der eingesessenen Bevölkerung und der relativ geringfügigen Belästigungen der Bewohner durch die staatlichen Gewalten im Kanton Tessin, prädestinieren Ascona zu einer Sammlungsstätte solcher Menschen, die infolge ihrer individuell gearteten Veranlagung ungeeignet sind, jemals nützliche Mitglieder der kapitalistischen menschlichen Gesellschaft zu werden.

Ich wiederhole eine von den verschiedensten Schriftstellern tausendfach geäußerte Erfahrung, wenn ich ausspreche, dass die besten Elemente aller Nationen in Gefängnissen und Zuchthäusern verkommen. Ich weiß aus eigener Anschauung, dass in den Herbergen der deutschen Landstraßen und in den Berliner Verbrecher-Kaschemmen Persönlichkeiten anzutreffen sind, die von den Stützen der Gesellschaft mit Abscheu gemieden werden, die aber ein Herz im Leibe tragen, das dem, der ihnen menschlich nahetritt, das eigene höher schlagen macht. Was wird heutzutage aus den Leuten, die die entsetzlichen Fesseln der Eigentums-Ungerechtigkeiten, die ihnen den Atem schnürten, zerbrachen – „Verbrecher" nennt die Bürgersprache diese Zerbrecher!? Was wird aus ihnen, nachdem man sie jahrelang hinter Kerkermauern und Eisengittern kirre zu machen versucht hat? Kriechen sie gehorsam unter das Joch der Ausbeutung zurück? O nein, denn selbst, wenn sie, mürbe gemacht von den Foltern der Justiz, sich unterwerfen wollen und pater peccavi [Vater, ich habe gesündigt] sagen, die unbefleckte Tugend derer, die es dazu haben, stößt sie zurück und verschmäht die Dienste derer, die sich einmal aufgelehnt haben gegen die göttliche Weltordnung der europäischen Zivilisation. Diese Tugend selbst zwingt sie, von neuem zu rebellieren, bis man sie wieder und nochmals fasst und sie endlich wegen ihres bisschen Menschenbewusstseins langsam totpeinigt.

Nein, die heutige Gesellschaft fördernde Elemente werden Leute mit so starkem Ichgefühl nie werden. Aber Vorkämpfer einer in jeder Hinsicht besseren, freieren und schöneren Gesellschaft – das können sie werden, wenn sie irgendwo

---

40 Paul Scheerbart (1863–1915), mit Mühsam befreundeter Schriftsteller und Bohémien.

einen Fleck Erde wissen, wo man sie nicht scheel ansieht und sie nicht als Verworfene und Verkommene meidet.

Daher – mögen alle deutschen Betschwestern in keuschem Entsetzen die Augen verdrehen – wünsche ich in tiefster Seele, Ascona möchte einmal ein Zufluchtsort werden für entlassene oder entwichene Strafgefangene, für verfolgte Heimatlose, für alle diejenigen, die als Opfer der bestehenden Zustände gehetzt, gemartert, steuerlos treiben und die doch die Sehnsucht noch nicht eingebüßt haben, unter Menschen, die sie als Mitmenschen achten, menschenwürdig zu leben.

Sollten manche fromme Gemüter diesen Wunsch gar zu ketzerisch finden, so glaube ich, wird mich gerade vor ihnen der Hinweis auf Christus rechtfertigen, der oft genug als Verteidiger der Sünder erscheint und von dem, der seine Lehre befolgen will, verlangt, „er isset mit ihnen"[41].

Denn, wenn Schiller je ein gutes Wort gesprochen hat – wird es auch noch lange fromme Sehnsucht bleiben –, so ist es das: „Raum für alle hat die Erde".[42]

Vielleicht wird Ascona einmal dazu beitragen, es seiner Verwirklichung nahe zu bringen; vielleicht wird Mutter Erde hier auch denen einmal Raum gewähren, denen sich gegen Knechtschaft und Vergewaltigung in echtem Grimme der Mensch aufbäumte. Mich wird's hier nicht immer halten können. Mein Blut jagt mich weiter durch die Welt. Ich muss noch viele Länder sehen und Völker kennen lernen. Aber wenn ich nach Jahren wieder einmal nach Ascona komme und finde es bewohnt von Menschen, die durch Zuchthäuser geschleift, zerschunden von den Schikanen der Besitzenden und ihren Exekutionsorganen, dem Staat, der Polizei und der Justiz, endlich doch hier eine Heimat und eine Ahnung von Glück erlangt haben, dann will ich mich von ganzem Herzen freuen.

---

41 Mühsam bezieht sich hier auf Lukas 15,2. Dort heißt es in der Übersetzung Martin Luthers: „Und die Pharisäer und Schriftgelehrten murreten und sprachen: Dieser nimmt die Sünder an und isset mit ihnen."
42 Friedrich Schiller, Der Alpenjäger.

Christoph Knüppel

„Aus der Scholle festem Grunde wächst dereinst die Freiheitsstunde"

Gustav Landauer und die Siedlungsbewegung

In meinem Vortrag möchte ich Gustav Landauers Rolle innerhalb der als Teil einer breiten Lebensreformbewegung verstandenen Siedlungsbewegung untersuchen. Der Beginn dieser Siedlungsbewegung wird im deutschsprachigen Raum durch die Gründung der Obstbaukolonie Eden bei Oranienburg im Jahre 1893 markiert, ihren Höhepunkt fand sie in der Umbruchszeit nach dem Ersten Weltkrieg. Vegetarier, Alkohol- und Tabakgegner, Naturisten, Anarchisten, religiöse Sozialisten, Kommunisten und völkische Rassisten, deren gemeinsamer Nenner die Sehnsucht nach „Gemeinschaft", erlösender „Tat" und einem „natürlichen" Leben war, kehrten der Großstadt den Rücken und gründeten bis 1933 in Deutschland, Österreich und der Schweiz rund 100 Gemeinschaftssiedlungen und „Werkgemeinschaften", zumeist in Form von Genossenschaften.[1] Ihre Bewohner verzichteten auf bürgerliche Karrieren und betätigten sich als Bauern und Handwerker, teilweise wurden auch naturheilkundliche und pädagogische bzw. sozialpädagogische Projekte in Angriff genommen. Die ländliche „Siedlungsgemeinde", die Menschen mit der gleichen Lebensauffassung und dem gleichen Lebensstil vereinigt, war für sie Gegenbild zur beziehungs- und kulturlosen „Masse" in den Städten.[2]

Suchbewegungen und Abgrenzungen

Gustav Landauer und Siedlungen: Bei dieser Verbindung wird man vielleicht zuerst an die gegenkulturelle „Neue Gemeinschaft" denken, die im März 1902 ihr Siedlungsheim am Schlachtensee bezog und aus diesem Grund unlängst als „Berlins erste Landkommune" bezeichnet wurde.[3] Landauer hatte zwar maßgeblichen Anteil an der Entstehung dieses „Ordens vom wahren Leben", hatte sich aber schon lange vor der Niederlassung am Schlachtensee – nämlich im Mai

---

1 Vgl. hierzu im Überblick Ulrich Linse (Hg.): Zurück, o Mensch, zur Mutter Erde. Landkommunen in Deutschland 1890–1933. München 1983.

2 So Alfred Riebau: Die Neudeutsche Siedlung, Leipzig 1916 [= Blätter vom frischen Leben, H. 3], S. 7.

3 Ein Sonderheft der Zeitschrift „Hinter der Weltstadt" anlässlich des 100. Gründungsjubiläums der „Deutschen Gartenstadt-Gesellschaft" trägt den Untertitel: „Von der Neuen Gemeinschaft – Berlins erster Landkommune – zur Deutschen Gartenstadtgesellschaft".

1901 – aus der „Neuen Gemeinschaft" zurückgezogen, nachdem er sein Vertrauen in das „aufbauende Wirken" ihrer Protagonisten verloren hatte.

Entgegen anders lautenden Behauptungen gehörte Landauer auch nicht zu den Begründern der „Deutschen Gartenstadt-Gesellschaft", die sich nach englischem Vorbild die Gründung sogenannter Gartenstädte am Rande oder in der Umgebung bestehender Großstädte zum Ziel gesetzt hatte. Erst am 1. Mai 1903, also etwa fünf Monate nach ihrer Gründung, meldet er sich in einer Mitgliederversammlung zu Wort und wird sogleich, glaubt man einem Bericht Albert Weidners[4], Mitglied eines „Arbeitsausschusses". Der „Genossenschaftspionier" berichtet über die von Heinrich Hart geleitete Veranstaltung:

> In der lebhaften Aussprache berührte sehr sympathisch, was [Paul] Schirrmeister[5], [Albert] Weidner und Landauer über die praktischen Wege und Ziele der Gesellschaft sagten: Konsum-, Wohn- und Siedlungsgenossenschaft und weise Beschränkung auf die Weiterentwicklung des praktisch Möglichen.[6]

Natürlich wird Landauer, der damals im Berliner Vorort Hermsdorf wohnt, die Aktivitäten der „Deutschen Gartenstadt-Gesellschaft" schon vorher aufmerksam verfolgt haben, nicht nur aus politischem Interesse, sondern auch, weil dieses Unternehmen von ehemaligen Freunden und Weggefährten aus Friedrichshagen und aus der „Neuen Gemeinschaft" ins Leben gerufen worden war. Zu nennen wären hier Wilhelm Bölsche, Fidus, Heinrich und Julius Hart, Bernhard und Paul Kampffmeyer, Wilhelm Mieschel, Hans Müller, Adolf Otto, Robert Tautz und Albert Weidner. Auf Grund der Beziehung von Adolf Otto zu Hedwig Lachmanns Schwester Franziska, die in der „Neuen Gemeinschaft" ihren Anfang nahm und 1907 schließlich zur Heirat führte, bestand darüber hinaus eine „verwandtschaftliche" Verbindung.[7] Allerdings taucht Landauers Name nach 1903 nicht mehr in Publikationen der „Deutschen Gartenstadt-Gesellschaft" oder in Berichten über sie auf, und umgekehrt findet sie auch in seinen Büchern und Artikeln keinerlei Erwähnung.[8]

Die Gründe für diesen Rückzug Landauers lassen sich unschwer ermitteln und führen gleichzeitig in das Zentrum seiner eigenen Siedlungsvorstellungen. Die „Gartenstadt-Gesellschaft" vermied von Anfang an Begriffe wie „Sozialismus" oder gar „Anarchie" bei der Beschreibung ihrer Ziele und beschränkte sich sehr

---

4 Zukunftsland, in: Der arme Teufel, Jg. 2, Nr. 10 (2. Mai 1903), S. 5.
5 Paul Schirrmeister war von 1901 bis 1903 Geschäftsführer der Edener Siedlungsgenossenschaft und später viele Jahre Vorsitzender des Deutschen Bundes der Vereine für naturgemäße Lebens- und Heilweise (Naturheilvereine).
6 Genossenschafts-Pionier, Jg. 7, Nr. 9 (16. Mai 1903).
7 Zu Otto vgl. Renate Amann: Adolf Otto, Wohn- und Sozialreformer. Eine Biografie im Spiegel der Zeit. Berlin 2001.
8 Allerdings war Adolf Otto, damals Schatzmeister und später Generalsekretär der „Gartenstadt-Gesellschaft", bis Oktober 1909 Gruppenwart der Berliner Gruppe „Gemeinschaft" des Sozialistischen Bundes.

bald auf eine dezidiert unpolitische Boden- und Wohnungsreform. So heißt es in den Statuten, die 1907 beschlossen wurden:

> Die Gartenstadt ist eine planmäßig gestaltete Siedlung auf wohlfeilem Gelände, das im Obereigentum der Gemeinschaft erhalten wird, derart, dass jede Spekulation mit dem Grund und Boden dauernd unmöglich ist. [...] Das Endziel einer fortschreitenden Gartenstadtbewegung ist eine Innenkolonisation, die durch planmäßiges Begründen von Gartenstädten eine Dezentralisation der Industrie und damit eine gleichmäßigere Verteilung des Gewerbelebens über das Land anstrebt.[9]

Und 1915 erklärt der ehemalige Anarchist Bernhard Kampffmeyer als erster Vorsitzender seinen Lesern, die „Gartenstadt-Gesellschaft" fordere „auch für die Minderbemittelten" das in Stadtnähe gelegene „Einfamilienhaus mit Garten".[10] Man wollte also nicht die Produktionsverhältnisse verändern, sondern lediglich auf den Bereich der Reproduktion Einfluss nehmen, genauer die vielfach beklagenswerten Wohnverhältnisse von Arbeitern und Angestellten verbessern. Daher überstand die „Gartenstadt-Gesellschaft" unter Kampffmeyers Vorsitz auch – ähnlich wie andere Projekte der Lebensreform – die Machtübernahme durch die Nationalsozialisten und konnte ihre Propaganda zumindest bis 1935 unverändert fortsetzen.[11] Landauer legte demgegenüber großen Wert darauf, dass die von ihm befürworteten Siedlungen als Antizipationen einer künftigen sozialistischen Gesellschaft verstanden werden, hielt aber gleichzeitig daran fest, dass diese Gesellschaft selbst nur durch eine politische Revolution hergestellt werden kann, die das Privateigentum an Grund und Boden beseitigt. Angesichts dieser Vorstellung darf man auch Erich Mühsams Mitteilung Glauben schenken, dass Landauer nach dem ersehnten Ausbruch der Novemberrevolution die Ansicht vertreten habe, etwaige Siedlungsaufrufe seien nun „sinnlos" geworden.[12] Die Funktionäre der bestehenden Konsumgenossenschaften, die in der Mehrzahl revisionistische Sozialdemokraten waren[13], und die Bodenreformer um Adolf Damaschke kritisierte Landauer folgerichtig als angepasste „Philister" und Bürokraten, die ihre ursprünglichen Ziele aus den Augen verloren hätten.[14] In der Praxis werde

---

9 Hier zitiert nach Bernhard Kampffmeyer: Von der Kleinstadt zur Gartenstadt. Berlin-Nikolassee 1908 [= Flugschrift Nr. 11], S. 13.

10 Bernhard Kampffmeyer: Unseren Kriegsinvaliden Heim und Werkstatt in Gartensiedlungen, in: Archiv für Innere Kolonisation, Jg. 8, H. 1/2 (Oktober/November 1915), S. 1–10; hier S. 2. – Die Zeitschrift wurde von dem Schriftsteller Heinrich Sohnrey, einem Vertreter der Heimatkunstbewegung, herausgegeben.

11 Die unbelegte Behauptung von Kristiana Hartmann und anderen, die „Deutsche Gartenstadt-Gesellschaft" habe 1933 in der Gleichschaltung ihr Ende gefunden, ist falsch. Dem Verfasser liegen zwei gedruckte „Mitteilungen des Vorstandes" vor, die vom August 1934 bzw. vom April 1935 datieren und keinerlei Hinweise auf eine Auflösung oder Gleichschaltung enthalten.

12 Erich Mühsam: Landauers „Aufruf zum Sozialismus" [1923], in: Christoph Knüppel (Hg.), „Sei tapfer und wachse dich aus." Gustav Landauer im Dialog mit Erich Mühsam. Lübeck 2004, S. 220.

13 Dies galt auch für Paul Kampffmeyer, Heinrich Lux, Adolf Otto und andere Protagonisten der „Deutschen Gartenstadt-Gesellschaft".

14 Vgl. etwa Gustav Landauer: Die Spitze, in: Der Sozialist, Jg. 6, Nr. 7 (1. April 1914), S. 49–50.

das deutsche Konsumgenossenschaftswesen „in kapitalistischem Geiste" geleitet, von der einst postulierten „Vorbereitung zum Sozialismus" sei keine Rede
mehr, stellt Landauer in einem Vortrag über „Genossenschaft und Sozialismus"
fest, den er am 20. Juni 1911 aus Anlass des deutschen Konsumgenossenschafts-
tages in Leipzig hält. Die Verwirklichung des Sozialismus sei nur möglich,
wenn zur Eigenproduktion in sozialistischem Sinne übergegangen und der Rein-
ertrag vorwiegend zur Erwerbung von Grund und Boden verwandt werde.[15]

Bereits als Redakteur des frühen „Sozialist" hat Landauer die Gründung sozialistischer Genossenschaften propagiert und im Frühjahr 1895 mit anderen Anarchisten um den Bauschlosser Wilhelm Wiese die Arbeiter-Konsumgenossen-
schaft „Befreiung" ins Leben gerufen, die 1900 im „Berliner Konsumverein",
dem Vorläufer der noch heute bestehenden „Konsumgenossenschaft Berlin und
Umgegend"[16], aufging. In seiner Schrift „Ein Weg zur Befreiung der Arbeiter-
Klasse", die flankierend zum 1. Mai 1895 erscheint, spricht er sich für „positive
Arbeit" und den Aufbau außerstaatlicher Arbeiterorganisationen auf dem Wege
der „energischen und rücksichtslosen Selbsthilfe" aus. Auch an der Vorbereitung der „Konsumgenossenschaft Friedrichshagen und Umgegend", die am 12.
Februar 1899 unter Führung von Hermann Teistler gegründet wurde, war Lan-
dauer offenbar beteiligt.[17]

Nach der Jahrhundertwende setzt sich bei ihm die Einsicht durch, dass jede
wahrhafte Weltveränderung eine Selbstveränderung der handelnden Subjekte
voraussetzt. Angeregt durch die Auseinandersetzung mit der Sprachkritik seines
Freundes Fritz Mauthner und die Rezeption mittelalterlicher Mystik verlangt er
nun eine innere Einkehr, die dazu führen soll, mit der Welt eins zu werden und
den verschütteten „Geist", die jedem Menschen eigene Verbundenheit mit allem
Lebendigen, freizulegen. Nur nach einer solchen „Wiedergeburt" könne die Gesellschaft dauerhaft verändert werden:

> Man würde mich sehr falsch verstehen, wenn man glaubte, ich predigte Quietis-
> mus oder Resignation, Verzicht auf Aktion und auf Wirken nach außen. O nein!
> Man tue sich zusammen, man wirke für Munizipalsozialismus, auch für Sied-
> lungs- oder Konsum- oder Wohnungsgenossenschaften; man gründe öffentliche
> Gärten und Bibliotheken, man verlasse die Städte, man arbeite mit Spaten und
> Schaufel, man vereinfache all sein äußeres Leben, um Raum für den Luxus des
> Geistes zu gewinnen; man organisiere und kläre auf; wirke für neue Schulen und
> die Eroberung der Kinder; all das erneuert doch nur das ewig Gestrige, wenn es
> nicht in neuem Geiste und aus neu erobertem Binnenland heraus geschieht. [...]

---

15 Sächsisches Staatsarchiv Leipzig, PP-V Leipzig 3967, Bl. 109 (Mitschrift des Polizeiwachtmeisters
   Bittrich).
16 Im Mai 2005 wurde für diese einst größte Konsumgenossenschaft der Welt (gegründet 1899) allerdings das Insolvenzverfahren eröffnet.
17 Vgl. Gustav Landauer und die Friedrichshagener. Ausgewählte Briefe aus den Jahren 1891 bis
   1902. Hg. und bearbeitet von Christoph Knüppel. Berlin-Friedrichshagen 1999. S. 46.

Die große Zeit wird *den* Menschen kommen, die nicht nur Zustände und Einrichtungen, sondern sich selbst nicht mehr ertragen.[18]

Siedlungspläne im „Sozialistischen Bund"

Zu dieser Zeit hatte sich Landauer bereits vom marxistisch geprägten „Arbeiter-Anarchismus" verabschiedet, dem er vorwarf, revolutionäre Phrasen zu dreschen und unrealistische Hoffnungen zu wecken. Nach zwei Vorträgen unter dem Titel „Aufruf zum Sozialismus", die er am 26. Mai und am 14. Juni 1908 vor rund 800 Personen, überwiegend „radikalen Sozialdemokraten und Anarchisten", in Berlin hält[19], gründet er mit dem „Sozialistischen Bund" eine eigene Organisation, als deren primäre Aufgabe „weder proletarische Politik noch Klassenkampf", sondern der Aufbau von Genossenschaften und Siedlungen bestimmt wird.[20] Diese Siedlungen sollen „Vorbilder der Gerechtigkeit und der freudigen Arbeit" sein. Dementsprechend lautet der erste der „zwölf Artikel" des Bundes: „Die Grundform der sozialistischen Kultur ist der Bund der selbständig wirtschaftenden, unter einander in Gerechtigkeit tauschenden Wirtschaftsgemeinden."[21]

Nach Landauers Vorstellung sollen sich all jene Personen, die unter den bestehenden Verhältnissen leiden und „sich selbst zur Gemeinschaft umgeschaffen haben", von den Massen absondern, aus dem Kapitalismus „austreten" und aktiv neue Gemeinschaften bilden. Konsum- und Produktionsgenossenschaften sollen den Ankauf des erforderlichen Lands ermöglichen. Die Rückkehr zur „natürlichen Arbeit", die Verbindung von geistiger und körperlicher Arbeit im „sozialistischen Dorf" vermag die Entfremdung aufzuheben. Nach der Gründung solcher Siedlungen werde der „Neid" der Massen dafür sorgen, dass eine soziale Revolution die „Neuaufteilung des Bodens" und die „Zerschlagung des Großgrundbesitzes" erreicht. Im Ausgang steht dabei seine Erkenntnis, dass der Sozialismus nicht etwas Zukünftiges ist, sondern hier und heute begonnen werden muss: „Nur die Gegenwart ist wirklich, und was die Menschen nicht jetzt tun, nicht sofort zu tun beginnen, das tun sie in alle Ewigkeit nicht."[22] Die erwähnte Distanzierung von den Massen darf freilich nicht mit einer arroganten Verachtung

---

18 Gustav Landauer: Anarchische Gedanken über Anarchismus, in: Die Zukunft (Berlin), Jg. 9, Bd. 37 (26. Oktober 1901), S. 134–140; hier S. 138.

19 Aus diesen beiden Vorträgen (und einem weiteren) geht später Landauers Schrift „Aufruf zum Sozialismus" hervor, die erstmals im Mai 1911 erscheint.

20 Zum Sozialistischen Bund und dessen Siedlungsbestrebungen vgl. auch Ulrich Linse: Organisierter Anarchismus im Deutschen Kaiserreich von 1871. Berlin 1969, S. 275–301.

21 Hier zitiert nach Gustav Landauer: Aufruf zum Sozialismus. Ein Vortrag. Berlin 1911. – Im Dezember 1911 hat Landauer die ursprüngliche Fassung der „Zwölf Artikel", an deren Formulierung Erich Mühsam beteiligt war, in mehreren Punkten verändert.

22 Gustav Landauer: Das dritte Flugblatt, Die Siedlung [1910]. – Auch in: Der Sozialist, Jg. 5, Nr. 24 (Dezember 1913), S. 190.

des Pöbels gleichgesetzt werden. Jene „Absonderung" erfolgt bei Landauer aus Liebe zum Volk und zum „jämmerlich verirrten Menschengeschlecht". Seine Siedler bewahren die Hoffnung auf „das ganze Volk" und auf alle Völker: „Denn das ist die Aufgabe: nicht am Volk verzweifeln, aber auch nicht aufs Volk warten."[23] Wer dem Volk, das er in sich trägt, Genüge tut und mit dem Aufbau des Sozialismus beginnt, der gehe vom Volk weg zum Volk hin. Solche Pioniere bilden das „auserwählte Volk"[24] der Moderne, das den Massen auf dem Weg zum neuen Volk vorangeht. Einer geistesaristokratischen Versuchung, wie sie etwa bei Kurt Hiller zum Ausdruck kommt, hat Landauer zeitlebens widerstanden.

Auch grenzt Landauer sein Siedlungsprogramm ausdrücklich ab von einem romantischen Eskapismus. Er kritisiert jenen Typus des Aussteigers als unpolitischen „Eigenbrödler", der nur an das eigene Wohlergehen denkt und den das Schicksal der Massen nicht weiter berührt. Hierzu schreibt er im „Sozialist":

> Seit langer Zeit hat es Einzelne gegeben, die mit ihrer Lage und schimpflichen Umgebung aktiv unzufrieden waren, sich zusammentaten, die Städte verließen und auf dem Lande eine Siedlung begründeten. Es geschah das in Nordamerika, Brasilien, Australien, in England, der Schweiz und anderswo. […] Was wir wollen, ist anderes als all diese Unternehmungen. Die so hinausgezogen sind, haben lediglich etwas für sich gesucht und gefunden; ein Zusammenleben, wie es ihrer Seele wohltat. […] Wir aber wollen uns um die andern kümmern und wollen, dass sie sich um uns kümmern. Mitten im eigenen Lande, mitten unter unserm Volke wollen wir den Pflock einrammen und allen, die uns hören können, zurufen: Sehet alle, ein Wegweiser![25]

Absonderung ist also nicht gleichbedeutend mit selbstgenügsamer Abkapselung. Die utopische Praxis besteht auf Öffentlichkeit. Der Sozialismus, den die Pioniere verwirklichen, will letztlich das gesamte Volk erreichen, will „das Ganze, die Revolution"[26].

Konkret bestand der „Sozialistische Bund" in seiner besten Zeit aus ungefähr 15 autonomen Gruppen mit Namen wie „Arbeit", „Gemeinschaft", „Gerechtigkeit", „Tat" und „Aufbau" und jeweils 10 bis 20 Mitgliedern. Auch in der vegetarischen Obstbaukolonie Eden bei Oranienburg hatte sich nach einem Vortrag Landauers am 22. Februar 1909 um Carl Tomys und Alfred Starke eine Gruppe „Grund und Boden" konstituiert.[27] Sie will die erste Siedlung des Bundes vorbe-

23 Gustav Landauer: Aufruf zum Sozialismus, Berlin 1911, S. 156.
24 Gustav Landauer: Einkehr, in: Der Sozialist, Jg. 1, Nr. 9 (15. Juni 1909), S. 70. – In seinen Vorträgen und Veröffentlichungen nimmt Landauer wiederholt auf die soziale Botschaft des Alten Testaments Bezug.
25 Gustav Landauer: Die Siedlung, in: Der Sozialist, Jg. 1, Nr. 11 (15. Juli 1911), S. 81.
26 Gustav Landauer: Sein Lebensgang in Briefen. Frankfurt am Main 1929. Bd. 1, S. 377.
27 Bereits im Juli 1908 wurde unter der Führung von Carl Tomys eine Gruppe „Eden" gegründet, die dann offenbar im Februar 1909 unter ihrem neuen Namen reaktiviert werden konnte. Vgl. die Angabe in: Der freie Arbeiter, Jg. 5, Nr. 29 (18. Juli 1908).

reiten und begründet zu diesem Zweck im Juli 1909 einen Siedlungsfonds, der um freiwillige Beiträge bittet und Siedlungsmarken im Wert von 10 Pfennigen verkauft. Am 1. Februar 1910 rufen dann mehrere enttäuschte Edener Siedler im „Sozialist" zur Beteiligung an einer neuen Siedlung auf:

> Einige Mitglieder des Sozialistischen Bundes – Einzelstehende und Familien, bisher 13 Erwachsene, zusammen etwa 30 Köpfe – , die schon immer in dem Wunsche geeint waren, […] sich eine gemeinsame wirtschaftliche Grundlage für ein gerechtes und schönes Leben zu schaffen, haben jetzt besondere Gründe, diesen Versuch bald tatsächlich zu machen. Wir wohnten bisher in einer Art Gemeinschaft, von der mancher etwas Ähnliches erhofft hat; aber keiner von uns hat es gefunden. Darum wissen wir aber auch, worauf es ankommt. Uns kommt es darauf an, uns nach Möglichkeit vom kapitalistischen Warenmarkt abzuschließen, landwirtschaftlich, gärtnerisch, handwerklich in möglichst vielseitiger Arbeit für unsere Bedürfnisse zu sorgen und Zeit genug zur Pflege des Geistes zu haben. […] Wir wollen nun zunächst die Gleichgesinnten um uns sammeln, dann zusehen, wie viele wir sind, zusammenkommen, unseren Willen ernsthaft prüfen und auch feststellen, welche Mittel jeder einzelne mitbringt oder beschaffen kann. Dann wird sich zeigen, wie groß das Gut sein kann, das wir erwerben können, ob wir Aussicht haben, fremde Gelder für den schönen Zweck zu erlangen, ob und welche Baulichkeiten neu zu errichten sind usw. usw. Wir hoffen, dass wir und die Freunde, die sich uns anschließen, schon im Herbst ein Gut erwerben können.[28]

Daraufhin melden sich zwar einige Siedlungswillige und Ostern 1910 wird eine überregionale Siedlungsgruppe gegründet, doch der geplante Kauf eines Landgutes kommt nicht zustande. Ein neuerlicher Anlauf wird erst wieder am 14. Dezember 1913 in Wittenberg unternommen. Hier gründen Mitglieder des „Sozialistischen Bundes" unter Landauers Führung die Siedlungsvereinigung „Gemeinschaft", die ein eigenes Statut erhält und Anteilscheine in Höhe von 50 Mark ausgibt. Als alleiniger Vereinszweck wird die Vorbereitung von Siedlungen angegeben: „Dazu wird für den Anfang nötig sein anzustreben, nach Möglichkeit die für den Lebensbedarf notwendigen Erzeugnisse durch Vereinigung von landwirtschaftlicher, gärtnerischer und handwerklicher Arbeit selbst herzustellen."[29] Geleitet wird diese Siedlungsvereinigung von Otto Lothe und der Gruppe „Anfang" aus Leipzig, die Kontrolle liegt bei Friedrich Lisowski und der bereits erwähnten Gruppe „Grund und Boden" aus Eden. Bis zum Beginn des Ersten Weltkriegs findet sich zwar erneut „eine Anzahl Einzelmitglieder", weitere Ortsgruppen, die eine Siedlung aufbauen können und wollen, scheinen aber nicht entstanden zu sein. „Die Frage, die schon hie und da gestellt wurde, wo und wann die erste Siedlung beginnen würde, ist jetzt nicht zu beantworten", heißt es im Mai 1914.[30]

---

28 Aufruf zur Beteiligung an einer Siedlung, in: Der Sozialist, Jg. 2, Nr. 3 (1. Februar 1910), S. 24.
29 Siedlungs-Vereinigung „Gemeinschaft", in: Der Sozialist, Jg. 5, Nr. 24 (Dezember 1913), S. 191.
30 Zur Vorbereitung der ersten Siedlung, in: Der Sozialist, Jg. 6, Nr. 8 (15. Mai 1914), S. 64.

Anarchisten in der Obstbaukolonie Eden

Landauer selbst hatte seit 1909 regelmäßig die „Freunde" des Sozialistischen Bundes in Eden besucht und setzt diese Besuche auch nach dem Ausbruch des Ersten Weltkriegs bis zu seiner Übersiedlung nach Krumbach, der Heimat seiner Frau Hedwig Lachmann, fort. Seit 1914 steht er auch mit den Freiwirtschaftlern Silvio Gesell und Paulus Klüpfel in freundschaftlicher Verbindung, die seinerzeit ebenfalls in Eden wohnten, allerdings nicht der Gruppe „Grund und Boden" angehörten. Am 16. Mai 1909 findet in der Obstbaukolonie ein Frühlingsfest des Sozialistischen Bundes statt, mit dem gleichzeitig dessen einjähriges Bestehen gefeiert wurde. Landauer berichtet darüber im „Sozialist":

> In ernster Freude waren wir, Kinder, Frauen und Männer, annähernd 150 Personen, beisammen. Kinder und Erwachsene erfreuten uns mit musikalischen Vorträgen, Liedern und Gedichten. Es war eine Freude, die wir Menschen aneinander und an der Natur hatten: kein Tropfen Alkohol war dabei.[31]

Vorgetragen wurde dabei auch ein Geburtstagsgedicht von Erich Mühsam, aus dem die folgenden Strophen stammen, die man aus heutiger Sicht eher einem völkischen Blut-und-Boden-Dichter zuschreiben würde:

> Seht, ein Jahr stehn wir verbündet,
> Seit wir unsern Bund begründet,
> Seit *ein* Wille uns umschlingt,
> Seit *ein* Hoffen in uns klingt.
>
> Heilige Erde, die uns nährte:
> Sei uns Führer und Gefährte!
> Hier wohnt unsrer Arme Kraft,
> Unsrer Herzen Leidenschaft.
>
> Aus der Scholle festem Grunde
> Wächst dereinst die Freiheitsstunde.
> Fester Grund und feste Hand!
> Freie Menschen – freies Land![32]

Als der sächsische Weber Hugo Warnstedt, ein mit Landauer befreundeter Anarchist, im Frühjahr 1914 erwägt, sich mit seiner Familie in Eden niederzulassen, schreibt dieser ihm:

> Sind die Lohn- und Arbeitszeitverhältnisse nicht schlechter als du sie jetzt in Leipzig hattest, und hast Du Gelegenheit, ein Haus und ein Stückchen Land zu er-

---

31 Anm. von Gustav Landauer in: Der Sozialist, Jg. 1, Nr. 8 (1. Juni 1909), S. 58.
32 Erich Mühsam: Zum Geburtstag, in: Der Sozialist, Jg. 1, Nr. 8 (1. Juni 1909), S. 58.

halten, so komm entschieden nach Eden. Für Deine und Deiner Familie Gesundheit und Lebensmut ist es doch viel besser; und bist Du in Eden, so wirst Du auch in Berlin Gutes verrichten können. Und so wenig die *Menschen* in Eden sind, was ihre Aufgabe von ihnen fordert […], so ist Eden doch […] eine *Sache*, die schon auf unserm Weg liegt. Du hast in dieser Umgebung täglich mehr Lebensfreude als sonst und Du siehst Tag für Tag vor Augen: wenn das mit ungenügenden Kräften und verschüchtertem Willen zu schaffen war, muß unsre Sache auch schließlich aus dem Stadium der Wortmacherei herauskommen und erdhafte Wirklichkeit werden.[33]

Wer waren nun die Menschen, die sich in der Edener Gruppe „Grund und Boden" für den Sozialistischen Bund engagierten und von einer neuen, nicht primär lebensreformerischen, sondern politischen Siedlung träumten? – Zur Beantwortung dieser Frage möchte ich Ihnen im Folgenden einige Mitglieder des Sozialistischen Bundes näher vorstellen, die nicht die Prominenz eines Martin Buber, eines Erich Mühsam oder einer Margarethe Hardegger haben, ganz „normale" Anarchisten, wenn Sie so wollen.

(1) Carl Tomys

Carl Tomys, geboren 1866, stammt aus einer polnischen Bauernfamilie in dem kleinen Dorf Kilkowo – mit deutschem Namen: Saatengrün – im äußersten Südwesten der damaligen Provinz Posen und nur wenige Kilometer entfernt von den Grenzen Schlesiens und Brandenburgs.[34] Der nächste größere Ort ist die Kleinstadt und seit 1886 Kreisstadt Wollstein (polnisch Wolsztyn). Hier hatte der spätere Nobelpreisträger Robert Koch von 1872 bis 1880 als Kreisarzt gearbeitet.

Carl ist das jüngste von zwölf Kindern und wird von seinen Eltern im katholischen Glauben erzogen. Nach einer Schuhmacherlehre geht er auf Wanderschaft. Um 1890 nimmt er in Leipzig eine feste Stelle an. Hier kommt er – so berichtet sein späterer Freund Friedrich Lisowski – mit „freiheitlichen Ideen" in Berührung.[35] Dass er sich nicht für Karl Marx erwärmen konnte, sondern den anarchistischen „Gott- und Wahrheitssucher" Tolstoi zu seinem Vorbild wählt, führt Lisowski auf die ausgeprägte religiöse Veranlagung des polnischen Schuhmachers zurück. „Kaum der deutschen Sprache mächtig", studiert Tomys nun die Schriften Tolstois, liest bald auch Bakunin, Kropotkin und Proudhon. Er tritt aus der katholischen Kirche aus und macht die Anarchie zu seiner neuen Religion. Nach seiner Vorstellung bedeutet Anarchie freilich nicht Chaos und

---

33 Brief an Hugo Warnstedt, 5. Juli 1914 (Kopie in Privatbesitz Knüppel).

34 Für biografische Hinweise bedanke ich mich bei Rita Hoffmeister (Oranienburg), Katharina Papadopoulos (Zürich) und Kurt Tomys (Argentinien).

35 Dieses und die folgenden Zitate aus Friedrich Lisowski: Meister Tomys, Gedenkrede am Sarge, in: Edener Mitteilungen, Nr. 1/2 (Januar 1928), S. 4–7.

die Auflösung jedweder Ordnung, sondern eine neue Ordnung herrschaftsloser Gerechtigkeit, die zur Voraussetzung hat, dass der Einzelne über seine Leidenschaften herrscht und sich freiwillig in die Gemeinschaft einfügt. Tomys – so Lisowski – war „keine politische Natur, die die Liebe zur Macht treibt; er war eine soziale Natur, die von der Macht der Liebe getrieben wird. [...] Er begeisterte sich für alles, was echt und groß war. Er liebte Egmont, Hamlet, Lessing und Ibsen, er verehrte die großen Meister, die die Welt bewegen. Das gab ihm Kraft. Er genoß die Freude der Begeisterung [...], um im selben Atemzuge den bitteren Kelch der Enttäuschung zu trinken." In Leipzig heiratet Tomys Maria Straube, die ihm ein "treuer Kamerad" wird. Aus dieser Ehe gehen acht Kinder hervor. Ihre Tochter Martha heiratet um 1920 einen Sohn von Silvio Gesell und wandert mit ihm nach Argentinien aus.

Im Frühjahr 1903, also mit 38 Jahren, kann Tomys mit seiner Familie ein eigenes Haus in der Obstbaukolonie Eden beziehen und dort eine Schuhmacherwerkstatt eröffnen. Die Bekanntschaft mit Gustav Landauer und die Gründung der Edener Gruppe des Sozialistischen Bundes im Februar 1909 sollte hier zu einem „Höhepunkt" seines Lebens werden. Voller Idealismus engagiert er sich bei der Herstellung „unserer Zeitung", des „Sozialist", und für das Zustandekommen einer neuen sozialistischen Siedlung. „Die zwölf Artikel des Sozialistischen Bundes [...] waren ihm das Evangelium."[36]

Um so größer waren seine Enttäuschung und Verzweiflung, als 1914 der Krieg ausbrach und eine Realisierung seiner politischen Träume verhinderte und als 1919 seine persönlichen Hoffnungsträger Karl Liebknecht, Rosa Luxemburg und Gustav Landauer ermordet wurden. Paul Straube, ein Schwager, war im März 1919 von den Noske-Truppen erschlagen worden. Als die Sozialdemokraten an die Macht kommen, erfüllt ihn das Gefühl: „Nun ist alles verloren." In den Jahren nach dem Ersten Weltkrieg richtet sich seine Heilserwartung wechselweise auf die russischen Kommunisten, den „Inflationsheiligen" Haeusser und christliche Bibelkreise. Am 8. Dezember 1927 stirbt Tomys in seinem Edener Haus und hinterlässt bei seinen Freunden „die Erinnerung an einen aufrechten, anständigen Menschen"[37]. Aber auch als Handwerker hat Tomys in Eden und darüber hinaus Spuren hinterlassen, gilt er doch als Erfinder der alternativen „Jesuslatschen". Der Journalist Ulrich Grober berichtet nach einem Besuch in der Obstbausiedlung:

> Ein Paar Sandalen in einer Vitrine wecken meine Neugier. Eine flache Sohle mit Lederriemen. Einer geht über die Zehen, zwei schlingen sich über Kreuz um den Knöchel. Ich lese den alten Werbetext: ‚Die Barfuß-Sandale Original Eden hat sich seit Jahrzehnten glänzend bewährt. Keine andere Sandale lässt die natürliche, edle Fußform so zur Geltung kommen wie sie. Bei wenig Riemenwerk ist infolge genialer Anordnung dennoch fester Sitz gewährt.' Auf den alten Fotos tragen

---

36 Lisowski: Meister Tomys, S. 5.
37 Lisowski: Meister Tomys, S. 7.

Männer und Frauen sie bei der Gartenarbeit, Kinder beim Volkstanz und in der Schule. [...] ‚Jesuslatschen' hätten die Kinder in Oranienburg gerufen, wenn sie ihre Edener Mitschüler in diesen Sandalen zur Schule kommen sahen. Carl Tomys war der Edener Schuhmacher. Seine Werkstatt hatte er in dem Siedlungshaus neben dem Festplatz. Dort ging man hin, ließ sich die Füße abmessen, und am nächsten Tag konnte man die Sandalen abholen. Der Schuster war aus einem polnischen Dorf eingewandert. Die Schriften Tolstois hatten ihn aufgewühlt. Er hatte sich in Eden angesiedelt und sich Gustav Landauers ‚Sozialistischem Bund' angeschlossen, der in Eden eine seiner wenigen aktiven Ortsgruppen hatte. Die Original-Eden-Sandalen [...]: ein Design im Geiste Edens, inspiriert von den Ideen Tolstois und Landauers.[38]

(2) Friedrich Lisowski

Friedrich – genannt Fritz – Lisowski war 20 Jahre jünger als sein Freund Carl Tomys, dessen Grabrede er im Dezember 1927 hielt. Lisowski wurde 1886 in Westeregeln, einem Dorf im heutigen Kreis Wanzleben in der Magdeburger Börde, geboren und hatte nach seinem Schulbesuch eine Klempnerlehre absolviert.[39] Später bildet er sich angeblich zum Heizungsingenieur fort. Seine Vorfahren stammten aus Russland und waren um 1800 nach Sachsen gekommen. Um 1910 zog Lisowski als Untermieter in das Edener Haus der Familie Tomys ein. Im August 1914 wird er eingezogen und muss an den blutigen Schlachten in Frankreich und auf dem Balkan teilnehmen. Landauer bleibt mit ihm in brieflicher Verbindung.

Nach Kriegsende lernte er in Berlin die drei Jahre ältere Katharina – genannt Käte – Müller kennen, die er im Jahre 1920 heiratete. Wahrscheinlich schon im Vorjahr konnte er mit ihr in Eden ein eigenes Siedlerhaus beziehen.[40] 1922 wurde mit Peter Lisowski das einzige Kind des Ehepaares geboren.

Käte Müller-Lisowski, wie sie sich nach der Heirat nannte, hat bisher ein völlig anderes Leben geführt als ihr Mann. Geboren in Arnswalde (Pommern) und aufgewachsen in Guben (Niederlausitz), stammt sie aus einem gutbürgerlichen Elternhaus und studierte in Jena, Oxford, Paris und London keltische Philologie. Als sie sich im Sommer 1914 zur Erholung in ihrer deutschen Heimat aufhält, bricht der Erste Weltkrieg aus und die geplante Rückkehr nach England ist ihr versperrt. Für die Dauer des Krieges kann sie eine Anstellung an der Berliner Universität finden. Während ihres Auslandsstudiums war sie offenbar mit dem irischen Lehrer und Sprachkundler Douglas Hyde in Kontakt gekommen, der

---

38 Ulrich Grober: Ausstieg in die Zukunft, Eine Reise zu Ökosiedlungen, Energie-Werkstätten und Denkfabriken. Berlin 1998, S. 20–21.

39 Für biografische Hinweise bedanke ich mich bei Elke Fuchs vom Edener Genossenschaftsbüro und Prof. Dr. Frederick P. Lisowski (Tasmanien).

40 Lisowski wurde am 23. Juni 1919 Mitglied der Edener Genossenschaft; Käte Müller wohnte nachweislich schon im Mai 1919 in Eden.

1893 die Gälische Liga gründete und maßgeblichen Anteil an der Wiederbelebung der irischen Sprache und Literatur hatte. Später – von 1938 bis 1945 – war Hyde Präsident von Irland. Bereits 1913 verfasst Käte Müller für das „Literarische Echo" einen Beitrag über „Irische Volkslieder", für den sie Lieder aus den von Hyde herausgegebenen „Liebesliedern aus Connacht" (1894) ins Deutsche überträgt.[41] 1920 erscheint erstmals eine deutschsprachige Sammlung irischer Volksmärchen, die in der Mehrzahl Hydes Sammlung „Der wahre Geschichtenerzähler der Woche" (1909) entnommen und von Käte Müller übersetzt und mit einem erklärenden Nachwort versehen wurden. In erweiterter Form erscheint diese Sammlung – nun mit Käte Müller-Lisowski als Herausgeberin – 1923 in der bekannten und bis in die Gegenwart vielgelesenen Reihe „Die Märchen der Weltliteratur" des Verlags von Eugen Diederichs. Das Nachwort hierzu stammte von dem mit Douglas Hyde befreundeten Professor Julius Pokorny, der an der Berliner Universität keltische Philologie lehrte.[42] Die letzte Auflage dieser Märchenanthologie datiert meines Wissens von 1999. Gleichzeitig publiziert Müller-Lisowski wissenschaftliche Beiträge in der „Zeitschrift für celtische Philologie", darunter auch Auszüge aus ihrer Dissertation über altirische Johanneslegenden und den Druiden Mog Ruith. Ihren Doktortitel erhielt sie 1924 von der Universität Wien. 1932 folgt eine Sammlung irischer und dänischer Volkslieder, 1936 erscheint in Eden eine deutschsprachige Neufassung ihrer Dissertation. Außerdem arbeitete sie an einem von Hans Hessen herausgegebenen „Irischen Lexikon" mit, einem Wörterbuch der alt- und mittelirischen Sprache, das von 1933 bis 1940 in zwei Bänden erscheint.

Über den verheerenden Einschnitt des Ersten Weltkriegs und seine Folgen für Landauers Siedlungssozialismus schreibt Lisowski rückblickend:

> Und was noch damals – im Sommer 1914 – zur Verwirklichung des Sozialismus möglich war, jetzt wurde es durch die ungeheure Vernichtung und die damit zusammenhängende Verrohung und Verelendung der Menschheit unmöglich. Auf Jahrzehnte, vielleicht Jahrhunderte ist dieser Weg verschüttet.[43]

Nach seiner Rückkehr aus dem Krieg wird Lisowski Mitglied der USPD, nach deren Niedergang betätigt er sich in der Sozialdemokratischen Partei. Seine Parteizugehörigkeit – und gewiss auch die ebenso rasche wie ungehinderte Ausbreitung des Nationalsozialismus innerhalb der Edener Siedlung – führte schließlich dazu, dass die Familie 1937 nach Irland emigrierte. Um 1950, nach dem Ende des Zweiten Weltkriegs, verließen die Eheleute die grüne Insel und zogen zu ihrem Sohn, der damals eine Dozentenstelle an der Universität in Birmingham bekleidete. Hier, in seiner neuen britischen Heimat, starb Fritz Lisowski am 18.

---

41 Käte Müller: Irische Volkslieder, in: Literarisches Echo, Jg. 15, H. 16 (15. Mai 1913), Sp. 1108–1113.
42 Zu Pokorny vgl. jetzt Pól Ó Dochartaigh: Julius Pokorny 1887–1970. Germans, Celts and Nationalism. Dublin 2003.
43 Friedrich Lisowski: Meister Thomys, S. 5.

August 1959. Seine Frau sollte ihm ein halbes Jahr später folgen. Sohn Peter –
der sich jetzt Frederick Peter Lisowski nannte – studierte in Dublin, Liverpool
und Birmingham Medizin, beteiligte sich in den sechziger Jahren am Aufbau
einer medizinischen Fakultät in Äthiopien und lehrte dann als Professor für Ana-
tomie an den Universitäten von Hongkong (ab 1969) und von Tasmanien (ab
1983). Zusammen mit einem chinesischen Kollegen verfasste er u.a. eine „Geschichte der chinesischen Medizin" (1993, mehrere Auflagen).

(3) Alfred Starke

Der gelernte Buchhändler Paul Alfred Starke wurde 1883 im Leipziger Stadtteil
Schönefeld geboren.[44] Nach dem Besuch der Schönefelder Volksschule arbeitete
er zunächst sechs Jahre als Gehilfe in der bekannten Leipziger Verlagsbuchhandlung von Friedrich Volckmar. 1906 zieht Starke nach Berlin und wird dort
bereits am 31. Mai Mitglied der Edener Siedlungsgenossenschaft. 1907 tritt er
aus der evangelischen Kirche aus. In Berlin arbeitet er im Verlag der „Schönheit", einer im April 1903 von dem Schriftsteller und Journalisten Karl Vanse-
low gegründeten Zeitschrift, „die Vertretern des Jugendstils, der Aktphotogra-
phie, der Reformbewegungen" und vor allem der neu entstandenen Freikörper-
kultur ein Forum bot.[45] Nach nur zwei Jahren verlässt Starke die Reichshauptstadt schon wieder und wendet sich nach Paris, wo er vorübergehend in der internationalen Verlagsbuchhandlung Boyveau et Chevillet Anstellung findet. Von
Paris aus reist er – meist zu Fuß – nach Südfrankreich und Spanien, anschlie-
ßend nach Italien und durch die Schweiz – vermutlich besucht er dort auch die
Siedlung Monte Verità in Ascona. Etwa im Juni 1909 zieht Starke – aus Man-
chester kommend – in die Obstbaukolonie Eden und eröffnet dort eine Buch-
und Papierwarenhandlung. Kurz darauf wird in Berlin eine Zweigniederlassung
eingerichtet. Zur gleichen Zeit heiratet er Minna Geisler, 1913 wird eine Tochter
geboren.

Aus unbekannten Gründen verlässt Starke Eden 1914 nach fünf Jahren schon
wieder und kehrt in seine Geburtsstadt Leipzig zurück. Dort arbeitet er bis 1921
erneut in der Verlagsbuchhandlung von Friedrich Volckmar. Als Starke im
Frühjahr 1917 zum Kriegsdienst einberufen werden soll, verweigert er den ver-
langten Fahneneid. Daraufhin wird er vom Kriegsgericht zu zwei Monaten Fes-
tungshaft verurteilt, die er in der Festung Königstein in der Sächsischen Schweiz
– oberhalb der Stadt Königstein an der Elbe – verbüßt. (Die Festung diente während des Ersten Weltkriegs eigentlich als Kriegsgefangenenlager für feindliche
Offiziere und Soldaten.) Die Begründung seiner Kriegsdienstverweigerung, die

---

44 Für biografische Hinweise bedanke ich mich bei Elke Fuchs vom Edener Genossenschaftsbüro und
Hannelore Reintsch (Taucha).
45 Bernd Wedemeyer-Kolwe: „Der neue Mensch". Körperkultur im Kaiserreich und in der Weimarer
Republik. Würzburg 2004, S. 200.

Starke mit dem Titel „Mein Bekenntnis" versieht, stellt auch heute noch ein bewegendes Dokument dar. Hier ein Auszug:

> Seit 11 Jahren aus ethischen Gründen Vegetarier, meide ich aus innerster Überzeugung und aus Liebe zum lebenden Wesen, jedwede Tötung und ist es für mich ausgeschlossen, mich an dem höchsten lebenden Wesen, der sogenannten Krone der Schöpfung, zu vergreifen und es auf Geheiß [...] zu ermorden oder Beihilfe hierbei zu leisten.
>
> Der Ausspruch des vollkommensten Menschen, Christus: „Liebe deinen Nächsten wie dich selbst" und „Liebet Eure Feinde, tut wohl denen, die Euch hassen etc. etc." ist auch mein Wahlspruch.
>
> Was heißt Feinde, ehemals waren diese für mich, sind es jetzt noch meine Freunde, meine Mitmenschen. Gern erinnere ich mich der Auslandszeit und des Zusammenseins mit den verschiedenen Nationen.
>
> Aus der Überzeugung heraus, dass von den Trägern der Kirche nach der wahren Christenlehre nicht gehandelt wird und sie von Fall zu Fall bestrebt sind, diese anders auszulegen, als sie es in Wirklichkeit ist, kehrte ich vor 10 Jahren der Kirche den Rücken, um im echten Menschen-Christentum zu leben.
>
> Eine größere Schuld konnte die Kirche nicht auf sich laden, als sich in den Dienst des Kriegshandwerks, der vorsätzlichen Tötung zu stellen. Ein Christus würde verzweifeln, sähe er auf diese Weise seine Lehre missachtet.
>
> Betet nicht jedes Volk um seine Erlösung, und welcher allgütige Gott könnte diesen Bitten widerstehen und nur einen Teil strafen.
>
> Hat nicht schon ein irdischer Vater alle seine Kinder lieb und sollte man es wagen, dieser Vollkommenheit aller Vollkommenheiten ein anderes Handeln an seinen Kindern zuzuschreiben. Nehmen wir die Göttlichkeit an, so wäre dies eine Missachtung, die ihresgleichen nicht findet. [...]
>
> Aus den kurzen [...] Ausführungen meiner innersten, aufrichtigen Überzeugung heraus, lehne ich es ab, Kriegsdienst zu tun, bin aber bereit, landwirtschaftlich, ohne Schwur, mich der Menschheit dienstbar zu machen.[46]

Von 1921 bis 1935 arbeitet Starke im „Börsenverein des deutschen Buchhandels", der seinen Sitz damals in Leipzig hat. Gekündigt wird ihm auf Grund seiner entschiedenen Gegnerschaft zum Naziregime, aus der er keinen Hehl macht. So verweigert er den „deutschen Gruß", spendet nicht für das Winterhilfswerk und leistet keine Beiträge zur Arbeitsfront, entzieht sich der kollektiven Maifeier und anderen politischen Firmenveranstaltungen. Gleichzeitig unterstützt er regelmäßig die Angehörigen der in den Konzentrationslagern befindlichen „Genossen". Diese Tatsache deutet darauf hin, dass Starke sich in den zwanziger Jahren der sozialdemokratischen Partei angeschlossen hatte.

Über vier Jahre bleibt Starke nun arbeitslos und muss sich und seine Familie – nach dem Tod seiner ersten Frau hatte er 1928 erneut geheiratet – zeitweise

---

46 Alfred Starke: Mein Bekenntnis, 1./2. Juni 1917 (Privatbesitz Reintsch).

ohne staatliche Unterstützung durchbringen. Mehrfach wird er von der Gestapo vorgeladen, im Juni 1939 entgeht er nur knapp einer Verhaftung. Seiner Frau wird nahegelegt, sich von ihm scheiden zu lassen. Während des Zweiten Weltkriegs unterstützt Starke als Dolmetscher französische Zwangsarbeiter und kann einigen von ihnen zur Flucht verhelfen. Russische Kriegsgefangene werden von ihm mit Lebensmitteln unterstützt. In einem alten Bienenhaus auf seinem Grundstück im Leipziger Vorort Machern versteckt er drei Monate lang einen Leipziger Juden, der später nach Theresienstadt deportiert wird und dort umkommt. Kurz vor Kriegsende, am 6. April 1945, wird seine Leipziger Wohnung vollständig ausgebombt. 1946, nach der Befreiung, wird Starke Angestellter im Leipziger Verlag „Volk und Wissen". Sein Ruhestand, den er 1950 mit nunmehr 67 Jahren antritt, währt nur kurz. Am 6. Juni 1952 stirbt Alfred Starke in Leipzig.

Weitere namentlich bekannte Mitglieder der Edener Gruppe „Grund und Boden" waren der ehemalige Kaufmann Alfred Fischer, der Gärtner Abdon Poepke und der Sattler Friedrich Rommert. Alles in allem bestätigt sich hier, was für den gesamten „Sozialistischen Bund" gilt: In der Mehrzahl waren seine Mitglieder junge Handwerker im Alter von 25 bis 30 Jahren, die, so Ulrich Linse, „entweder von der Industrialisierung nicht direkt betroffen wurden oder vor ihren Schattenseiten in eine vorindustrielle Welt flüchten wollten".[47] Innerhalb der Obstbaukolonie, die vor dem Ersten Weltkrieg rund 350 Einwohner hatte, bildeten die Anhänger des „Sozialistischen Bundes" den Gegenpol zu einer dezidiert völkisch-antisemitischen Strömung, die sich mit Namen wie Richard Bloeck, Ernst Haacke, Carl Rußwurm und Gustav Simons verbindet. So erregt sich etwa der völkische Architekt Herbert Rosemann, der seit 1918 in Eden wohnt und seinen Hausgiebel als erster Siedler mit einem Hakenkreuz auf blauem Grund geschmückt hat, über einen Beitrag des „zionistischen Siedlungspaschas" Franz Oppenheimer in den „Edener Mitteilungen", dem Organ der Siedlung, und kündigt an: „Demnächst werde ich meine Erlebnisse im Genossenstaate Eden (80 v. H. *rot*) auch in einer Denkschrift schildern und dadurch zu einer Dämpfung des Überschwanges beitragen."[48] Dass 80% der Siedler „rot", also Sozialisten sein sollen, stellt freilich eine maßlose Übertreibung dar, die viel über das Weltbild des Schreibers und wenig über die Realität der Vegetariersiedlung sagt. Judith Baumgartner, die sich bislang am intensivsten mit Eden beschäftigt hat, dürfte hier richtiger liegen, wenn sie bezüglich Carl Tomys anmerkt, dieser sei „einer der wenigen aktiven Sozialisten" gewesen, die vor 1933 in der Obstbaukolonie lebten.[49]

---

47 Ulrich Linse, Organisierter Anarchismus, S. 300.
48 Herbert Rosemann: „Eden", in: Aufsteigendes Leben, Jg. 12, H. 1–3 (Januar bis März 1922).
49 Judith Baumgartner: Ernährungsreform – Antwort auf Industrialisierung und Ernährungswandel. Ernährungsreform als Teil der Lebensreformbewegung am Beispiel der Siedlung und des Unternehmens Eden seit 1893. Frankfurt a.M. u.a. 1992, S. 169.

Reaktionen in der anarchistischen Bewegung

Bei den zeitgenössischen Anarchisten stießen Landauers Thesen und Vorschläge auf wenig Gegenliebe. Dies galt besonders für die Macher und Leser der anarchistischen Zeitschrift „Der freie Arbeiter" und der syndikalistischen Wochenzeitung „Einigkeit". Der Wuppertaler Buchdrucker und Syndikalist Heinrich Drewes etwa verspottet Landauer nach dem Besuch einer Versammlung in Düsseldorf als „neuen Messias". Aus dem früheren Anarchisten sei ein „Utopist" und „bürgerlicher Philanthrop" geworden, der die „realen Verhältnisse" ignoriere.[50] Ähnlich wie Drewes bestreitet auch Fritz Kater, der damalige Redakteur der „Einigkeit", dass ein Sozialismus ohne die vorherige Beseitigung der kapitalistischen Wirtschafts- und Gesellschaftsordnung verwirklicht werden könne.[51] Ein ungenannter Mitarbeiter, vermutlich Max Winkler, setzt sich sehr ausführlich mit Landauers Vorstellungen auseinander und kommt zu dem Ergebnis, dass sich auch die Siedlung nicht „aus den Fangarmen des Staates" befreien könne.[52]

Gustav Landauer protestiert gegen die ersten Angriffe und betont, dass er seine gegenwärtige Auffassung vom Sozialismus, die ähnlich bei Proudhon zu finden sei, bereits 1895 vertreten habe. Allerdings habe er damals noch zu viel Wert auf die Zusammenlegung des Konsums und zu wenig Wert auf den Grund und Boden und die Siedlung gelegt. Von ungebrochener Aktualität sind meines Erachtens die folgenden Sätze, die sich gegen die inhaltlichen Vorwürfe seiner damaligen Kritiker richten:

> O nein! gar nicht leicht, gar nicht spielend denke ich mir den Übergang aus dem verbrecherisch-geistlosen Wahnsinn unserer gesunkenen Zeit zu Kultur und Gerechtigkeit und Menschenschönheit. Durchaus nicht an revolutionärer Gesinnung fehlt es mir; ich leide auch nicht an [einer] Verkennung der Machtmittel, über die der Staat gebietet; mir ist nur der Glaube an die bisherigen Wege, auf denen man zu der großen Umwälzung gelangen will, völlig abhanden gekommen. Wenn die Syndikalisten die Notwendigkeit der gewerkschaftlichen Solidarität und Kämpfe betonen, so gebe ich ihnen völlig recht und gehe noch weiter als sie und betone auch die völlige Notwendigkeit der politisch-demokratischen Kämpfe. Notwendig sind sie, aber zum Sozialismus führen sie nicht! Nie wird der Sozialismus auf den Wegen des Generalstreiks oder der Revolution oder der politischen Macht und Diktatur kommen, wenn nicht seine Anfänge und leuchtend sichtbaren Vorbilder vorher getatet worden sind. So wenig, wie das Bürgertum und Bauerntum von 1789 an durch große politisch-revolutionäre Maßnahmen dem Feudalismus den letzten Stoß hätte geben können, wenn nicht die wirtschaftlichen und geistigen Tatsachen der bürgerlichen Gesellschaft schon längst da gewesen wären.[53]

50 Heinrich Drewes: Ein neuer Messias, in: Einigkeit, Jg. 13, Nr. 37 (11. September 1909).
51 Fritz Kater: Zum „Protest", in: Einigkei, Jg. 13, Nr. 41 (9. Oktober 1909).
52 M.W.: Gustav Landauer und der Syndikalismus II., in: Einigkeit, Jg. 17, Nr. 50 (13. Dezember 1913).
53 Gustav Landauer: Protest, in: Einigkeit, Jg. 13, Nr. 40 (2. Oktober 1909).

Landauer selbst hat allerdings nie einen Siedlungsversuch unternommen, auch wenn er die Großstadt als „gräulichen Sumpf" betrachtete und aus diesem Grund seit 1897 in damals noch dörflich geprägten Vororten Berlins – Friedrichshagen, Dahlwitz und Hermsdorf – und seit 1917 in der bayerischen Kleinstadt Krumbach lebte. Einen Freund lässt er wissen, dass er nicht dazu bestimmt sei, auf dem Land als Siedler zu enden.[54]

Das Siedlungsheim Charlottenburg und das Jüdische Volksheim

Während des Ersten Weltkriegs, der den Zerfall des „Sozialistischen Bundes" sowie die Einstellung seines Organs, des „Sozialist", im März 1915 zur Folge hat, engagiert sich Landauer zunächst für das städtische Siedlungsheim Charlottenburg, das 1914 nach dem Vorbild der angelsächsischen Settlement-Bewegung von Studenten, die sich der linksbürgerlichen Jugendbewegung zugehörig fühlten, gegründet worden war. Mit der „Sozialen Arbeitsgemeinschaft Berlin-Ost" (SAG), die 1911 von dem protestantischen Pfarrer Friedrich Siegmund-Schultze begründet und im Frühjahr 1914 als Verein eingetragen wurde, bestand freilich auch in Berlin selbst ein erfolgreiches Vorbild.

Angeführt wurde der Charlottenburger Kreis von dem jüdischen Medizinstudenten Ernst Joël.[55] Joël kam aus der Freistudentenschaft und hatte seine Siedlungspläne bereits als Mitarbeiter der „Comenius-Gesellschaft für Volksbildung" entwickelt. Über die Zielsetzungen des Charlottenburger Siedlungsheims schreibt er im Juli 1915 in einem „Brief an einen Freund":

> Das Siedlungsheim soll eine Stätte sein, in der Menschen, losgelöst aus ihrer Klassengebundenheit, sich finden auf Grund des gleichen Rechtes und der gleichen Pflicht: Mensch zu sein. Sich finden auf Grund des gleichen Dranges nach Erkenntnis, der gleichen Freude an der Dichtung, der gleichen Lust am Liede, dem gleichen Triebe zur Geselligkeit, der gleichen Pflicht zur nachbarschaftlichen Hilfe. Eine Stätte, wo der Zufälligkeit der Kleidung und dem Stumpfsinn der Gewohnheit eine Gesetzlichkeit des Geistes übergeordnet wird, – eine verkehrte Welt, wenn Sie so wollen, in der das Ewig-Menschliche das Zufällig-Berufliche zu durchbrechen und zu übergreifen sucht. So alle Übereinkünfte und Überkommenheiten umwerfend, betrachtet das Siedlungsheim es als sein vornehmstes Gebot, Begegnungen mit den Menschen schlechthin herbeizuführen, ihn aufzusuchen und aufzustöbern, wo er scheinbar verschüttet liegt, ihn aufzuwecken, wo er scheinbar tot ist. [...] Und als letzten Schritt nenne ich Ihnen die unmittelbare religiöse Wirksamkeit des Siedlungsheimes. All sein Denken über die Pflege des Religiösen wird beginnen mit der Ablehnung des Satzes: „Religion ist Privatsa-

---

54 Bernhard Mayer: Interessante Zeitgenossen. Lebenserinnerungen eines jüdischen Kaufmanns und Weltbürgers. Hg. von Erhard Roy Wiehn. Konstanz 1998, S. 75.

55 Zur Biografie des Sozialisten und Pazifisten Ernst Joël vgl. jetzt Margarete Exler: Von der Jugendbewegung zu ärztlicher Drogenhilfe. Das Leben Ernst Joëls (1893–1929) im Umkreis von Benjamin, Landauer und Buber. Berlin 2005.

che." Nähme es diesen tristen Programmpunkt der Arbeiterpartei auch für sich in Anspruch […], dann hätte sie kein Recht mehr, sich allen Ernstes als Hilfe zu betrachten. Das Siedlungsheim muß anknüpfen an zwei gewaltige Erscheinungen, die uns neuerdings in der Großstadt begegnen: an den Drang hinaus und zurück zur Natur und [an] die Liebe zur Musik. Es muß aber auch, wenn es zum Willen sprechen will, sich des Wortes bedienen und Redner hinausschicken, die keinen Auftrag amtlicher Instanzen kennen, sondern im Namen des Geistes selbst sein Erwachen im Steinhaufen der großen Städte verkünden.[56]

Inklusive der expressionistischen Diktion zeigen sich hier deutliche Anklänge an Landauers „Aufruf zum Sozialismus" (1911). In einer Anzeige heißt es etwas weniger pathetisch: „Das Heim ist Mittelpunkt für Studenten und Studentinnen, die im Arbeiterviertel Charlottenburgs in der Nachbarschaft soziale Arbeit tun (Volksbildung, Jugenderziehung, persönliche Fürsorge)."[57] Als Leiterin des Hauses wird ein „Fräulein Wally Mewius" angegeben, über die bisher nichts ermittelt werden konnte.

Heute würde man ein solches Heim wohl am ehesten als Bildungs- und Begegnungsstätte bezeichnen. Allerdings sollen über den unverbindlichen und folgenlosen Veranstaltungsbesuch hinaus ähnlich wie nach dem Ersten Weltkrieg in den Volkshäusern und freien Volkshochschulen dauerhafte Gemeinschaften entstehen, die gleichsam als Ferment einer Gesellschaftsveränderung betrachtet werden.

Gustav Landauer spricht im Siedlungsheim über den amerikanischen Dichter Walt Whitman als „Propheten der neuen Menschheit" (11. Juni 1915), Hans Blüher hält einen Vortrag über „Die Intellektuellen und die Geistigen". Weitere nicht-studentische Redner sind Martin Buber und Kurt Hiller, zu den Mitarbeitern gehört zeitweise auch Walter Benjamin.

Flankiert wird diese Bildungs- und Sozialarbeit durch die von Ernst Joël begründete und herausgegebene Zeitschrift „Der Aufbruch, Monatsblätter aus der Jugendbewegung", für die der bekannte Verleger Eugen Diederichs gewonnen werden konnte und an der Gustav Landauer ebenfalls mitarbeitet. Die Zeitschrift wird allerdings schon nach der vierten Nummer im November 1915 vom militärischen Oberkommando in den Marken „aus grundsätzlichen Erwägungen" während der Kriegsdauer verboten, gleichzeitig wird Ernst Joël von der Berliner Universität relegiert und muss sein Studium in Heidelberg fortsetzen.

Innerhalb der Jugendbewegung hatte das neue Blatt zu heftigen antisemitischen Ausfällen geführt. So schreibt der völkische Schriftsteller Adalbert Luntowski in einem offenen Brief an den Verleger Diederichs, der in der „Wandervogelführererzeitung" abgedruckt wird:

56 Ernst Joël: Brief an einen Freund, in: Der Aufbruch, Jg. 1, Nr. 1 (Juli 1915), S. 22 f.
57 Anzeige in Der Aufbruch, Jg. 1, Nr. 1 (Juli 1915), S. 25.

Ich will in keine streithafte Erörterung des Inhalts jener sogenannten Jugendzeitschrift eintreten. Sie hat *einstimmig* Ablehnung und Entrüstung in der wahrhaft deutschen Jugend hervorgerufen. Wir sind in unserem Gefühl so gefestigt, daß wir den Leuten mit den klugen Köpfen, den schnellen Zungen und den toten Herzen keine Gelegenheit mehr zum [...] Wortgefecht geben. [...] Was mir aber die Feder in die Hand zwingt, das ist die traurige Notwendigkeit, Ihnen sagen zu müssen, daß Sie in Gefahr geraten, nach der strengen Auffassung der wahrhaft Deutschen ihr Führeramt zu mißbrauchen.[58]

Und Joëls nach dem Verbot des „Aufbruchs" erfolgte Ankündigung, dass von Dezember 1915 an der „Sozialist" unter der Leitung „unseres ständigen Mitarbeiters" Gustav Landauer wieder erscheinen werde – eine voreilige Ankündigung, wie sich herausstellen sollte –, versieht der Leipziger Wandervogel-Führer Rudolf Hudemann mit den Worten: „Ein Kommentar erübrigt sich! Wir werden da wohl noch manche Überraschungen erleben können, wenn die Herren von der ‚süßen Kameraderie' in der Weise weiterarbeiten. Also jetzt werden wir [...] mit dem ‚Sozialist' beglückt werden! Gut, daß wir wissen, wer dort an der Arbeit ist."[59]

In einem Brief urteilt Landauer über diese antisemitischen Reaktionen: „Nichts Hässlicheres als Jugend, die nicht bloß beschränkt ist, sondern diese Beschränktheit in komisch autoritärer Form äußert."[60] Schon anlässlich des Freideutschen Jugendtags auf dem Hohen Meißner im Oktober 1913 hatte Landauer unzweideutig formuliert: „Antisemit, das geht nicht unter Menschen."[61]

Nach dem Weggang Joëls betätigt sich Landauer 1916 noch im Jüdischen Volksheim, das von dem ehemaligen jüdischen Medizinstudenten und „Kulturzionisten" Siegfried Lehmann geleitet wurde.[62] Lehmann war vorher auch Mitarbeiter im Charlottenburger Siedlungsheim gewesen. Das Jüdische Volksheim wurde von jungen und weitgehend assimilierten „Westjuden" im sogenannten „Scheunenviertel", dem östlichen Proletarierviertel Berlins, eingerichtet, „wo arme Flüchtlinge aus Polen, Galizien und Russland Zuflucht gefunden hatten".[63] Neben dem Austausch von Ost- und Westjudentum stand auch hier die soziale Arbeit im Vordergrund, die zu einer „Stadtsiedlung", einer wirklichen Gemeinschaft von Gebildeten und Arbeitern führen sollte. Das Jüdische Volksheim bestand insgesamt fast dreizehn Jahre, also bis 1929.

---

58 Adalbert Luntowski: An Eugen Diederichs, Jena, in: Wandervogelführerzeitung, Jg. 4, Nr. 12 (Dezember 1915), S. 162.
59 Ernst Joël und Rudolf Hudemann: Anfang, Aufbruch und – *kein* Ende!, in: Wandervogelführerzeitung, Jg. 4, Nr. 12 (Dezember 1915), S. 163.
60 Gustav Landauer: Sein Lebensgang in Briefen, Bd. 2, S. 112 (Brief an Ernst Joël, 24. Dezember 1915).
61 Gustav Landauer: Sein Lebensgang in Briefen, Bd. 1, S. 448 (Brief an Heinrich Dehmel, 16. Oktober 1913).
62 Vgl. zuletzt Barbara Schäfer: Berliner Zionistenkreise. Eine vereinsgeschichtliche Studie. Berlin 2003 [= minima judaica Bd. 3], S. 135–141.
63 Barbara Schäfer, Zionistenkreise, S. 135.

Nachdem er am 18. Mai 1916 vor 200 Besuchern den Eröffnungsvortrag über „Judentum und Sozialismus" gehalten hat, schreibt Landauer an seine Tochter Charlotte:

> Ein paar junge Leute haben da mit verhältnismäßig geringen Mitteln etwas ganz Reizendes geschaffen. Die Wohnung ist ganz entzückend ausgestattet, wohltuend, traulich und ernst zugleich. Es sollen da Studenten, Kaufleute, Arbeiter beiderlei Geschlechts zusammenkommen, zu belehrenden Gesprächen und Vorlesungen; Mütter werden beraten; ein Kinderhort ist da, und zwei Stuben werden als Werkstätten für Tischlerei usw. eingerichtet, was gerade für die Juden, die aus dem Osten kommen und oft nichts als Hausieren und dergleichen gelernt haben, sehr wertvoll ist. Ähnlich ist ja auch das Siedlungsheim in Charlottenburg; aber das jüdische scheint mir gleich besser anzufangen und auch eine größere Notwendigkeit zu haben.[64]

Nach Landauers Ermordung hält Siegfried Lehmann in der „Arbeit", dem deutschen Organ der zionistisch-sozialistischen Partei Hapoël-Hazair, das Gedächtnis seines geistigen Vorbilds wach und erinnert „an die Abende, an denen Gustav Landauer bei uns gesprochen hatte". Seinem Anliegen könne man nicht anders dienen als mit einem „Schrei an alle, endlich mit der Tat zu beginnen". Alle zionistischen Leser, die sich für Landauers Weg entschieden haben, sollen sich in Ortsgruppen zusammenschließen:

> Nur wenige von uns, die sich zu einem Leben auf dem Lande entschlossen haben, werden die Idee der Landsiedlung, wie sie Landauer früher vorschwebte, verwirklichen können. Die vielen aber, deren Leben an die Stadt gebunden ist, werden durch Mitschaffen an den einst aus den Siedlungsheimen [...] entstehenden Stadtsiedlungen ihren Teil an der Verwirklichung der Lehre Gustav Landauers beitragen.[65]

Nachwirkungen

Wer folgte jenem „Schrei, endlich mit der Tat zu beginnen"? Siedlungsversuche, die sich auf Landauer beriefen oder seine Vorstellungen aufgriffen, wurden erst nach dem Ersten Weltkrieg unternommen. Erwähnt werden sollen hier die Siedlung Blankenburg bei Donauwörth (gegründet Februar 1919), die Siedlung Sannerz bei Schlüchtern (Juni 1920), die Siedlung Freie Erde bei Düsseldorf (Juli 1921), auch die Siedlung Bergfried bei Rosenheim (März 1920), ferner natürlich die Siedlungsversuche von Margarethe Hardegger, Landauers einstiger Gelieb-

---

64 Gustav Landauer: Sein Lebensgang in Briefen, Bd. 2, S. 136 f. (Brief an Charlotte Landauer, 19. Mai 1916).
65 Siegfried Lehmann: Gustav Landauer und das jüdische Volksheim, in: Arbeit, Jg. 2 (Juni 1920), S. 44 f.

ten, in Herrliberg am Zürichsee (Oktober 1918) und im Tessin (Mai 1919).[66] Einen nachhaltigen Widerhall fanden seine Bestrebungen allerdings vor allem in der jüdischen Jugendbewegung und über diese in den israelischen Kibbuzim, die in den 20er und 30er Jahren entstanden.

Noch eine Schlussbemerkung. Unsere Tagung steht unter der Überschrift „Alternative Lebensentwürfe". Ich bin mir nicht sicher, ob diese Lebensentwürfe eo ipso auch zu neuen Formen des Zusammenlebens führen müssen. Übrigens teile ich diese Zweifel mit dem Anarchisten Landauer, der die freiwillige und verbindliche Partnerschaft in der Ehe pries und Familien als Zellen jeder neuen Siedlung und damit auch jeder künftigen Gesellschaft betrachtete. Wenige Monate vor seinem Tod hat Landauer an seine damals 16-jährige Tochter Gudula, die gerade nach dem Sinn des Lebens sucht, die folgenden Zeilen geschrieben:

> Es liegt alles in dem wunderbaren Spruch, der aus dem deutschen Mittelalter überliefert ist:
>
>> Ich komme, ich weiß nicht, woher,
>> Ich fahre, ich weiß nicht, wohin,
>> Weiß nicht, warum ich so fröhlich bin.[67]
>
> Nur dadurch, dass wir dieses dritte Weiß-nicht in ein Wissen verwandeln; indem wir unser Leben zur Aufgabe wandeln, die wir uns selbst setzen, finden wir auch Beruhigung und Wissen über das Woher und Wohin. Diese Aufgabe hat aber gar nichts mit Ehrgeiz oder äußeren Erfolgen zu tun; wie könnte jedes Menschenkind berufen sein, ein Ausnahmemensch zu sein? [...] Unsere Aufgabe ist, gut zu sein; anzuerkennen, durch die Tat und den stillen Umgang im Kleinen und Täglichen, dass die Menschen und alles, was Leben hat, uns nicht als Gegenstände für unseren Genuss gegeben sind, sondern als solche, die in allem Wesentlichen gerade so beseelt sind wie wir.[68]

Mir scheint, dass die in dieser Aussage enthaltene Negierung von gesellschaftlichen Erfolgs- und Konsumzwängen, der Verzicht auf eine heute allseits geforderte Selbstinszenierung und das Festhalten an einer verbindlichen Moralität gerade in unseren postmodernen Zeiten zu einem höchst „alternativen" Leben führen.

---

66 Zu letzteren vgl. Regula Bochsler: Ich folge meinem Stern. Das kämpferische Leben der Margarethe Hardegger. Zürich 2004, S. 304 ff.; Ina Boesch: Gegenleben. Die Sozialistin Margarethe Herdegger und ihre politischen Bühnen. Zürich 2003, S. 79 ff.

67 Dieses alte Gedicht, das noch mindestens vier weitere Verse aufweist, wird wahlweise Angelus Silesius oder Martin von Biberach zugeschrieben. Darüber hinaus existiert eine bekannte Bearbeitung von Hans Thoma. Die ersten vier Verse lauten richtig: „Ich bin und weiß nicht wer / Ich komm' und weiß nicht woher / Ich geh', ich weiß nicht wohin / Mich wundert, dass ich so fröhlich bin."

68 Gustav Landauer: Sein Lebensgang in Briefen, Bd. 2, S. 263 f. (Brief an Gudula Landauer, 30. September 1918).

Gustav Landauer

Gerhard Semper[1]

Eden – eine lebendige Idee (? oder !)

Eden – Luftbildaufnahme

Sie, verehrte Gäste, werden für sich nach unserer Veranstaltung entscheiden können, welches Satzzeichen diese Aussage abschließen soll. Schauen wir auf das heutige Eden, so fällt auf, dass einzelne Häuser – man kann Häuserreihen ausmachen – auf großen, grünen Flächen stehen. Vorn links sind zwei Gärtnereien zu erkennen, im Zentrum eine sehr dichte Bebauung, die aus dem „Einfamilienhausprogramm" der DDR stammt, hier für den damaligen Landtechnikbetrieb, und die ehemals wirtschaftliche Stütze der Genossenschaft: der Eden-Betrieb,

1 Vorstandsvorsitzender von Oktober 1998 bis Oktober 2005.

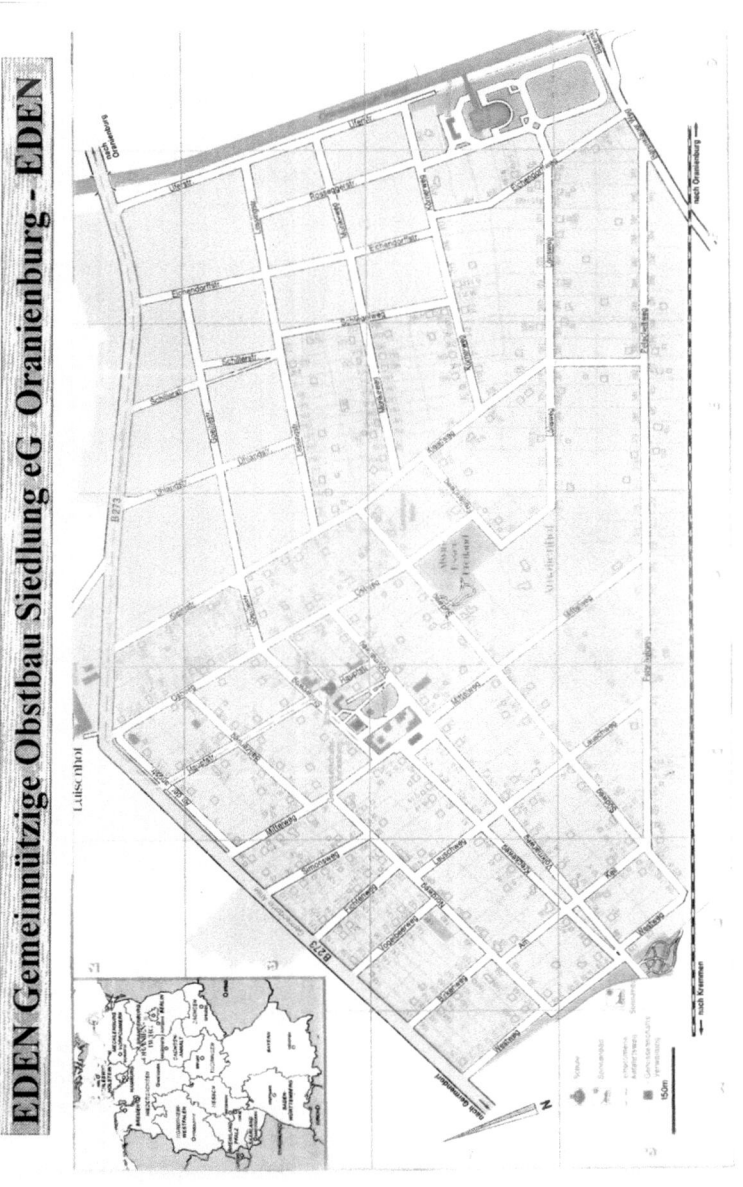

Wegeplan

die Alte Mosterei. Diese Aufnahme ist von 1992, eine der Gärtnereien existiert nicht mehr an dieser Stelle, vertrieben von der Autobahntrasse B 96, die heute am unteren Bildrand, westliche Begrenzung Edens, zu erkennen ist.

Der Wegeplan Edens zeigt noch deutlicher die Anordnung der Häuser zur Straße hin – in den Mittelbereichen der Quartiere bleiben große Grünflächen, ideale Voraussetzung für den „Naturschutz im Nutzgarten". Die Größe der Grundstücke war ursprünglich meistens 2.800 qm, jetzt sind Teilungen zulässig bis minimal 1.350 qm. In der Vergangenheit gab es Abweichungen von dieser Regel, die aber vermieden werden sollen, um die Siedlungsstruktur Edens in ihren Grundzügen zu erhalten: Das Einfamilienhaus steht in einem großen Nutzgarten, der die Eigenversorgung der Familie mit gesundem Obst und Gemüse und darüber hinaus die Ernte von Erzeugnissen zum Vertrieb ermöglicht. So sieht Eden heute aus.

Was ist aber nun so besonderes daran, dass dieses Eden in 2003 seinen 110. Geburtstag feierte, dass dazu eine Kultur- und Festwoche veranstaltet wurde? Was ist besonderes an diesem Eden, dass zahlreiche Besucher hierher kommen, um sich über dieses Siedlungsprojekt zu informieren? Um das zu erklären, müssen wir die Frage nach der Geschichte, nach der Gründung, nach den Zielen der Gründer stellen. Das 19. Jahrhundert war das Jahrhundert der Industrialisierung. Zahlreiche Erfindungen führten zu einer industriellen Revolution: Dampfmaschine, elektrischer Strom, 1856 Bessemer Konverter für die Stahlproduktion. Es entstanden immer größere Betriebe, Menschen strömten in die Städte, eine regelrechte Landflucht setzte ein.

Die Arbeitsbedingungen waren schlecht, genau so ungesund waren die Wohnungen in den Mietskasernen mit mehreren Hinterhöfen.

Diese Situation führte dazu, dass immer mehr Menschen nach Alternativen suchten, zu natürlichen Lebensbedingungen strebten, das Leben reformieren wollten. Etwa um 1850, also etwa gleichlaufend mit der zunehmenden Industrialisierung, entwickelte sich eine neue Bewegung – die Lebensreform. Das war die Pionierzeit der Naturheilbewegung, die Zeit der Reformentwürfe mit Eduard Baltzer, die Reformzeit.

Die wichtigsten Bereiche der Lebensreform sind hier dargestellt:

Aus dieser Zeit gibt es viele Beispiele von Versuchen, die Lebensreform praktisch umzusetzen: Als umfassende Organisation aller lebensreformerisch eingestellten Gesinnungsfreunde und -freundinnen des In- und Auslandes wurde der „Bund der Lebensreformer" 1925 gegründet. Eine der zahlreichen Versuche, die verschiedenen Vertreter der Lebensreform in eine Organisation einzubinden, war der 1911 gegründete „Deutsche Kulturbund" gewesen, der wesentlich auf die Initiative der Edener Siedlungsbewohner Otto Mummert und Gustav Simons zurückging (vgl. Judith Baumgartner „Ernährungsreform – Antwort auf Industrialisierung und Ernährungswandel").

Die aus heutiger Sicht negativen Elemente der Lebensreformbewegung sind die Versuche, den Rassismus wissenschaftlich zu begründen, ist die Entwicklung nationalistischen Gedankengutes. Diese Bestrebungen blieben nicht ohne Einfluss auf die Eden-Siedlung.

Am 28.05.1893 wurde die „Vegetarische Obstbaukolonie ʼEdenʼ Oranienburg bei Berlin (eGmbH)" gegründet. Die wesentlichen Ziele, die im Gründungsprotokoll formuliert sind, finden sich im Edener Wappen wieder:

- Bodenreform: Der Boden ist Gemeinschaftseigentum und unveräußerlich.
- Wirtschaftsreform: Die Edener entschlossen sich für die genossenschaftliche Struktur, „Einer für alle, alle für einen!"
- Lebensreform: Hauptmerkmal ist das kulturvolle Miteinander der Siedlungsbewohner, eine ganzheitliche Lebensweise im Sinne von Gesundheit, Kultur und Bildung.

Das bedeutet zusammengefasst: soziale Sicherheit für die Mitglieder / Siedler sowie soziale und kulturelle Wirkung und Verbreitung ihrer reformerischen Ideen über die Genossenschaft hinaus. Den Namen „Eden" schlug Frau Wilhelmi vor, so erzählt man. Die Ehefrau des Sprechers der Gründergruppe – 18 Männer – und Einberufer der Gründungsversammlung meinte: „Wenn wir uns ein Paradies schaffen wollen, dann nennen wir es auch so!"

Einige wichtige Eckdaten der Entwicklung sind:

1895   Gründung der Oranienburger Bau- und Kreditgesellschaft mbH, später Edener Siedlungsbank

1900   In Eden wachsen bereits 15.000 Obstbäume, 50.000 Beerensträucher, 3.000 Haselnusssträucher, 200.000 Erdbeerpflanzen, 20.000 Rhabarberstauden.

1908   Herstellung und Vermarktung der ersten Eden-Produkte, wie vegetarische Bratenmasse und Margarine

1923   Zuerkennung der Gemeinnützigkeit als Anerkennung der Leistungen Edens für die Allgemeinheit

1932   8. Internationaler Vegetarierkongress in Eden

1950   Gründung der Eden Waren GmbH in Bad Soden/Ts.

In den historischen Edener Eckdaten fehlen Hinweise auf die Haltung Edens zum faschistischen Regime. Gerade heute, wo sich die Befreiung vom Faschismus das 60. Mal jährt und neofaschistische Tendenzen verstärkt auftreten, muss jedoch auch diese Periode näher betrachtet werden. Die Gründer Edens wollten am westlichen Stadtrand von Oranienburg ein Paradies aufbauen. Eine Hölle auf Erden, nur etwa 4 km entfernt, mitten in Oranienburg, war eine der ersten Handlungen der faschistischen Hitlerdiktatur. Der 21. März 1933 ist der Beginn dieser Hölle. Hier wird Erich Mühsam am 10. Juli 1934 bestialisch ermordet. Vom ersten KZ in Oranienburg bis zum KZ Sachsenhausen, dem „Musterlager" am östlichen Stadtrand Oranienburgs und zum zentralen Sitz des KZ-Systems in unserer Stadt, vergehen nur wenige Jahre. Deutschland ist bald von einem dichten Netz solcher Folterstätten überzogen.

Edener Persönlichkeiten sind dem Rassismus verfallen – reines arisches Blut und freier deutscher Boden sind ihr Credo.

• Bereits am 1. August 1932 begrüßt der Aufsichtsratsvorsitzende in einem Schreiben an die Reichsparteiführung der NSDAP Teile des Parteiprogramms.

• Gemäß Statut von 1935 können Mitglied alle Personen arischer Abstammung werden.

• Im Statut wurde 1941 eingebessert: „alle Personen, die die blutsmäßigen Voraussetzungen des vorläufigen Reichsbürgerrechts erfüllen."

- Das Edener Mitteilungsblatt steht unter dem Zeichen des Hakenkreuzes, in Form und Inhalt.

Wie kam die Eden-Genossenschaft dazu, ein so menschenfeindliches Regime zu unterstützen bzw. sich total gleichzuschalten? Der Beginn dieser Haltung liegt bereits um 1900: Viele Menschen waren auf der Suche nach Alternativen, nach neuen Theorien für Wirtschaft, Bodenrecht, Geldmarkt, Staat. Aus der Idee „Reines Blut" wird „Antisemitismus" und „Rassismus", die „Völkische Idee" entsteht (Landmann, Simons u. a.). Aber auch die Natürliche Lebensweise, die Naturheilbewegung (Friedrich Wolf), die Boden- und Geldreform (Silvio Gesell, Kurt Landauer, Adolf Damaschke) und der Anarchismus (Abschaffung des Staates, Erich Mühsam) finden Anhänger. Bedauerlich, dass die Edener (die Leitung der Genossenschaft insbesondere) das Nazi-Parteiprogramm nicht genau und aufmerksam gelesen haben, besonders die Hervorhebung der deutschen Rasse und Erniedrigung alles „Nichtdeutschen". Aber: Ist nicht die Mehrheit des deutschen Volkes den populistischen Parolen auf den Leim gegangen? Wenn auch viele die Gefahr früh erkannten, viele leider erst, als es zu spät war, hat die Kraft nicht ausgereicht, das Schlimmste zu verhüten. Auch von diesen Kräften kann im Zusammenhang mit Eden über Beispiele des Widerstandes und der Solidarität mit Verfolgten berichtet werden.

Für das Edener Leben haben sich heute folgende Leitlinien entwickelt:

- gemeinnützige Vergabe von Genossenschaftsland zur Bewirtschaftung im ökologischen Gartenbau, die Basis gesunder Ernährung
- aktive und uneigennützige Mitgestaltung des Gemeinschaftslebens
- Pflege und Weiterentwicklung einer humanistischen und naturverbundenen Lebensweise
- Förderung sozialer und kultureller Initiativen und Programme durch die Genossenschaft
- Verbreitung des Edener Gedankengutes zur Gewinnung und Förderung Gleichgesinnter.

Gemeinnützigkeit in Eden in der Gegenwart bedeutet:

- Förderung, Beratung und Betreuung der Mitglieder der Genossenschaft und Bewohner der Siedlung bei der Pflege und gärtnerischen Nutzung des genossenschaftlichen Bodens
- Verbreitung und Weiterentwicklung des Lebensreformgedankens durch gemeinnützige Einrichtungen und Multiplikatoren
- Die 1962 gegründete Eden-Stiftung setzt ebenfalls diese Ziele um.

In Eden gibt es viele Möglichkeiten, Kontakte zu anderen Bewohnern der Siedlung zu pflegen, sich in sozialen Bindungen im Wohnumfeld wohl zu fühlen. Sportgruppen, Arbeitsgruppen oder auch nur losen Interessengruppen bietet die

Genossenschaft ein Dach, also Räumlichkeiten und andere materielle Voraussetzungen.

- AG „Mensch bleib gesund" für gesunde Ernährung
- AG Backen
- Kindergruppe es NABU „Rudi Rotbein"
- AG Kultur
- „Blaue Stunde" - Musikalisch-literarische Reihe
- Singkreis
- Amateurtheater „Edener Heimatbühne"
- Kinder-Tanzgruppe
- Tauchsportclub
- Edener Sportverein: Tischtennis, Gymnastik, Aerobic
- Bürgerinitiative Umweltgerechter Verkehr e. V.

Eine wahre Fundgrube zur Edener Geschichte, zur Lebensreform und zu berühmten Persönlichkeiten, die in Eden gelebt und gewirkt haben, ist das Eden-Archiv. Information und Überblick gibt die seit 1993 bestehende und in mehreren Etappen umgestaltete Eden-Ausstellung, geöffnet sonntags 14 – 17:00 Uhr oder nach Vereinbarung.

Zu den berühmten Persönlichkeiten, die in Eden zeitweise lebten oder arbeiteten, gehören: der Wirtschaftswissenschaftler Silvio Gesell, der Baumeister Gustav Lilienthal, Winifred Williams, später als Winifred Wagner die langjährige Leiterin der Bayreuther Festspiele, der Schriftsteller Karl Bartes, die Schauspielerin Anna Rubner, der Bildhauer und Grafiker Wilhelm Groß.

Um auch Jugendlichen neben dem Sport die Möglichkeit zu geben, sich den Edener Zielen zu nähern, gibt es den Verein „Edener Jugend e. V.". Die Räumlichkeiten des Jugendtreffs stehen zur Komplettierung bereit.

Seit 1999 sind 20 Wohnungen im Seniorenwohnpark bezugsfertig. Mindestens 19 Wohnungen sind immer belegt. Betreuung kann durch örtliche Pflegedienste gesichert werden. Ein Ärztehaus befindet sich seit 1999 in der Nähe.

Leider wurde in 2004 mit dem Abgang der letzten 6. Klasse die öffentliche Grundschule Eden geschlossen. Damit geht eine Tradition zu Ende, die bereits 1897 von der Genossenschaft mit dem Beginn des Schulunterrichtes begründet wurde. Mit der Neugründung einer Freien Schule in Eden 2002 wird die Chance der Fortführung dieser Tradition genutzt. Das pädagogische Konzept knüpft an die Lehre des französischen Pädagogen C. Freinet an. Eigene Kreativität, Liebe zur Natur, Achtung der Persönlichkeit sollen mit alternativen Methoden vermittelt werden.

Seit Ende 2003 wird intensiv an der Gründung einer Musikschule gearbeitet. Ein Orchester besteht bereits. Im September 2004 gelang es, den Musikunterricht aufzunehmen. Neben dem Unterricht erfährt damit auch das kulturelle Leben in Eden eine Bereicherung.

Alle Angebote in Eden sind offen für jedermann. Interessierte oder Gäste aus Oranienburg und anderen Gemeinden sind herzlich willkommen. So wie Edener mitwirken, wenn es um öffentliche Belange geht, so ist auch die Mitwirkung anderer in Eden erwünscht.

Die Prinzipien des Zusammenlebens in Eden knüpfen an die alten Traditionen an:

- gegenseitige Hilfe und Achtung der Siedler untereinander
- freiwilliger und uneigennütziger Beitrag zum Wohle der Gemeinschaft
- aktive Mitwirkung in den Gremien der Gemeinschaft
- Schutz der Gemeinschaft vor Schaden durch innere und äußere Einflüsse
- Förderung des demokratischen und konstruktiven Meinungsstreits.

Die Zahl der Siedlungshäuser wächst, wenn auch durch die Anzahl der bebauungsfähigen Grundstücke begrenzt; Mindestgröße zur Bebauung 1.350 qm. Nach 1990 sind 75 neue Einfamilienhäuser (Stand Ende 2003) entstanden. Die Fläche der Eden-Siedlung umfasst 120 ha, hat 461 Grundstücke, 14 km Wege (ca. 1,5 km befestigt), 380 Siedlungshäuser und ca. 1.500 Einwohner.

Noch freie Grundstücke werden seit 2003 nur noch nach den Grundsätzen der Eden-Genossenschaft entwickelt: Ein Haus mit höchstens 120 qm Grundfläche, das zweite Geschoss ist ein ausgebautes Dachgeschoss, Nebengelass bis 50 qm, minimale Inanspruchnahme von Fläche für bauliche Anlagen jeder Art. Die Häuser werden nur noch unter Regie der Eden NaturBau GmbH gebaut. Sie bestehen z. Zt. aus massiven Außenwänden (Poroton) und Innenputz sowie Trennwänden aus Lehm und viel Holz.

Naturhaus (oben links), Kindergarten (rechts und links unten)

Unser ganzer Stolz ist unser Lehmbaukindergarten, am 21.09.2002 eingeweiht. Von außen bereits ein ungewöhnlicher Anblick: begrünter Hügel, farbige Holz-Fassaden, besteht er innen aus Lehm und Holz, Dämmung aus Zellulose. Der Gemeinschaftsraum befindet sich unter einer freitragenden Lehmsteinkuppel, 11 m Durchmesser, 7 m hoch. Diesen Raum nutzt die Genossenschaft auch für Kulturveranstaltungen.

Eine weitere Umsetzung der Edener Philosophie ist die Anfang 2002 in Betrieb genommene Holz-Hackschnitzel-Heizung, 750 KW. Sie beheizt, nach einer Netz-Erweiterung 2003, 12 Gebäude im Zentrum mit öffentlicher Nutzung und 7 Einfamilienhäuser, weitere Anschlüsse sind noch möglich.

Eden entwickelt sich weiter. Wir haben immer wieder neue Pläne:

- Das Zentrum mit der Alten Mosterei soll nach und nach zur attraktiven Begegnungsstätte entwickelt werden, Betätigungsmöglichkeiten für Kunst und Handwerk bieten und natürlich auch Treffpunkt für Edener und ihre Gäste werden.

- So hat 2002 ein Obst- und Gemüsehändler sein Geschäft eröffnet, ein kleiner Laden für Reformwaren bietet gesunde Kost, unser „edenkonsum" wird hoffentlich trotz wirtschaftlich schwerer Bedingungen seine Türen offen halten.

- Künstler haben ihr Atelier auf dem Gelände der Alten Mosterei gefunden: Keramik, Metallgestaltung, Kunstmaler.

Dabei geht das alles nur durch die Mitwirkung vieler Frauen und Männer aus Eden, die in ehrenamtlicher Arbeit Veranstaltungen organisieren, die Initiativen für Arbeitsgruppen und Vereine betreiben und sich immer wieder in fröhlicher Runde, zu Monatsversammlungen oder bei sportlichen und kulturellen Programmen treffen. Über all das und andere allgemein interessierende Themen berichtet unsere Edener Zeitschrift „Edener Mitteilungen". Sie erscheint 6 x im Jahr und wird natürlich ebenfalls in ehrenamtlicher Arbeit hergestellt.

Die Eden-Idee lebt, ja sie entwickelt sich auch unter den heutigen komplizierten Bedingungen weiter, ohne ihre traditionellen Leitlinien zu verlassen.

Ernstheinrich Meyer-Stiens

Träume – Wege – Irrwege

Heinrich Vogeler: Vom Jugendstilästheten zum Malerrevolutionär *

Einen „Edelkommunisten" nannte man ihn in Worpswede. Wer Heinrich Vogeler so bezeichnete, der wollte den Worpsweder Maler-Revolutionär als Idealisten und Philantropen charakterisieren. Fraglos hat sich dieser Menschenfreund von seinem Beginn in Worpswede bis zu seinem Lebensende in Russland mit einer Aufrichtigkeit, wie sie selten ist, engagiert für das Daseinsglück und die Grundrechte des Menschen.

Für diesen Vaganten der Schönen Künste und des schönen Lebens war es kennzeichnend, dass es ihn schon früh weder im heimatlichen Bremen noch in Worpswede, ja, nirgendwo lange hielt. „Wie des geübten Schützen Pfeil, wenn er vom Bogenstrang abfährt, keine Ruhe sich gönnt, ehe er am Ziel ist, so ist der Mensch ..." (Sören Kierkegaard) – man könnte fortsetzen – so ist der Mensch Heinrich Vogeler voll innerer Spannung und geistiger Unruhe gewesen. Ein Gemälde von 1911 „Träume" zeigt genau dieses Motiv eines eben noch gespannten Bogens und daneben eine Gestalt, die wie suchend in die Ferne schaut, wo am Himmel ein Vogelzug seinen Weg nimmt. Wer weiß, wohin der Höhenflug führt ...

Wie viele Reisen, geistige und tatsächliche Reisen, hat doch Heinrich Vogeler in seinem Leben (1872–1942) unternommen! Und wie viele fremde Länder und vor allem wie viele Inseln hat er in der Sehnsucht oder in Wirklichkeit aufgesucht! Die Inselgruppe der Hebriden oder die Shetland-Inseln, die Nordfriesischen Inseln, die Insel Ceylon und irgendwo die Insel Utopia, das Eiland „Nirgendwo" ...[1]

---

* Ohne die anregenden, kritischen Gespräche, die ich mit Margarete Buber-Neumann, Lew Kopelew und Jan Vogeler fuhren konnte, hätte ich manches nicht sagen und schreiben können, was mich am Schicksal Heinrich Vogelers so bewegt und bewogen hat zum Nachdenken über sein Denken und Handeln in schwerer politischer Zeit. Ich bin diesen aufrichtigen ehemaligen Mitgliedern der kommunistischen Partei daher dankbar dafür, was ich beim Thema „Für und wider den Sozialismus/Kommunismus" bei ihnen lernen konnte.

1 Das Insel-Motiv taucht bezeichnenderweise oft in seinen Gedanken, vor allem aber in seinem Frühwerk, in Gemälden und Graphiken, auf Vogeler lässt zudem in den Barkenhoff-Teichen eine künstliche Insel anlegen. In seiner Mitarbeit bei der Zeitschrift „Die Insel" [!] und in seinem Sprachgebrauch tauchen der Begriff „Insel" und das Symbol so häufig auf, dass man bei Vogeler fast von einer „Insel-Philosophie" reden könnte, die bei ihm eine geheime Sehnsucht nach jener „Insel der Seligen" oder dem Inselstaat „Utopia" erahnen lässt, was ja auf Deutsch „ortlos, Nirgendland" heißt.

Oben: Heinrich Vogeler: Der Barkenhoff, Radierung (1910);
unten: Der Barkenhoff heute

Zeitlebens war Heinrich Vogeler ein Suchender, der auf der Suche nach einem neuen Menschwerden, nach einem neuen Leben seine Identität zu finden hoffte. Menschliche Existenz und Künstler-Sein waren für ihn identisch. Sein Verständnis einer Einheit von Leben und Kunst, sein Bemühen um Übereinstimmung von Wort und Tat ließ in ihm eine Vision entstehen, eine Vision eines schöpferischen Miteinander, wo Menschen sich gegenseitig helfen, „das Schöpferische im Menschen zu wecken".

Vogeler wollte als Künstler und Zeitgenosse wirken zu seiner Zeit – und das nicht nur als junger Mensch, der mit einem für diese Lebensphase typischen moralischen Rigorismus und Fundamentalismus um die Reinheit seiner Ideale kämpft, sondern erst recht als reifer Mann, der das 40. Lebensjahr längst überschritten hatte. Es war, als hätten Vogeler jene letzten Zeilen aus Rilkes Gedicht „Archaischer Torso Apollos" bis ins Innerste getroffen: „... denn da ist keine Stelle, die dich nicht sieht; du musst dein Leben ändern."

Sein Ziel, sein Leben zu ändern und ebenso den Gesinnungsgenossen dabei zu helfen, kommt bereits in seinen Frühwerken und dann immer stärker in den Bildern nach dem 1. Weltkrieg zum Ausdruck. „Träume" ist nicht von ungefähr der Titel eines seiner Gemälde, die immer wieder von seinen Träumen und Sehnsüchten nach einer künftigen Welt mit Menschen der Liebe und Gedanken des Friedens künden. Die Suche nach einer neuen heilen Welt mit neuen heilen Menschen, die Sehnsucht nach Inseln reiner Menschlichkeit im Meer einer unmenschlichen Umwelt – das ist es, was den Menschen und Künstler Heinrich Vogeler immer wieder faszinierte und umtrieb.

So ist es bezeichnend, dass Vogeler weit über die Grenzen der Bildenden Kunst hinaus seine reformerischen Ideen in vielen anderen Lebensbereichen verwirklichen möchte, wie z. B. in Stadtbildgestaltung und Hausbau, in Arbeitersiedlungsplänen und Wirtschaftsethik, im Kunsthandwerk und Design, im Landschafts- und Umweltschutz, in Pädagogik und Kulturpolitik, im Demokratisierungsprozess der deutschen Gesellschaft und in der entwicklungspolitischen Solidarisierung mit den armen Völkern der Dritten Welt. Und da er das alles glaubwürdig tun und unterstützen will, beschränkt er sich nicht auf künstlerische Darstellung der Probleme, nicht bloß auf politische Diskussionen und Demonstrationen, sondern er geht mit vorbildweisendem, persönlichem Einsatz voran. Die praktische Verwirklichung seiner reformerischen Ziele beginnt auf seinem Grund und Boden des Barkenhoffs, beginnt mit seinem Geld, mit seinem angesehenen Ruf als Jugendstilkünstler und seinem eigenen Tun. Das alles stellt er uneigennützig anderen zur Verfügung, damit zunächst ein Anfang gemacht wird, der modellhaft den Aufbau einer neuen Gesellschaft anstrebt. Unerlässlich erscheint ihm dafür „die Erziehung des neuen Menschen."[2] Das volkserzieherische Experiment mit einer Kommune, einer „Lebens- und Arbeitsgemeinschaft" auf dem Barkenhoff hat Vogeler selbst später eine „Utopie innerhalb einer kapitalistischen Gesellschaft" genannt. Und er fand begeisterungsfähige Zeitgenossen, die mit ihm dieses Wagnis zu dieser Utopie eingingen.

Bald trägt ihm dieser persönliche Einsatz „vom Wort zur Tat" auf dem Worpsweder Barkenhoff weit über dessen Grenzen hohe Anerkennung, aber auch viel Kritik ein. Was dabei berechtigt oder überzogen ist, was vor der Geschichte standhält, das muss sine ira et studio, das muss mit intellektueller Redlichkeit und historischer Genauigkeit geprüft werden. Es ist ohnehin schwer, eine so vielseitig interessierte und engagierte Figur aus der Welt der Kunst, wie Heinrich Vogeler es war, gültig zu erfassen. Mit welchen Etiketten wurde Vogeler nicht alles versehen: Lebensreformer, Sozialrevolutionär, politischer Bußprediger, gläubiger Kommunist, ideologischer Heilsprophet, elitärer Schöngeist, utopischer Schwärmer, humanistischer Sozialist und nicht zuletzt ein berühmter Maler, Graphiker und Jugendstilästhet … Sicher war Heinrich Vogeler das alles auch. Aber vor allem war er ein Träumer, und zwar ein „konsequenter Träumer" (Petra Kipphoff) auf seinem Lebensweg zwischen Worpswede und Moskau.

Seine ihm freundschaftlich verbundenen Zeitgenossen Paula Modersohn-Becker und Rainer Maria Rilke bezeugen, welch großen romantischen Träumen er ständig nachhing. Heinrich Vogeler –„er träumt mit seinen großen Augen" (Paula Modersohn-Becker) – liebte die Literatur und Musik der Romantik und war als hochgeschätzter Jugendstilkünstler vor dem Ersten Weltkrieg in sehr vielen Bildern einer Welt der Märchen und Träume zugewandt.[3]

„Alle Märchen seines großen alten Skizzenbuches", schreibt Rilke über Heinrich Vogeler in seiner Worpswede-Monographie, „fangen mit den Worten: Es wird einmal sein … an. Zeichnungen und Radierungen erzählen, feinstimmig und flüsternd, von dem Künftigen." Es wird einmal sein ein „Reich der Freiheit", es wird einmal sein eine „Friedensordnung des Sozialismus in seiner reinen Menschlichkeit". Davon träumt Vogeler, ungebrochen durch das Weltkriegserlebnis, seinen Traum weiter in der Hoffnung, dass eine neue Friedens- und Weltordnung auch den neuen Menschen schafft. „Haben sich meine Träume erfüllt", so schreibt Vogeler am 23. November 1918 an seinen Freund und Mäzen Ludwig Roselius, „warum soll ich so nicht weitermachen, nur der reine Idealist ist der beste Realpolitiker." Dass sich diese seine Träume in einer künftigen neuen Gesellschaftsordnung erfüllen werden, daran glaubt der Kriegsheimkehrer

2   H. Vogeler, Die Arbeitsschule als Aufbauzelle der klassenlosen menschlichen Gesellschaft, Hamburg 1921, S. 19. Vgl. zu diesem und Folgendem H. Vogeler, Erinnerungen, Berlin 1952, S. 310 und S. 313.
3   Dazu und im Folgenden: Paula-Modersohn-Becker, Briefe und Tagebücher, hsg. v. G. Busch und L. v. Reinken, Frankfurt 1979, S. 101 und R. M. Rilke, Worpswede, Bielefeld und Leipzig 1905, S. 121 f.

Vogeler mit einem geradezu missionarisch-pathetischen Eifer. Schon die immer wiederkehrenden Stichwörter und Begriffe genügen, um zu verdeutlichen, was sein Denken und seine Handlungsmotive bestimmt. In seinen zahlreichen Schriften, Briefen, öffentlichen Protesten und Stellungnahmen fällt insbesondere in der Zeit seines sozialrevolutionären Aufbruchs zwischen 1918 und 1925 auf, mit welchen programmatischen Formulierungen Vogeler seine menschenfreundliche Utopie von einer neuen Gesellschaft propagiert: „Neubau einer neuen klassenlosen menschlichen Gesellschaft", „Wiedergeburt der Menschheit, eine Menschlichkeit, die keine Klassen, Parteien und Grenzen mehr kennt", „völlige parteilose Freiheit", „Selbstbestimmungsrecht des Menschen", „Aktivität der Liebe", „Erfüllung der Tat mit werktätiger Liebe", „Erkenntnis der gegenseitigen Hilfe", „Volksgefühl des lebendigen Christentums", „die Geburt des neuen Menschen" ...[4]

Heinrich Vogeler wird nicht müde, immer wieder in seinen Selbstzeugnissen hervorzuheben, welche Bedeutung in einem revolutionär erneuerten Leben er dem beimisst, was er „die Geburt des neuen Menschen" nennt. (So auch der Titel einer Schrift und eines großen Komplex- bzw. Agitationsbildes). Was ihn wegen dieses Zieles dabei beseelt und motiviert, mit der sozialistischen Bewegung und der kommunistischen Revolutionsidee zu sympathisieren und sich schließlich mit seiner Kunst in ihren Dienst zu stellen, das war nach dem verlorenen Krieg und dem Zusammenbruch des kaiserlichen Deutschlands und seiner alten Gesellschaftsordnung vor allem sein Wille zum Frieden. Der Friede, der in einer krisengeschüttelten, kapitalistischen Welt immer wieder durch Kriege, durch den Egoismus des Menschen und durch die Vergötzung des Geldes und seiner Macht (Vogeler spricht oft vom Götzen „Mammon")[5] bedroht wird, dieser so gefährdete Friede erfordert nach den Worten Vogelers von jedem den Zusammenschluss zu einer friedensbereiten Gemeinschaft, die unter der Parole lebt: alle für einen, einer für alle.

Wenn Friede auf Erden werden soll, dann kann das im Sinne Vogelers nur durch eine Gemeinschaft von neuen Menschen geschehen. „Die neuen Menschen", so Heinrich Vogeler in seiner Schrift „Friede", „werden in ihrer Relativität positiv zeugend zueinander stehen müssen, nicht im Kampf aller gegen alle, wie die Goldordnung es erwirkt, sondern in der Gestaltungskraft am Ganzen, in der Ordnung der Vielheit zur Einheit, in der Gemeinwirtschaft, in der klassenlosen Ordnung. – Sie wird die Ärmsten an dem großen schöpferischen Prozess der Wirtschafts- und Gesellschaftsbildung teilhaftig werden lassen. Eines aber muss

---

4 Alle hier angeführten Zitate stammen aus: Die Arbeitsschule, S. 3, 11, 18; Expressionismus, Hamburg 1921, S. 13, 18, 20; Die Freiheit der Liebe in der kommunistischen Gesellschaft, Hamburg o. J., S. 25; Ein offener Brief zum Frieden unter den Menschen, Bremen o. J., S. 7; Reisebilder aus der Sowjetunion, Lilienthal 1988, S. 25 ff. (auch unter dem Titel: „Die Geburt des Neuen Menschen").
5 Z.B. H. Vogeler, Die Arbeitsschule, S. 3, 6, 12.

der historische Materialist wissen, dass Geist und Denken – Bewegung und Wandlung in der Materie der Psyche, im Gehirn ist und sich daher demselben Gesetze unterwerfen muss, wie die gesamte übrige Materie der Welt – Gott, Liebe, ewige Zeugung in diesem Gesetz."[6] Vogelers Ruf nach einer neuen Ethik ist in diesen beschwörenden Sätzen nicht zu überhören, denn für ihn hat der Mensch als Gemeinschaftswesen „das Gesetz der Liebe als Sinn des Lebens" dringend nötig.

Mit diesen und ähnlichen Sätzen gibt Heinrich Vogeler uns im Grunde Auskunft über sein Glaubensbekenntnis. Auch hier träumt er in Wahrheit von einer Erneuerung des Menschseins im Kommunismus oder Sozialismus aus dem Geist des Urchristentums. Er versteht daher auch die Bergpredigt als politisch-soziales Aktionsprogramm und den Verkünder der Bergpredigt als Sozialrevolutionär. Für Vogeler kommt es entscheidend darauf an, dass nach seiner unmittelbaren Interpretation der Bergpredigt Jesus beim Wort genommen wird – unabhängig davon, ob er denn die Botschaft Jesu falsch oder richtig versteht. Folgerichtig erhebt er dann auch in seinem „Märchen vom lieben Gott" den Ruf, die zehn Gebote Gottes endlich hier und heute zu verwirklichen. Was er „im heiligen Zorn" in seinem Protestbrief an Wilhelm II. 1918 schreibt, soll allein nicht dem Kaiser nur gelten, alle Mitmenschen sind gemeint! Fast wie ein vom Zustand der Welt erschütterter Bußprediger will er seine Zeitgenossen zu einem „lebendigen Christentum" aufrütteln – vor allem jene, die weithin als tote Christenheit ein satt-träges Sonntagschristentum pflegen. Man übersehe hier doch nicht, dass Vogeler eine seiner Hauptschriften „Friede" den Quäkern gewidmet hat, also einer ungemein aktiven Gemeinschaft von Christen, die seit ihrer Gründung im 17. Jahrhundert die Botschaft der Bibel in die Tat umzusetzen sich bemühen (z. B. in der Kriegsdienstverweigerung oder der Speisung hungernder Kinder oder im praktischen Einsatz für soziale Gerechtigkeit auch und gerade für Schwarze!)

Unschwer ist bei Heinrich Vogelers Impetus und Einsatz für die Barkenhoff-Kommune oder sein Kinderheim das nicht zu unterschätzende Vorbild der amerikanischen Quäker zu erkennen. So waren denn auch die von Vogeler gemalten Wandbilder, die 1939 beim Umbau des Barkenhoffs auf Anweisung von Rudolf Alexander Schröder und Walter Müller aus „Wohnungsstilgründen" verschwanden,[7] eigentlich nicht anderes als urchristlich-kommunistisch verstandene Vor-Bilder, die ähnlich wie bei Bert Brecht im literarischen Bereich hier die Aufgabe von gemalten „Lehrstücken" hatten und die so offenkundig eine politische Botschaft lehrten.

Als Heinrich Vogeler diese Fresken malte (1925/26), hatte er längst den Schritt gemacht von der christlichen Lehre zur sozialistischen Theorie, die seiner Meinung nach den direkten Weg vom Reich Gottes im Jenseits in die klassenlose

---

6 A.a.O., S. 18 f. Siehe auch S. 41.
7 Mitteilung von Walter Müller, ein Schwiegersohn Heinrich Vogelers, an den Verfasser.

Gesellschaft im Diesseits weist. Selbst sein Abrücken von der christlichen Botschaft und sein späterer Kampf gegen die Religion haben ihn nicht daran gehindert, seinen Kampf um den neuen Menschen in einer neuen klassenlosen Gesellschaft nunmehr im Namen einer anderen, angeblich besseren Heilslehre zu führen. Er war davon bis in seine letzten Lebensjahre überzeugt („Ich strebe danach, den Menschen, den neuen sozialistischen Menschen, ganz zu erfassen ..."[8]), dass der Pädagogik in dieser Frage ein hoher ideologischer Stellenwert zukommt: „Ein hoher Beruf, auf den jeder Kommunist seine ganze Zukunftshoffnung setzt, ist der des Lehrers."

Kommunistische pädagogische Literatur hat zu Vogelers Zeiten nicht von ungefähr das Attribut „neu" stets groß geschrieben, wenn vom „Neuen Menschen" die Rede war. Jedes Kind, das nach dem kommunistischen Bildungskonzept erzogen wurde, erhielt seine Erziehung in diesem Geist. So wurden auch die Kinder, die von den KPD-Mitgliedern der Barkenhoff-Schule unterrichtet wurden, geprägt von der „Erziehung zum Neuen Menschen". Und Vogeler stand voll dazu, obgleich er nie eine eigenständige pädagogische Theorie entwickelt hat. Für ihn war nur grundsätzlich klar: „Jeder wahre Sozialist muss Erzieher sein". – „Mit der sicheren Hand des Gärtners beginnt die Arbeit des Erziehers, Raum, Umwelt und Boden zu schaffen für das organische Wachstum des neuen Menschen."[9]

An dieser Stelle wird man jedoch einen Tatbestand bei Vogelers Idee vom neuen Menschen und ihrer Verwirklichung nicht übersehen dürfen. Wenn jeder Sozialist Erziehungsaufgaben hat, dann hängt sehr viel davon ab, von wem oder was er in seiner Verantwortung als Erzieher abhängig ist. Bereits im Vorfeld dieser Entscheidung werden da die Weichen gestellt zu bestimmten Verhaltensweisen des Menschen zu sich selber und zu anderen. Kein Geringerer als Karl Marx macht da auf ein Phänomen aufmerksam, das in diesem Zusammenhang auch für Heinrich Vogeler zutrifft. Kommt es beim Menschen dazu, dass er in Gott nicht mehr die letzte Autorität aus dem Jenseits anerkennt und in ihm nicht mehr die alleinige Wahrheit erkennt, dann tritt das ein, was Marx so beschreibt: „nachdem das Jenseits der Wahrheit verschwunden ist", weiß sich dann zwangsläufig in der Geschichte, „die Wahrheit des Diesseits zu etablieren".[10]

Anders ausgedrückt: Karl Marx und mit ihm auch Heinrich Vogeler wissen, dass es ein Urbedürfnis des Menschen gibt, das nach Erlösung aus seinem Elend im Diesseits geradezu schreit. Wenn aber dem Menschen es nicht mehr möglich ist, in Gott den Erlöser zu sehen, dann reiht er sich gern in die Kolonnen ein, die die

---

8 Dieses und das folgende Zitat aus: H. Vogeler, Werden, Berlin (Ost) 1989, S. 455 ff. und aus: H. Vogeler, Das neue Leben, Ein kommunistisches Manifest, Hannover 1919, S. 12; vgl. auch S. 15, wo er von der „Höherentwicklung der Menschheit" spricht.

9 H. Vogeler, Die Freiheit der Liebe in der kommunistischen Gesellschaft, S. 25 und H. Vogeler, Die Arbeitsschule, S. 6.

10 Karl Marx, Die Frühschriften, Stuttgart 1953, S. 208 f.

„Internationale" singen: „Es rettet uns kein höh'res Wesen, kein Gott, kein Kaiser, kein Tribun; uns aus dem Elend zu erlösen, das können wir nur selber tun." Da sucht dann der Mensch sich selbst zu erlösen und zu befreien, indem er durch totale Selbstverwirklichung und durch Umerziehung einen neuen Menschen schaffen will. Genau das meint Vogeler in seiner Schrift „Die Arbeitsschule als Aufbauzelle der klassenlosen menschlichen Gesellschaft". Dort spricht er davon, dass „ein neues befreites Menschtum [...] den Aufbau einer Welt des inneren, sich selbst erlösenden Menschentums entgegenführen" wird.[11] Solche Gedankengänge, oft nur fragmentarisch gedacht und oft nur verschwommen formuliert, sind typisch für seinen Stil – er war ja Maler und nicht Schriftsteller! –, solche Ideen und Emotionen wirken sich jedoch bis in seinen Malstil aus.

Der appellative, um nicht zu sagen, der indoktrinierende Stil der Barkenhoff-Fresken und besonders der Agitationstafeln bzw. Komplexbilder ist wohl kaum zu leugnen und wäre damals auch nach der Unfehlbarkeitslehre zur Kunst des „sozialistischen Realismus" anders von der Partei nicht protegiert worden. Hier wie auf seinen Portrait-Bildern („Rote Marie" oder „Fidi-Harjes"), wie vor allem auch beim Gemälde „Hamburger Werftarbeiter" sowie bei vielen Gemälden und Zeichnungen, die in Russland entstanden sind, fällt auf, dass dort über die künstlerische und charakteristische Darstellung eines Menschen hinaus auch ein ganz bestimmtes Menschenbild – eben der neue sich selbst erlösende Mensch des Sozialismus/Kommunismus – zum Ausdruck kommen soll. Immer wieder sind es fröhlich singende und unverdrossen schaffende Proletarier, gläubig ausschauende Gesichter oder kampfstarke, siegesbewusste „Helden der Arbeit", die Vogeler da malt oder zeichnet. Und wie oft unterstreicht er buchstäblich noch mit Parolen und Aufrufen das so gezeichnete Bild vom neuen Menschen! Als ob Vogeler beim Malen oder Zeichnen dieses Menschheitsideals stets das alte Bekenntnis-Lied der Arbeiter-Bewegung im Ohr hatte: „Brüder, zur Freiheit, zur Sonne, Brüder zum Licht empor!" (Dies Lied zitiert er notabene auf einem Agitationsbild!)[12]

Vogelers neues politisches Credo, mit dem er nun agiert und agitiert im Namen Lenins, dessen Portrait immer wieder fortan in seinen Bildern auftaucht, ist letztlich ein Umschlag mit anderen Vorzeichen, eine Umkehrung seines alten Credos, als er noch in der Zeit von 1896–1921 Gemälde und Graphiken schuf wie „Die Heiligen Drei Könige" (Wintermärchen), „Verkündigung", „Der verlorene Sohn", „Die Zehn Gebote", „Die Vernichtung des Götzen Mammon", „Das goldene Kalb" oder „Die sieben Schalen des Zorns" (Offenbarung des Johannes). Die Botschaft, die einst mit christlichen Symbolen und Symbolismen gestaltet wurde, wird nun total politisch. Besonders seine Agitationstafeln zeigen eine Malerei, die in geradezu ikonhafter Manier und in liebevoll ausgeführten De-

11 A.a.O., S. 3, 7; vgl. auch H. Vogeler, Reisebilder aus der Sowjetunion (Die Geburt des Neuen Menschen), S. 57 und S. 102.
12 Siehe Agitationstafel „Internationale Rote Hilfe und Dawes-Deutschland 1924".

tailszenen „die neuen gesellschaftlichen Errungenschaften" und den „ruhmrei-
chen Sieg der Partei" darstellt. Von nun an verkündet seine Kunst, indem sie so
„die Morgenröte der neuen Zeit" (Vogeler) dem Betrachter in leuchtenden Far-
ben ausmalt, die Utopie einer neuen Gesellschaft. Jan Vogeler hat daher wohl zu
Recht seinen Vater charakterisiert, wenn er ihn als „utopischen Sozialisten" versteht.

In seiner Schrift „Der utopische Sozialismus" weist der große Denker des Judentums Martin Buber, ein Kenner und Sympathisant des Barkenhoff-Experiments,
der seinen Sohn Rafael für einige Zeit nach Worpswede entsandte, darauf hin,
dass vielen Gesellschaftsreformern nicht mehr deutlich ist, dass es im Grunde
sich bei ihren Zielen um alte Forderungen der biblischen Botschaft handelt.
Wenn im Alten Testament beispielsweise gefordert wird, „Schwerter zu Pflug-
scharen" umzugestalten und so für den Frieden zu kämpfen, oder es im Neuen
Testament als Pflicht der Juden und Christen betrachtet wird, sich täglich neu für
soziale Gerechtigkeit einzusetzen, dann decken sich diese Ziele mit denen der
utopischen Sozialisten – mögen sie Rudi Dutschke, Ernesto Cardenal, Erich
Mühsam oder eben Heinrich Vogeler heißen. Nicht nur bei den utopischen Sozialisten, sondern bei vielen anderen sozial engagierten Menschen des 20. Jahrhunderts ist „die kaum bewusste Nachwirkung biblischer Lehren" festzustellen
– so Martin Buber.[13]

Es hat allen Anschein, dass Heinrich Vogeler noch wusste – wie Martin Buber
und Ernst Bloch, wie Rudi Dutschke und Ernesto Cardenal in Nicaragua –, dass
bereits die Bibel die Frage nach dem neuen Menschen und die Notwendigkeit
einer täglichen Erneuerung und Wiedergeburt des Menschen zu ihren zentralen
Themen zählt.[14] Damit vermag die Bibel bis auf den heutigen Tag einen sozialrevolutionären Impetus auszulösen, ob dem Einzelnen das bewusst ist oder
nicht.

Was will denn Vogeler mit seinem großen Gemälde (Komplexbild) „Die Geburt
des Neuen Menschen" – das doch wohlgemerkt eine Agitationstafel ist! – anderes sagen als, dass aus den geistigen und materiellen Trümmern einer hinfällig
gewordenen Weltordnung ein neuer Mensch entstehen muss, der neues Leben
und eine neue Weltordnung schafft?! Endlich soll und muss die Idee von „einem
schöpferischen neuen Leben für unser Volk" (Vogeler) Wirklichkeit werden und
die Utopie einer neuen Gesellschaft im Sozialismus/Kommunismus in Erfüllung
gehen.

---

13 Martin Buber, Der utopische Sozialismus, Köln 1967, S. 223.
14 Vgl. Die Arbeitsschule, S. 18; vgl. auch Ernesto Cardenal, Friedenspreisträger des deutschen
   Buchhandels, 1980 in seiner Frankfurter Rede: „Wir glauben daran, dass es auf der Welt einen
   neuen Menschen geben wird. Alle Programme unserer Regierung, von denen ich Ihnen hier erzählt
   habe, werden durchgeführt, um ihn in Nicaragua zu schaffen." (Zitiert nach Südd. Zeitung v.
   13.10.1980).

Indem Heinrich Vogeler mit Dias, die er von diesem und anderen Komplexbildern herstellt, so nach Deutschlands Zusammenbruch vor Studenten agitiert und Überzeugungsarbeit leistet, kehrt er letztlich zu einem alten Thema zurück und variiert da ein oft gestaltetes Motiv: „Die Heiligen Drei Könige", die nach der Legende den neugeborenen König und Retter der Menschheit suchen. Ihre Suche hat Vogeler, der sich in diesem Bild mit einem Quasi-Selbstportrait als ein Suchender(!) darstellt, vom Heiligen Land ins verschneite norddeutsche Dorf Worpswede übertragen. Mit dieser symbolhaften Verlagerung des biblischen Geschehens in Vogelers Heimat kommt zugleich Vogelers eigentliche Motivation für seine eigene Suche nach der Harmonie der Welt und nach guten Menschen zum Vorschein. Der Stern als Ausdruck der Hoffnung – das Sternsymbol verwendet Vogeler häufig in all seinen Schaffensphasen – gibt sicher auch seine große Hoffnung und Erwartung auf ein sinnerfülltes menschenwürdiges Leben wieder. Insofern kann dieses Bild als ein Schlüsselbild gelten, das uns bereits sehr früh wesentliche Intentionen Vogelers aufschließt. Hier nahm der Traum Vogelers seinen Anfang, der ihn dann als Glaube ein Leben lang begleiten sollte, der Traum vom neuen Menschen in einer neuen Welt, die nicht mehr so kalt und unbarmherzig ist, sondern wo alle dem verheißenen „Friedensfürsten" folgen werden. (Vogeler erinnert da an Jesaja 9, V. 5!)

So ist es nicht von ungefähr, dass Vogeler in seiner Kunst so oft jene biblische Erzählung wählt, in der Menschen nach dem neuen Menschen suchen, der nach Auskunft der Bibel in Jesus Christus erschienen ist. Wo es den Weisen aus dem Morgenland und den Hirten um die Erneuerung des Menschseins ging, da hält auch Vogeler Ausschau nach dem Stern der Hoffnung auf Erneuerung. Er schreibt: „Wie die Könige und Hirten in dunkler Nacht den Stern des Glaubens, der Liebe und der Hoffnung über sich erstrahlen sahen, so erkennt ihr in der Revolution das Licht der Welt: die Menschenliebe und den Völkerfrieden."[15] Symptomatisch ist hier Vogelers Verkehrung des biblischen Geschehens in eine politische Heilslehre.

Es ist bezeichnend, dass eben diese biblische Erzählung auch das Motto für eine seiner programmatischen Schriften abgibt, die den Titel trägt „Das neue Leben". Mit Recht weisen Vogeler-Biographen wie Petzet, Pforte, Erley und Pettit auf seine häufigen Rückgriffe auf die Bibel hin. Bis in seine Terminologie hinein lassen sich in Vogelers Schriften biblische Ansätze nachweisen. Seine Zielvorstellungen sprechen unmissverständlich von der „Geburt des neuen Menschen", von einer „Neuen Erde", von einem „Neuen Reich des Heiligen Geistes".[16] Doch wie setzt er diese religiös fundierten Ziele um?

---

15 H. Vogeler, Das neue Leben – ein kommunistisches Manifest, Hannover 1919, S. 3.
16 H. Vogeler, Friede, Bremen 1922, S. 44: „Kommt jetzt über uns das Reich des Heiligen Geistes?", fragt Vogeler für seine Zeit, die neue Zeit, die er gläubig erwartet.

Ganz auf der Linie dieser bewusst oder unbewusst biblisch orientierten Gedankengänge Vogelers liegt dann auch seine Friedensidee. Als radikaler Pazifist, der glaubwürdig mit allen Konsequenzen seinen Weg zwischen einem praktischen Urchristentum und einem Tolstoischen Mitleidssozialismus zu gehen versucht, erhob Heinrich Vogeler nach dem Krieg den Ruf nach einer sozial gerechten Welt, in der endlich mit der urchristlichen Forderung nach Frieden Ernst gemacht wird. Den Weg zum Frieden kann nach den Worten Vogelers nur „der große Gläubige" gehen, der auf den „dauernden unzerstörbaren Frieden zwischen Mensch und Mensch, zwischen Volk und Volk" setzt, „der den tierischen Egoismus in sich überwand und das ewige Gesetz der werktätigen Liebe für sich und alle zurückeroberte: der Kommunist, der parteilose, der freie Mensch".[17]

Auch dieser Ruf zeugt wie viele seiner Schriften und Bilder von Vogelers offener oder verborgener Religiosität. „Der große Gläubige" – das war er selber; er, der im Glauben lebte, dass Kommunismus und Urchristentum gleichbedeutend[18] und Synonyme sind wie Menschlichkeit und sozialistische Revolutionsidee, wie Werktätiger und Mensch. Sein Glaube lebte aus der Hoffnung, dass mit der Schaffung der neuen wirtschaftlichen und technischen Grundlage auch die Grundlage der Verwandlung des Menschen und seiner ethischen Eigenschaften geschaffen wird. Vogelers Glaube an die neue anthropologische Qualität bei der Bildung des neuen Menschen war gebunden an die kommunistische Zukunft, in der sich alle seine Hoffnungen erfüllen würden. Sein radikales Ernstnehmen dieser Hoffnungen, sein persönlicher Einsatz auf dem Worpsweder Barkenhoff und dann in der Sowjetunion, die ihm wie „das gelobte Land" des Mose erschien, tragen unverkennbar religiöse Züge an sich.

Und wie viele Menschen haben es im 20. Jahrhundert dem „großen Gläubigen" Vogeler gleichgetan, haben im Glauben an die große kommunistische Idee gelebt und gelitten, haben ihre großen Opfer für die Vollendung des Sozialismus gebracht! „Opfer, Opfer, Opfer – ich kann sagen, ich habe jetzt alles geopfert", schreibt Vogeler aus der UdSSR nach Worpswede, als er es als Heimat endgültig verloren hatte.[19] (Vogeler: „Diese Heimat war eine Utopie geblieben. Ich war auf der Suche nach der wahren Heimat.")[20] Diesen opferbereiten Glauben für die Sache des Kommunismus hat eine alte Kampfgenossin auf dem Barkenhoff, Ella Ehlers, bestätigt.[21] Ella Ehlers, die genau wie einst der junge Kommunist Lew

---

17 H. Vogeler, Das neue Leben a.a.O., S. 15.
18 H. Vogeler in einem Brief v. 23.11.1918 an Ludwig Roselius, L. Roselius, Briefe, Bremen 1919.
19 H. Vogeler an Martha Vogeler 1924 (Worpsweder Archiv).
20 H. Vogeler, Erinnerungen, Berlin 1952, S. 349.
21 In der Gesprächsreihe „Zeitzeugen Vogelers berichten", die die Heinrich-Vogeler-Gesellschaft seit September 1982 auf dem Barkenhoff veranstaltet, haben auch Marie Hundt (Die „Rote Marie"), Carl Lang und Hans Alfken den Opferwillen Vogelers besonders hervorgehoben. Ella Ehlers fügte 1983 hinzu, dass die Opferbereitschaft Vogelers wie auch die der anderen KPD-Genossen damals sogar so weit ging, dass um der Durchsetzung der kommunistischen Idee willen die Barkenhoff-Kommune sehr bald den „Charakter einer Kirche, ja einer Sekte" annahm. Die damals anwesenden

Kopelew gläubige, glühende Verfechter der kommunistischen Idee waren und sich so verhielten wie Vogeler und Kopelew in Russland, hat mit fast gleichlautenden Worten ihre und Vogelers Religiosität so beschrieben, wie Lew Kopelew es tat:

> Wir waren zu Bekennern und Predigern der neuen Glaubenslehre erzogen worden, der einzig wahren *Religion* des wissenschaftlichen Sozialismus. Die Partei wurde zu unserer kämpfenden Kirche, die der ganzen Menschheit ewige Seligkeit brachte, ewigen Frieden und das Paradies auf Erden. Sie hatte siegreich alle anderen Kirchen, Sekten und Häresien überwunden. Die Werke von Marx, Engels und Lenin waren unsere Heilige Schrift, Stalin der unfehlbare hohe Priester.[22]

Wenn man mitfühlend die Biographien eines Heinrich Vogeler und vieler anderer aufrichtiger Kommunisten betrachtet und dabei nicht den Aspekt der säkularisierten Religion des Sozialismus/Kommunismus übersieht, dann findet man im allgemeinen Verhalten des modernen Menschen wie im besonderen bei einer sozialrevolutionären Gesellschaftsgruppe das bewahrheitet, was der russische Philosoph Nicolai Berdiajew als Signatur unserer Zeit bezeichnet: „Der Mensch ist unheilbar religiös."

Jedoch eben diese Erfahrung in der Geschichte sollte uns hellhörig machen und sollte uns bewegen, auch und gerade bei der Betrachtung von Leben und Werk Heinrich Vogelers eine bisher zu sehr vernachlässigte Problematik in den Blick zu bekommen. Denn zweifellos haben wir es bei der Frage nach dem neuen Menschen mit einem wichtigen Lebensthemas Vogelers zu tun, was uns bei intellektueller Redlichkeit nicht erlaubt, einen besonders kritischen Punkt einfach auszuklammern: Vogelers Glaube und seine „politische" Religion.

Es ist an der Zeit, die zeitgemäß-unzeitgemäße Anfrage zu stellen, ob in Vogelers politisch-sozialem Glaubensbekenntnis nicht etliche Gefahrenmomente enthalten sind, die auch für uns Nachgeborene nichts an Aktualität und Brisanz verloren haben. Um langatmige Erörterungen – womöglich noch mit den üblichen ängstlichen Absicherungsbemühungen seitens wissenschaftlichen Apparates zu vermeiden – und um rascher ein Gespräch darüber in Gang zu setzen, was wir denn nun von Heinrich Vogeler lernen können, sollen hier die anstehenden Probleme in konzentrierter, thesenartiger Form in drei Fragenkreisen zur Sprache gebracht werden.

DKP-Mitglieder hörten das zwar nicht gern, was die ehemalige Kommunistin Ehlers („Frau Barkenhoff") selbstverständlich erklärte.

22 Lew Kopelew, Und schuf mir einen Götzen, München 1981, S. 344 f. Vgl. auch hierzu die Ergebnisse und Erfahrungen, die in der internationalen Literatur ehemaliger Kommunisten mitgeteilt werden, z. B. Arthur Koestler, Ignazio Silone, André Gide, Czeslaw Milosz oder Wolfgang Leonhard.

1. Fragenkreis:

„Und schuf mir einen Götzen" – unter diesem bezeichnenden Titel hat Lew Kopelew seine „Lehrjahre eines Kommunisten" beschrieben. In diesem Buch zieht
Kopelew Bilanz über seine Lebenserfahrungen als Kommunist, der mit seinem
fanatischen Glauben an eine Idee am Ende Schiffbruch erleidet, weil er an Götzen geglaubt hat. Und weil wirkliche Götzen auch Format haben, war für Kopelew der Götze nicht etwa eine hölzerne Götterfigur oder ein Amulett, sondern
die kommunistische Partei. Das unermessliche Leiden von Millionen, aber auch
die maßlose Schuld von Hunderttausenden der kommunistischen Partei hatten
nach seiner Erklärung letztlich ihre Ursache in der Vergötzung der absoluten
Parteiideologie und ihrer Führer. Und da richtige Götzen sich zwangsläufig Diener schaffen, kam es im sowjetischen Herrschaftssystem unter den Dienern der
Partei zum regelrechten Götzendienst, denn Götzendienst ist die Grundstruktur
jeder absoluten Ideologie. Wie Kopelew deutlich macht, ist die Anfälligkeit und
Versuchung des Menschen sehr groß, sich Götzen zu machen. Man macht einen
Menschen oder eine Sache zur absolut gesetzten Hauptsache, die einem derart
wichtig erscheint, dass sich dann alles nur um diese eine Sache dreht oder mein
ganzes Denken und Handeln nur von einem von mir vergötterten Menschen bestimmt wird. Dass man Menschen oder Dinge so zu Götzen machen kann, weiß
auch Heinrich Vogeler, denn er schreibt mehrfach von Götzen seiner Zeit (so
z. B. zu Beginn seiner Schrift „Friede"). Ungeachtet dessen, ob einer eine Vergötzung wahrhaben will, bleibt die Frage, wo und bei wem denn Vogeler selber
auch später noch die Gefahr der Vergötzung gesehen hat.

„Unser Jahrhundert ist übervoll von Götzen"[23] (L. Kopelew). Die häufigsten
Götzen unserer Zeit sind politische Führer – wie Mussoli, Hitler, Lenin, Stalin
oder Mao –, aber auch die Klasse, die Nation, das Kapital, die Technik, der Sex,
die Gesellschaft oder eben auch die Idee vom Neuen Menschen. So kann dann
auch Dietrich Bonhoeffer, ein hingerichteter Widerstandskämpfer im Dritten
Reich, in seiner „Ethik" von der „Religion des Bolschewismus" sagen: „Ihr Gott
ist der neue Mensch."[24]

Hat da letztlich nicht auch Heinrich Vogeler seine Idee vom neuen Menschen zu
einem neuen Gott, zu einem Götzen gemacht, wenn er glaubte, dass die Verge-
sellschaftung der Produktionsmittel bereits von sich aus den neuen Menschen
schafft? Und um einem Missverständnis vorzubeugen: Heinrich Vogeler, der
jede Art von Gewalt ablehnte und lieber Unrecht litt als tat, ist ganz gewiss nicht
für den Terror und die entsetzlichen Verbrechen verantwortlich zu machen, die
im Namen einer absoluten Ideologie an allen verübt wurden, die bei der Partei in
Ungnade fielen. Aber es muss in diesem Zusammenhang die Frage erlaubt sein:
War in der Welt des Sowjetkommunismus dieser politische Glaube an einen

---

23 Lew Kopelew, a.a.O., S. 404.
24 Dietrich Bonhoeffer, Ethik, München 1966, S. 109.

„Gott, der keiner war" (A. Koestler), denn noch zu verantworten, wenn um der „Geburt des Neuen Menschen" willen Millionen von Menschen liquidiert wurden?

Man fragt heute in der jungen wie der älteren Generation oft, ob Heinrich Vogeler bei all seinen Agitations-Bildern und seinen Zeichnungen in Russland, die letztlich als großer Lobpreis auf den Kommunismus zu gelten haben, denn nicht auch die Tragödie gesehen hat, die sich vor aller Augen abgespielt hat. War der Preis – der Opfertod von Millionen von Menschen im Namen der Revolution – nicht zu hoch? Wie konnte es geschehen, dass die ursprünglich so hohen Ideale der Revolution derart pervertiert wurden?

Ich weiß darauf keine andere Antwort als die, die der große alte Mann des „Religiösen Sozialismus", Paul Tillich, gegeben hat:

> Die revolutionären Gruppen vermieden es, sich selbst im Spiegel zu sehen, sie rechtfertigten sich selbst ideologisch, sie vergötzten ihre Klasse und ihr Werk, den kommunistischen Staat. Sie hatten keinen Punkt jenseits der horizontalen Entwicklung, von dem sie den Teil der Entwicklung, der sie selbst waren, unter ein Urteil hätten stellen können.[25]

2. Fragenkreis:

„Der Mensch ist gut", dieses Buch von Leonhard Frank, 1918 erschienen, war unter den Freunden und Genossen Vogelers – ja, wie Herbert Wehner erinnert, bei sehr vielen KP-Mitgliedern – ein viel beachtetes Buch auf dem Barkenhoff und galt dort mit diesem Titel gleichsam als Grundthese in Ideologie und Aktionsprogramm. Heinrich Vogeler und seine Barkenhoff-Kommune vertraten die feste Überzeugung, dass die erfolgreiche Lösung des wirtschaftlich-technischen Aufbaues der neuen Gesellschaft unbedingt die Erziehung eines neuen Menschen verlangt. Denn nach dieser Auffassung schafft die sozialistische Revolution die Bedingungen, die es allein ermöglichen, dass der Mensch alle in ihm schlummernden Möglichkeiten, die in den bisherigen Gesellschaftsordnungen unterdrückt werden, frei entwickeln kann. Dabei geht Heinrich Vogeler wie viele andere stillschweigend davon aus, dass es sich bei diesen Möglichkeiten ausschließlich um gute, um Möglichkeiten zum Guten handelt.[26]

Dass der Mensch gut ist und eine „Höherentwicklung der Menschheit" (Vogeler) mit Hilfe der sozialistischen Revolution stattfindet, das gehört an und für sich zum Denken Vogelers und zu seinem politischen Glaubensbekenntnis. Die Frage nach der Wirklichkeit des Bösen im Menschen des Sozialismus hat Heinrich Vogeler wie viele seiner Gesinnungsgenossen jedoch versäumt zu stellen.

25 Paul Tillich, Für und wider den Sozialismus, Stuttgart 1969, Siebenstern-Taschenbuch Nr. 132, S. 199.
26 Siehe hierzu den lesenswerten Aufsatz von Arnold Künzli in „Marx und die Revolution", Frankfurt/M. 1970, S. 51 ff.

Und wenn sie in seinem politischen Lager überhaupt auftauchte, dann schob man diese Frage als reaktionäres Denken beiseite – nach dem „Galgenlieder"-Motto, dass „nicht sein *kann,* was nicht sein *darf"* (Christian Morgenstern).

Wenn man aber nicht eine verkürzte Wirklichkeit und eine Blickverzerrung zu den Realitäten dieser Welt hinnehmen will, dann darf man es sich nicht gestatten, unbequeme oder einem zuwiderlaufende Fragen einfach zu unterdrücken: Ist es nicht ein Irrtum, ja, ein Aberglaube, wie Heinrich Vogeler zu glauben, dass bei dem Ideal vom „Neuen Menschen" alle Fehler und Laster, alle egoistischen Anwandlungen und Gemeinheiten, alle Aggressionen und Bosheiten des bisherigen „alten" Menschen nach der Veränderung der Gesellschaftsstrukturen hinfällig werden? Werden hier nicht die Kräfte des Bösen in uns selbst völlig unterschätzt? Gibt es neben den guten eben leider nicht auch jene Möglichkeiten zum Bösen bei jedem Menschen gleich welcher Gesellschaft?

Und hat nicht Klaus Mehnert, ein alter Verehrer der Kunst Heinrich Vogelers und hervorragender Russland-Kenner, mit seinen Beobachtungen Recht, die er schon 1935 in der neuen Heimat Vogelers, der UdSSR, machte? Klaus Mehnert schreibt in seinem Buch „Das zweite Volk meines Lebens" (ein Titel, der auch für Vogeler gelten könnte!):

> Ströme von Blut sind über dieses Land geflossen, die größte und opferreichste Revolution ist darüber hinweggebraust, eine neue Menschheit, hieß es, sei im Entstehen. Aber in der letzten Zeit, immer öfter, immer nachdrücklicher, auf immer zahlreicheren Gebieten – wer schlupft heraus? Der alte Adam nämlich, derselbe, den eine überhebliche Wissenschaft schon lange unter dem Namen homo sapiens kennt. Trotz Theorie und Dogma, Terror und gutem Zureden.[27]

3. Fragenkreis:

Angesichts der jüngsten geschichtlichen Ereignisse, die uns Aufstieg und Fall des Kommunismus zeigten, hat der utopische Sozialismus etwas Tragisches an sich. Was hier traurig und bedenklich macht, ist nicht, dass ein Mensch seine Utopien hat. Wer wollte denn bestreiten, dass die bewegenden Antriebskräfte in der Geschichte durch Menschen mit Mut zu Utopien erfolgten?! Man denke an die Forschungen und Erfindungen in Naturwissenschaft und Technik oder nur an das reformerische Engagement franziskanischen Mönchtums oder an die Ideen der Französischen Revolution oder an Albert Schweitzers Eintreten für Frieden und „Ehrfurcht vor dem Leben"! Zum Menschsein schlechthin gehört der Mut zur Utopie. Und dieser Mut zur Utopie zeichnet auch Heinrich Vogeler aus.

Aber er vermochte nicht die Unterscheidung zu treffen zwischen fruchtbaren und unfruchtbaren, zwischen wahren und unwahren Utopien. Paul Tillich weist

---

27 Klaus Mehnert, „Das zweite Volk meines Lebens", Stuttgart 1987, S. 144 ff. – Dazu auch Klaus Mann, Tagebücher 1934–1935, München 1989, S. 42 f., S. 89 f. und vor allem S. 51, wo er u. a. auch Heinrich Vogeler auf dem Allunionskongress der Schriftsteller in Moskau 1934 beschreibt.

in diesen Unterscheidungen kritisch darauf hin, dass immer dann eine Utopie unfruchtbar und unwahr, ja, falsch wird, wenn sie von einem Menschenbild ausgeht, das „vergisst, dass der Mensch von seinem wahren Wesen entfremdet ist",[28] dass er also nicht so ist, wie er eigentlich sein sollte. Wenn man beim unberechenbaren Menschen – wie Max Weber sagt – nicht mehr mit den „durchschnittlichen Defekten des Menschen" rechnet und wenn man den Menschen nicht so sieht, wie er wirklich ist, dann läuft man Gefahr, mit reinen Wunschprojektionen einem wirklichkeitsblinden falschen Menschenbild und damit einer unfruchtbaren, unwahren Utopie zu verfallen. Dieser Gefahr ist offenkundig Heinrich Vogeler auf tragische Weise erlegen.

Utopische Sozialisten wie Heinrich Vogeler wollen in der Regel wahrhaftig nichts Böses. Sie wollen wie alle Idealisten immer das Gute. Aber sie wollen nur allzu leicht *des Guten zu viel* und oft nur das Beste. Und damit fängt das Dilemma des utopischen Sozialismus an: Man überfordert sich und andere auf dem schwierigen Weg vom Wollen zur Wirklichkeit, wenn man den Sieg des Nur-Menschenfreundlichen erwartet. Das ist die Schwachstelle aller utopischen Sozialisten und Idealisten. Denn wenn man sich nicht mehr den Bedingungen der Lebensrealitäten aussetzt, ist man – mag einer einen noch so guten Willen haben – immer schon „auf dem Sprung, ins Böse umzuschlagen" (G. F. Hegel in seiner „Philosophie des Rechts"). Die Konstruktivität des Guten, wozu der Mensch gewiss fähig ist, bleibt aber immer bedroht von der „Destruktivität des Bösen" (Erich Fromm), die er genau so hat.

An dieser Stelle fragt sich nur, ob denn der ethische Rigorismus und die Absolutheit, mit der Vogeler oft viel zu viele Superlative in seinem utopischen Sozialismus postuliert, überhaupt hilfreich ist bei den realen Gestaltungsprozessen in Staat und Gesellschaft. Werden mit dieser Absolutheit die anstehenden Probleme, zumal wenn sie auch noch religiös aufgeladen werden, nicht vollends unlösbar?

Schlussbetrachtung:

Wenn hier die Frage gestellt wurde, was wir denn nun von Heinrich Vogeler noch lernen können, so wird sich nicht zuletzt unsere Lernfähigkeit daran beweisen, ob wir grundsätzlich auch von den Fehlern und Irrtümern anderer lernen. Und wer könnte von sich behaupten, er habe keine Fehler und Schwächen? Es steht uns da gut an, der Lebensarbeit und des Kampfes von Heinrich Vogeler mit Nachsicht zu gedenken und uns gleichsam von ihm selbst fragen zu lassen, ob denn alles in seinem utopischen Denken nur Illusion und Torheit war. Ich denke nicht. „Träume bewahren die Welt vor dem Untergang", heißt es in Ilse Aichingers Roman „Die größere Hoffnung". In der Tat, Träume und Utopien sind notwendig und können unerwartete „geschichtsbildende Kraft" (P. Tillich)

---

28 P. Tillich a.a.O., S. 176.

entwickeln. Bei Heinrich Vogeler waren seine Träume und Utopien im Grunde doch Ausdruck einer Änderung von unerträglichen Zuständen. Niemand kann leugnen, dass wir Menschen immer wieder unerträgliche Zustände in der Welt hervorbringen.

Vogelers Beispiel zeigt uns, dass menschenwürdige Verhältnisse oder miss-brauchte Machtausübung oder bedrohte Freiheitsrechte die notwendigen Gegen-kräfte auf den Plan rufen. Heinrich Vogeler hat nicht gewartet, bis andere han-delten. Mit seiner Rebellion gegen die Entmenschlichung des Menschen in der industriellen Gesellschaft engagierte er sich ohne Rücksicht auf seine Stellung in der bürgerlichen Gesellschaft. Man verschrie ihn als Utopisten und sah nicht, dass sein soziales und politisches Engagement nach dem Zusammenbruch 1918 ein „Akt tiefer Wahrhaftigkeit und Umkehr" (Rilke) war.[29]

Richard von Weizsäcker rät jedem, der sich als Realist empfindet, dass er den Utopisten nicht einfach als weltfremd abtut, sondern seine Utopie als notwendi-ge Korrektur unserer Gesellschaftsordnung richtig zu nutzen versteht. „Man hat den Sozialismus als feindlichen Zwillingsbruder des Kapitalismus bezeichnet. Warum sollte der Realist nicht im Utopisten seinen wahren Helfer erkennen?" fragt von Weizsäcker.[30]

Der Vergleich mit dem Utopisten Heinrich Vogeler drängt sich hier auf. Denn Vogeler zählte mit seiner Utopie von der Korrektur der menschlichen Gesell-schaftsstruktur zu jenen „paar Menschen", von denen Rilke schrieb, dass „deren Wünsche, deren Zuversicht nach solcher Korrektur ausgerichtet war",[31] damit die Menschlichkeit des Menschen wieder entdeckt wird. Wer wie Vogeler nach den Erschütterungen, die durch unser 20. Jahrhundert gegangen sind, nicht re-signieren will, der kann aus der Vergangenheit Vogelers zumindest dies lernen:

Nicht mit ethisch-politischen *Superlativen* die beste aller Welten und Gesell-schaftssysteme erkämpfen wollen, sondern mit *Komparativen* nach einer Ver-wirklichung suchen, wie und wo man mit Vernunft und Augenmaß das Bessere zum Durchbruch bringen kann! Es ist schon viel unter uns getan, wenn jeder in seinem Umkreis für etwas mehr Freiheit und etwas mehr Toleranz sorgt und für das Gerechtere in der jeweiligen Situation eintritt. Erhalten wir das wenig vor-handene Gute in der Welt gerade durch die, die nicht das Beste, sondern nur das Bessere wollen.[32] Allemal fordert Vogelers Beispiel unsere Lernbereitschaft und unser Gewissen heraus. Bei ihm war es ein Aufstand des Gewissens, das ihn an-trieb zum Einsatz für den Frieden und zur Hilfe an Sozialschwache. Sein Mitlei-den an der Not seiner beiden Völker Deutschland und Russland und seine Ge-

29 Rainer Maria Rilke, Briefe an eine junge Frau, Wiesbaden 1949, S. 37, Insel-Bücherei Nr. 409.
30 Bulletin Nr. 12/S. 81 ff. Presse- und Informationsamt der Bundesregierung (vom 23.1.1990).
31 Rilke, a.a.O., S. 37 f. – Rilkes Brief v. 2.2.1923, heute noch lesenswert, könnte geradezu auf seinen Freund Vogeler gemünzt sein, als der sich nach dem Zusammenbruch 1918 für eine opferbereite „Korrektur" in Deutschland einsetzte.
32 Vgl. Heinz Zahrnt, Westlich von Eden, München 1981, S. 179 f.

sprächsbereitschaft mit Menschen anderer Nationen, anderer Gesellschaftsgruppen, anderen Glaubens und anderen Denkens nötigt uns hohen Respekt ab. Es ergreift einen heute noch, wenn er seinen Zeitgenossen zurief, was er unter einem fairen Kämpfen und unter einer Streitkultur ohne Hass und Gewalt verstand: „Erkennt immer wieder, dass [...] ihr für Menschenrechte kämpft. Nicht Personen sollt ihr vernichten, sondern das System!"[33] Das heißt doch für uns: Gegen falsche menschenverachtende Denksysteme, gegen totalitäre politische Systeme, aber nicht gegen Personen kämpfen oder gar über Leichen gehen wie Hitler, wie Stalin und ihre Genossen von gestern und heute!

Vogeler hatte vielleicht eine ähnliche Kampfsituation zu bestehen wie vor ihm ein anderer großer Maler, der auch in die Solidarität mit Arbeitern und Bauern ging und der sich den Forderungen der Bergpredigt verpflichtet wusste in einem schier aussichtslosen Kampf: Vincent van Gogh. Was van Gogh in einem Brief an seinen Bruder Theo schreibt, scheint mir auch für Vogelers Kampf um den neuen Menschen zu gelten:[34]

> Ist ein solcher Kampf, ja sind sogar die Irrtümer, die man begeht, nicht besser, bilden und fördern sie uns nicht mehr als das systematische Ausweichen vor jeder Erschütterung?

---

33 H. Vogeler, Die Arbeitsschule, S. 19.
34 Vincent van Gogh, Sämtliche Briefe Bd. 2, Bornheim-Merten, 1985, Brief Nr. 259.

Siri Hølmebakk

Tvind-Schulzentrum

My name is Siri Hølmebakk. I am 42 years old and have been in the teacher group for 24 years. I am working in Tvind International School Centre, where I run the European Teenage College, for youngsters from 14-18 years old, and the education of development instructors going to Africa. The Teenage College focuses on three issues (except teaching all the ordinary subjects and preparing the students for the official Danish school leaving certificates):

1. Language skills
2. Arts and culture
3. Actions against war, poverty, and violence

I will here tell you about the teacher group and the work of the teacher group.

Presentation of the teacher group from Tvind, May 2005:

The teacher group from Tvind is originally a Danish phenomena starting with a group of people travelling all the way around the world in 1970. They realized that travelling was a unique way to experience the daily life of the thousands of people around the world – mainly in the third world countries. They got a lot of friends in many countries and realized how strongly the people to people contact affected them all. After this tour they decided to start a travelling folk high school.

They formed a group of people that decided to stick together on this task on some unusual – but very useful conditions. The teacher group was formed at the same time as the first travelling folk high school was started. There were – and still are – three main common conditions in the teacher group: common time, common economy and common distribution. The teacher group is not a juridical body, nor an organization or a political party. But it simply consists of people who decided to share these three common conditions in a certain time.

The teacher group now is working in many countries in the world. A big part is still working in Denmark – with a group of schools – also called Tvindschools. Some of them are schools for troubled children and youngsters, given a second chance to get a good life. They travel in the world, work with practical projects, and take part in development work and learn sports, arts and culture – at the same time as they are learning the ordinary school subjects. Many of the schools work with a concept of integration – where half of the students are troubled kids, the other half youngsters with social skills.

The schools in Denmark also educates development workers – people from all over Europe preparing themselves to go to Africa for six months working with the organization – Humana People to People – mainly in the southern Africa.

In Africa the teacher group is working with development help – particularly in the southern part of Africa. They run HOPE-centres for people who are already affected by the HIV/AIDS-epidemic. They run schools for children orphaned by the epidemic, they work with malaria prevention and building and running of schools. A special branch is running 14 teacher training colleges in Mozambique, Malawi, and Angola, colleges educating specifically village teachers. They try to spread alternative teaching, because a lot of the schools in Africa are using very old-fashioned teaching methods.

A part of the teacher group is also working with commercial businesses, to earn money for all the work the teacher group wants to do all over the globe.

For example the teacher group invested in the construction of the big windmill in Tvind, West Jutland, in the late seventies. At that time the Danish government wanted to impose nuclear power, but many people did not agree. The teacher group invited volunteers to come and help constructing the world's biggest windmill. Hundreds of people came, and after more than two years of constructing, discussing, struggling, and experimenting, the windmill started to produce energy for the school centre in Tvind and has done that ever since. Today there is no nuclear power in Denmark, and the windmill industry has been booming with 60 % of the world export. Between 10-15 % of the Danish energy consumption is based on windmills, and Tvindmill is actually the windmill in the world that has produced the most energy. It is not anymore the biggest in the world.

The teacher group consists of people from many countries, but the majority still comes from Scandinavia and southern Africa.

You can read more about the school centre in Tvind, the teacher group and the integration concept on: www.tvind.dk.

Daraus einige Auszüge:

DNS – Das Notwendige Lehrerseminarium

DNS ist ein alternatives Lehrerseminar, das einen „learning by doing"-Ansatz verfolgt.

Eine moderne vierjährige Ausbildung für Menschen, die als Lehrer etwas Besonderes erreichen wollen, wie zum Beispiel alternative Programme für Kinder oder Erwachsene unterrichten, Arbeit mit Kindern mit Verhaltensauffälligkeiten, Erzieher oder Projektleiter in der dritten Welt sein, in Brennpunkten sozialer wie auch umweltpolitischer Art unterrichten oder mit Hilfe neuer Medien.

Das „Necessary Teacher Training College" (DNS) bildet bereits seit 30 Jahren Lehrer aus. Bereits 450 Personen haben die Ausbildung erfolgreich abgeschlossen, von denen 70 % heute in öffentlichen oder in Privatschulen in Europa und Nordamerika arbeiten, andere arbeiten als Projektleiter für „Non-Profit-Organisationen" in Afrika oder Asien.

Die vierjährige Ausbildung in DNS beinhaltet:

- Alle regulären Fächer, die man für ein Lehrerexamen braucht.
  Die Fächer während des Grundstudiums sind: Schule in der Gesellschaft, Didaktik, Pädagogik, Psychologie und Ethik/ Religion.
- Vier Hautfächer aus allen Fächern, die in dänischen Schulen unterrichtet werden (insgesamt 18). Sie müssen mindestens zwei der folgenden Fächerkategorien abdecken: humanistisch, wissenschaftlich oder kreativ.
- Jedoch hat die DNS-Ausbildung mehr zu bieten als nur Schulfächer.

Hier ein Überblick über die Hauptinhalte der vier Jahre:

Das erste Jahr: „Das internationale Erfahrungsfeld"

- 3 Monate Vorbereitung einer Studienreise nach Asien
- 4 Monate Studienreise durch Asien
- 3 Monate Nacharbeitungszeit mit Auswertung der Ergebnisse, Präsentationen etc.
- 1 Monat Studien und Prüfungen

Das zweite Jahr: Unterrichten in der Praxis

- 6 Monate Unterrichtserfahrung in einer Schule, zum Beispiel für Freizeitaktivitäten verantwortlich sein
- 3 Monate Blockstudium und Prüfungen
- 3 Monate „Make a difference". Das Team entscheidet sich für ein Projekt, das es gemeinsam ausgestalten und durchführen will.

Das dritte Jahr: Die Schule als Praxisfeld

- 9 Monate Unterrichtserfahrung in dänischen Schulen
- 2 Monate Studien und Prüfungen

Das vierte Jahr: Internationale Unterrichtspraxis

Eine besondere Art von Unterrichtspraxis weltweit: Arbeit in der Entwicklungs-
hilfe in Afrika oder China, Aktionsprogramme für Kinder mit Verhaltensauffälligkeiten oder anderen Problemstellungen, Arbeit mit Kindern mit einem besonderen Hintergrund etc. Studien und Prüfungen

Was ist das Besondere an DNS?

Hier ein paar Beispiele:

Theorie und Praxis sind eng verknüpft.
Zum Beispiel: Das Studium schließt zweieinhalb Jahre Schulpraxis mit ein, in
denen du theoretische Fragen und Studien mit praktischen Antworten und Diskussionen mit Lehrern und Studienkollegen verknüpfen kannst.

Teamarbeit und gemeinsames Leben
Du gehörst zu einem Team, das gemeinsam die Ausbildung durchläuft. Ihr
schmiedet gemeinsam Pläne, setzt sie um, löst finanzielle Probleme, lacht und
weint zusammen und teilt euer Leben für vier Jahre.

PTG Internationales Internat

Dieses Internat ist ein Wohnangebot für 10 Erwachsene im Alter von 18 bis 24
Jahren. Die Mitarbeiternorm liegt derzeit bei 10 Angestellten. Über diese 10
Bewohner hinaus gibt es Platz für 15 junge Erwachsene, die gewählt haben hier
zu wohnen und ihr Leben und den Alltag mit den anderen Bewohnern zu teilen.

Der Großteil der Bewohner ist auch tagsüber in der Tagesschule auf Tvind zusammen, wo sie unterrichtet werden.

Dort gibt es die Möglichkeit für ein speziell zurechtgelegtes Programm mit Unterricht von der Grundstufe bis zum Abitur. Ebenfalls haben Ausländer die Möglichkeit Dänischunterricht zu erhalten.

Für diejenigen, denen praktische Arbeit näher liegt, gibt es ebenfalls reichhaltige
Möglichkeiten dazu. So kann man z. B. ein Praktikum bei unserem Windkraftwerk bekommen oder aber in einem Betrieb in der näheren Umgebung.

Außer PTG gibt es auf Tvind noch die Friskole und das Lehrerseminarium. Das
Milieu ist international und von guter Zusammenarbeit der verschiedenen Institutionen geprägt.

Die Angestellten haben eine langjährige Erfahrung in der Arbeit mit Jugendlichen mit besonderen Bedürfnissen, hierunter zählen auch ADS, Tourette-, As-
perger-Syndrom sowie verschlossenes oder extrovertiertes Verhalten.

Das Wohnangebot befindet sich in einem modernen Holzbau mit Gemeinschaftsküche, einem großen Gemeinschaftssaal, einem Waschraum, Internetcafé und Fitnessraum.

Des Weiteren gibt es in Tvind Gemeinschaftsfaszilitäten wie z. B. eine Sporthalle, einen Fußballplatz und ein Kino. Bis zur Nordsee sind es nur 12 Kilometer, wo man das ganze Jahr über wundervolle Sonnenauf- und -untergänge betrachten kann.

PTG ist eine Integrationsschule

Es ist ein modernes Projekt, wo verschiedene junge Menschen ihr Leben miteinander teilen, einen gemeinsamen Plan für das ganze Jahr besitzen, welcher Wert auf die individuellen Bedürfnisse und die Gemeinschaft, die uns umgibt, legt.

PTG steht also für volle Integration aller Beteiligten in einem spannenden Milieu.

Das Milieu ist international. So sind z.B. auf dem Notwendigen Lehrerseminar Studenten aus der gesamten Europäischen Union und dem Rest Skandinaviens.

Diese jungen Menschen sind ebenfalls sehr engagiert, was sich oft auf die Schüler von PTG überträgt.

Dieses Milieu macht es möglich, dass alle Beteiligten voneinander profitieren und ihre guten und schlechten Seiten akzeptieren lernen.

Die Zielgruppe

Unsere Zielgruppe ist sehr breit gefächert und besteht aus jungen Erwachsenen, die ein gutes Abitur haben wollen, bis hin zu jungen Leuten, welche Schwierigkeiten damit haben, den Start ins Leben zu finden und auf eigenen Beinen zu stehen. PTG ist aber auch für junge Leute, die einfach nur einen Wechsel ihres Umfelds benötigen.

Auf PTG ist auch Platz für ressourcenstarke Jugendliche

Die Zielsetzung von PTG lautet, dass Platz für alle geboten wird. Gleichzeitig basiert PTG auf einem Integrationskonzept. Daher haben wir mit Ausnahme der 10 Schüler mit besonderen Bedürfnissen auch Platz für 15 wohlfungierende Jugendliche.

Diese nehmen in gleicher Weise mit allen anderen Schülern am Programm teil, bezahlen jedoch nur einen Bruchteil der eigentlichen Kosten des Programms. Insgesamt bezahlen sie 2500 DKK (ca. 350 Euro) für Unterkunft und Verpflegung pro Monat. Im Gegenzug tragen sie mit ihrer gesunden Lebenseinstellung und einem großen sozialen Überschuss zur Ausführung des Programms bei. Sie sorgen dafür, dass alle morgens aufstehen, dass es immer jemanden zum Reden gibt und dass die Stimmung gut ist. Sie sind Vorbilder auf eine ganz andere Art und Weise, als die Lehrer es sein können.

Viele von ihnen wünschen sich eine spätere Karriere in der Arbeit mit Menschen, z. B. als Pädagoge, Lehrer oder Serviceassistent.

Das Programm

Tagsüber befinden sich die Schüler in der Tagesschule auf Tvind, auf ihren Praktikumsplätzen oder am Gymnasium in Holstebro, wenn es sein muss. PTG bietet nachmittags und abends jedoch ein reichhaltiges Programm, teilweise auch in Zusammenarbeit mit den anderen Schulen auf Tvind.

Jeden Tag gibt es z. B. Sport, wo entweder Fußball, Volleyball oder etwas ganz anderes gespielt wird. Außerdem haben wir auch einen Fitnessraum, falls man das Bedürfnis verspüren sollte die Muskeln aufzuwerten.

Außerdem gibt es die Möglichkeit, die Freizeit in Form von Musik, Theater oder Kunst zu gestalten.

Wem das nicht liegt, kann ja am Ballonteam teilnehmen und lernen einen Heißluftballon zu fliegen, zu navigieren und Rundflüge anzubieten.

Die Tagesschule auf Tvind

ist ein Angebot an Jugendliche, welche vorzugsweise älter als 16 Jahre sind und welche von einem aktiven und positiven Milieu inmitten des Schulzentrums Tvind profitieren können. Einige der Lehrer sind Studenten auf DNS, dem Notwendigen Seminarium, welches sich ebenfalls auf dem Gelände befindet.

Viele der Schüler an der Tagesschule kommen von der PTG (Praktisch-theoretische Grundausbildung), welches ein Wohnangebot für junge Erwachsene auf Tvind darstellt. Andere Schüler kommen vom Vitalitätszentrum auf Tvind oder aus der näheren Umgebung, z. B. aus Jugendhilfeeinrichtungen.

Hochmoderner Unterricht

Die Tagesschule verwendet DMM (Die Moderne Methode) als pädagogische Unterrichtsmethode. Jeder Schüler hat einen eigenen Computer mit Zugang zum Netzwerk. Auf dem Server der Schule liegt eine umfangreiche Database mit über 15.000 Unterrichtsaufgaben, verteilt auf alle Klassenstufen von der 1. Klasse bis zum HF (Abitur). Des Weiteren ist der Zugang zum Internet gewährleistet.

Am Schulanfang wird für jeden Schüler ein individueller Unterrichtsplan mit Haupt- und Teilzielen festgelegt. Differenzierung des Unterrichts ist ein wesentlicher Aspekt von DMM, weshalb jeder Schüler die Kontrolle darüber hat, dass Niveau und Tempo zu ihm passen.

Das Lehrerteam hilft dabei, die Pläne zurechtzulegen, Aufgaben zu lösen und zu berichtigen sowie die Ambitionen beizubehalten. Einige Schüler finden es schwierig, die Schularbeit zu überschauen und brauchen viel Hilfe, während andere viel selbstständiger sind und sich an die Lehrer eher zur Beratung wenden.

Es gibt 3 Linien an der Schule:

1. Studienlinie mit den Abschlussprüfungen der Staatsschule oder HF (Abitur) in Einzelfächern.
2. Praktische Linie mit Projekten auf Tvind.
3. Individuelle Programme, z. B. mit Praktika.

Die Grenzen zwischen diesen Linien können durchaus fließend sein. Das bedeutet, dass ein Schüler, der sich in einem Praktikum befindet, durchaus auch einige Fächer auf dem Niveau der 9. und 10. Klasse studieren kann. Dennoch tut es den Schülern gut, an eine bestimmte Linie gebunden zu sein, daher sind sie auch dementsprechend eingeteilt. An jede Linie sind bestimmte Lehrer gebunden, um die notwendige Kontinuität zu schaffen.

Kurse

Spannende und interessante Vorträge, welche die Lehrer oder andere Gäste für die gesamte Schule oder in einigen Fällen für die einzelnen Linien halten.

Die Kurse haben das Ziel, Wissen über die Welt zu vermitteln, moderne Phänomene zu diskutieren oder sich mit einem bestimmten fachlichen Stoff zu beschäftigen, von dem alle profitieren werden.

Gemeinsame Aktivitäten

Eine Reihe gemeinsamer Aktivitäten bindet die Schüler über die verschiedenen Linien hinweg zusammen:

Der Morgentreff, die Statustreffs, die Wochenkurse, die Reisen und einige großartige kulturelle Höhepunkte: das Neujahrskonzert, das Frühjahrskonzert und das Sommertheater. Und natürlich das Fliegen mit unseren Heißluftballons.

Die Treffen

Der Schultag fängt mit einem *Morgentreff* an.
Hier wird beraten, wie das Programm aussieht, wer was macht und was um uns herum und in der Welt geschieht.
Dabei werden auch Diskussionen über mögliche Lösungen und Vorschläge geführt. Nach dem Morgentreff wissen alle, was zu tun ist, und sind für den Rest des Tages bereit.

Die Statustreffs finden jeden zweiten Donnerstag statt. Hier bezieht jeder Schüler Stellung dazu, wie es mit den Studien in den vorhergehenden Wochen verlaufen ist, und erhält Kommentare von den anderen Schülern und Lehrern. Probleme werden debattiert und Lösungen gefunden. Es wird Kritik und Lob ausgeteilt. Der Plan für die kommenden Wochen wird angefertigt.

Die Friskole und DIE

Die Internationale Fri- und Efterskole liegt mitten im Herzen des Schulzentrums Tvind. Hier wirst du Menschen aus aller Welt antreffen, welche sich auf die eine oder andere Weise ausbilden lassen.

Der Unterricht geschieht auf der Friskoleabteilung. Hier hast du die Möglichkeit, selbst Hand an deine Ausbildung zu legen. Dies geschieht mit Hilfe eines individuellen Studienplans, den du selbst in Zusammenarbeit mit deinem Lehrer aufgestellt hast und der exakt auf deine Bedürfnisse abgestimmt ist.

Gleichzeitig hast du die Möglichkeit, solide Freundschaften zu knüpfen, sowohl mit Gleichaltrigen als auch mit Menschen aus anderen Ländern.

Du erhältst ein Schuljahr voll mit Erlebnissen, da wir Erlebnisse als einen wichtigen Teil der Schulausbildung ansehen. Es gibt viel, was nicht aus Büchern gelernt werden kann. Gleichzeitig geben Erlebnisse Mut, sich in das Leben zu begehen und die Welt zu entdecken und somit Neues zu lernen.

Bei uns wirst du Lehrer antreffen, die ihre Arbeit sehr ernst nehmen und daher immer für dich da sind, auch außerhalb der regulären Arbeitszeiten. Viele Lehrer wohnen nämlich Tür an Tür mit den Schülern an der Schule.

Eine kurze Beschreibung der Schule

Die Internationale Fri- und Efterskole unterrichtet Schüler im Alter von 12-17 Jahren: Tagesschüler, welche in der Nähe der Schule wohnen, und Internatsschüler, die an der Schule wohnen.

Die Schule hat eine lange Tradition dafür, auch Schüler aus mehreren europäischen Ländern zu haben. Insbesondere viele aus Deutschland nutzen die Gelegenheit, die Schule für ein oder mehrere Jahre zu besuchen.

Die Hauptkennzeichen der Schule sind:

- Zusammenarbeit über Kreuz von Kulturen und Hintergründen,
- Sprachen zu lernen – insbesondere Dänisch, Deutsch und Englisch – und eventuell sogar Spanisch und Französisch,
- zu lernen sich auszudrücken, Gesang und Musik als auch Poesie, Zeichnen und Theater zu lernen,
- über die Lebensverhältnisse von anderen Menschen zu lernen und ihnen die Möglichkeit eröffnen, einen Beitrag zur Entwicklung in der Welt zu leisten, beispielsweise durch Einsammlungen für den Kampf gegen HIV/AIDS.

Die Schule nimmt jedes Jahr an großen kulturellen Arrangements teil. Dazu zählen Sport- und Theaterevents sowie Konzerte und Filmfestivals. Des Weiteren reisen selbst die jüngsten Klassenstufen mindestens zweimal im Jahr in Dänemark, andere europäische Länder und die Türkei.

Der Unterricht basiert auf individuellen Studienaufgaben, sodass jeder Schüler auf Basis seiner eigenen Voraussetzungen und Interessen arbeitet. Des Weiteren gibt es gemeinsame Kurse für alle wie auch viele individuelle und gemeinsame Erlebnisse.

Die Schule hat Prüfungsrecht und die Schüler können die Abschlussprüfungen der Staatsschule ablegen.

Der Unterricht

Jeden Vormittag arbeiten wir mit den Schulfächern.

Wir haben keine traditionellen Unterrichtsstunden. Stattdessen hat jeder Schüler seinen eigenen Unterrichtsplan – den er gemeinsam mit seinem Lehrer aufgestellt hat. Jeder Schüler hat auch seinen eigenen PC mit Zugang zur Schuldatabase, in der Tausende von Aufgaben von der 1. bis zur 10. Klasse liegen. Von hier werden die Fächer und Niveaus gewählt, welche zum Standpunkt des Schülers korrespondieren. Am Anfang des Schuljahres legen der Schüler und der Lehrer gemeinsam einen Plan darüber fest, was im Laufe des Jahres in jedem Fach erreicht werden soll. Jede Woche wird dann der Wochenplan erstellt. Auf diese Weise kann jeder Schüler in seinem eigenen Tempo, auf seinem eigenen Niveau und nach seinem eigenen Plan arbeiten. Punkte werden für den Einsatz gegeben – also je nachdem, wie viele Aufgaben man gelöst hat, und nicht, wie gut oder schlecht man im Vergleich zu den anderen Schülern ist. Die Fächer sind allseitig. Alle Schüler arbeiten jede Woche mit Dänisch, Englisch und Mathematik. Darüber hinaus können unter anderem folgende Fächer gewählt werden: Natur und Freiluft, die Erde und die Menschheit, Biologie, Naturwissenschaften, Sport, Schulschach, Haushaltslehre, Deutsch, Geschichte, Dänisch für Ausländer u. v. m.

Reisen

Auf den Reisen erlebst du viele spannende Dinge. Siehst neue Menschen, erlebst viele Situationen, die du vorher nie erlebt hast. Etwas Unerwartetes geschieht, du gewöhnst dich daran, etwas Neues zu versuchen, ohne Angst zu bekommen. Es ist wirklich spannend und eine große Herausforderung. Überleg mal: Du wirst fliegen, eine neue Sprache sprechen, du wirst etwas essen, was du noch nie probiert hast.

Bornholm, Skjern, USA, Türkei, Indien, China ... Wir sind vielerorts gewesen.

2003 waren wir in den USA und in der Türkei auf den großen Reisen und in Norwegen zum Skifahren. Darüber hinaus reisen wir viel in Dänemark.

Der Alltag

Das Leben an der Schule ist anders, als du es gewohnt bist. Es sind die Lehrer und Schüler gemeinsam, die den Alltag zusammenhängend gestalten. Du selbst nimmst aktiv daran teil. Das gilt sowohl den täglichen Pflichten wie Abwasch, Reinigung usw. als auch dem Privileg, Einfluss darauf zu nehmen, wie die Pläne im Einzelnen aussehen. Es ist uns wichtig, dass wir den Alltag gemeinsam gestalten, da die Schule uns allen gehört.

Tvindkraft

Geschichtliches

Das Windkraftwerk auf Tvind, „Tvindkraft" wurde zwischen 1975-78 erbaut. Dies geschah mit Initiative und Finanzen der Lehrergruppe der Schulen in Tvind. Es war die Zeit der Ölkrise und die Debatte stand für oder gegen Atomkraft. Atomkraft oder Windkraft. Der Preis für Elektrizität hatte sich multipliziert und es musste etwas getan werden. Die dänische Industrie übte Druck auf die Regierung aus, Atomkraft als billige Alternative zum teuren Öl einzufahren. Eine Mehrheit schien sich im dänischen Parlament hinter den Vorschlag zu stellen. Auf Tvind waren die Leute gegen Atomkraft mit ihren Problemen des radioaktiven Abfalls und der Gefahr der Monopolisierung.

Windenergie erschien logisch. In Westjütland gibt es massig Wind. Der Wind kann nicht monopolisiert werden – er bläst in die Gesichter der Armen und Reichen zugleich – und es gibt keine gefährlichen Abfallprodukte. Daher formte sich die Idee, welche später in dem Beschluss endete, ein Windkraftwerk zu bauen. Tvindkraft musste groß sein, um zu zeigen, dass Windkraft eine echte Alternative zur Atomkraft ist.

Letztendlich bekam Dänemark keine Atomkraft, wodurch die natürliche Umwelt in diesem Land von dem großen – und noch immer ungelösten – Problem des radioaktiven Abfalls verschont blieb.

Es dauerte 3 Jahre, um Tvindkraft zu bauen. „Mølleholdet" [„Das Mühlenteam"] war die treibende Kraft und bestand aus Mitgliedern der Lehrergruppe in Tvind und einer langen Reihe Freiwilliger, welche mit ihrer Arbeit zur Energiedebatte beitragen wollten. Sie lösten die Probleme, die unterwegs auftraten, und durch unermüdliche Arbeit errichteten sie das Windkraftwerk. Die Ausgrabung, das Fundament, der Turm, die Plattform sowie den Hub mit seinen komplizierten Verstrebungen. Die Flügel, an die sich kein Produzent herantraute und wo Aerodynamik, Kraftberechnungen sowie die praktische Ausführung von Grund auf entwickelt werden mussten.

Der Schaft, die Schaltung und der Generator wurden second-hand gekauft und „Krabbe's Kiste" [die Frequenzumformer-Kontrolleinheit] wurde von Professor Ulrich Krabbe von der DTH [Dänemarks Technische Universität] und seinen Schülern zusammengebaut, welche damit eine prima Aufgabe für ihre Abschlussprüfung hatten. Sie wurde verwendet, um die wechselhafte Spannung des Generators zu konvertieren, sodass das Kraftwerk Elektrizität in das bestehende Netz einspeisen konnte. Computergesteuerte Kontroll- und Überwachungsprogramme wurden entwickelt und für den Z80-Computer in Assembley geschrieben. Und zu guter Letzt kamen die Kräne und brachten alle Teile in die Luft. Erst die Plattform, dann den Generator und die Gangschaltung, obendrauf den Hauptschacht mit dem Hub und schließlich die Flügel. Eins nach dem anderen. Genau so.

[Natürlich gilt alles auch für Schülerinnen und Lehrerinnen! S.K.]

Kirsten Larsen Mhoja

Der Freistaat Christiania 1971 – 2005
Eine kurze Einführung

Zur Geschichte

Der Freistaat Christiania liegt in der Mitte Kopenhagens. Heute wohnen dort ungefähr 1000 Leute, 650 Erwachsene und 250 Kinder. Das Gebiet ist 34 ha groß. Es war bis 1969 eine militärische Kaserne, wurde dann vom Verteidigungsministerium aufgegeben und lag zwei Jahre ungenutzt da.

In Kopenhagen gab es damals viele alte kontaminierte Häuser, die besetzt waren. Die „Besetzer" waren wohl organisiert, und im Sommer begannen sie in die alten Kasernen einzuziehen. Der Freistaat Christiania wurde am 26. September 1971 ausgerufen und ist also jetzt fast 34 Jahre alt. An der ersten Versammlung (damals wohnten dort ungefähr 400 Menschen) wurde das Grundgesetz beschlossen.

Es gibt drei Grundregeln, nach denen Christiania heute noch funktioniert: keine Gewalt, keine harten Drogen und keine Waffen. Wenn man diese Regeln übertritt, kann man hinausgeworfen werden. Es gibt noch weitere Regeln, z. B. ist Christiania frei von Autos.

Von Anfang an gab es keine festen Verabredungen mit dem Staat Dänemark; aber 1990 wurde es legal, in Christiania zu wohnen. Die Christianiten unterschrieben einen Vertrag, der ihnen das Gebrauchsrecht gab und damit auch die Verpflichtung, die alten Häuser und das Gebiet zu unterhalten.

Christiania ist wie eine Freikommune, wie ein Dorf in der Mitte Kopenhagens, aber keineswegs isoliert, z. B. arbeiten Menschen, die in Kopenhagen wohnen, in Christiania.

Christiania hat seine eigene Ökonomie. Jeder Einwohner über 18 Jahre zahlt pro Monat ungefähr 200 Euro für die Gemeinschaft plus Verbrauch von Wasser und Elektrizität. Alle Geschäfte, Werkstätten usw. zahlen auch. Das gibt ein jährliches Budget von 17 Millionen Dkr., das sind ungefähr 2,5 Millionen Euro. Ungefähr die Hälfte davon wird an die Kommune Kopenhagen gezahlt – für Wasser, Elektrizität und eine Grundsteuer in Höhe von 1,2 Millionen Dkr. pro Jahr. Die andere Hälfte wird in Christiania verwendet, und es gibt zwei große Kosten-Posten: Institutionen für die Kinder und das Baukontor, das verantwortlich ist für alle Installationen und die Unterhaltung der alten Häuser, die teilweise unter Denkmalschutz stehen.

In Christiania hat man eine Konsensdemokratie. Das bedeutet, dass alle Versammlungen und Besprechungen offen sind, alle Christianiten können an den Beschlüssen teilnehmen. Es wird nicht abgestimmt. Christiania wird von Gruppen und Kollektiven geleitet.

Die aktuelle politische Situation

Seit fast 6 Jahren hat Dänemark eine rechte Regierung. Seitdem gibt es Schwierigkeiten für Christiania. Christiania ist jetzt eine „politische Sache": die Regierung möchte die Grundprinzipien Christianias abschaffen.

Das gemeinsame Gebrauchsrecht soll zum gewöhnlichen Recht verändert werden. Das bedeutet, dass man auch Wohnungen in Christiania kaufen oder mieten können soll. Deswegen möchte man auch bauen und alte oder selbst gebaute Häuser abreißen. Ein bisschen Neubau wäre nicht schlecht, das möchte auch Christiania. Aber es muss künstlerisch gebaut sein, in einem Stil, der zu Christiania passt. Und auf keinen Fall in einem Umfang von 20000 Quadratmetern, wie von der Regierung gewünscht. Einen so großen Neubau sollte man lieber nicht im Zentrum Kopenhagens ausführen, wo es sowieso schon sehr wenig grüne Gebiete gibt.

Die Regierung traut der Selbstverwaltung und der Konsensdemokratie von Christiania nicht. Sie sagt, dass man mit einem Kollektiv keine Verabredungen treffen kann. Das ist aber nicht wahr, denn das wurde ja schon 15 Jahre gemacht. In Christiania hat man keine bessere Lösung. Wenn alle bei den Entschlüssen mitmachen, wird die Verantwortlichkeit größer. Es ist auch psychisch gesund, wenn alle mitmachen können, wenn das Individuum entscheiden kann.

Das Recht der Christianiten, Wohnungen in Christiania selber zu verteilen, möchte die Regierung auch entziehen. In Christiania verteilt die Gemeinschaft die Wohnungen. Geld spielt keine Rolle. Auch wenn man sein Haus selber gebaut hat, kann man es nicht verkaufen. So bekommt man in Christiania die Einwohner, die man mag, es hängt nicht vom Geld ab. Der Unterschied zwischen Kopenhagen und Christiania ist hier sehr groß. Die Wohnungen um Christiania herum sind unwahrscheinlich teuer geworden.

Aber noch liegt Christiania da als eine Alternative, und es sollte lieber so bleiben. Eine Gesellschaft ohne Alternativen ist arm.

Christiania ist ein wichtiges Erholungsgebiet für ganz Kopenhagen und eine Attraktion für die ganze Welt; es ist eine der drei größten Sehenswürdigkeiten von Kopenhagen.

In Christiania gibt es nicht nur Wohnungen in alten Kasernen und in selbst gebauten Häusern, sondern auf den alten Verteidigungsanlagen auch ein großes Naturgebiet mit einem kleinen Wald mit alten Bäumen und viel Wasser. Dazu gehören der Hafen und die alten Wassergräben, die mit den Anlagen verbunden sind. Die Anlagen wurden 1650 bis 1692 gebaut. Damit ist Christiania eine historische Stätte. Dies wurde von den Christianiten immer respektiert. Dagegen will die jetzige Regierung 20000 Quadratmeter Neubau in Christiania errichten. (Zu Beginn der Planungen waren es sogar 30000). Man riecht Geld!!! Da die Regierung jetzt offenbar endgültig beschlossen hat, ihre Pläne gegen den Wunsch der Christianiten durchzuführen, hat Christiania keine andere Möglichkeit, als einen Prozess anzustrengen. Er wird eben vorbereitet und vermutlich sehr lange dauern. Von den Anwälten Christianias wird prognostiziert, dass sie den Prozess gewinnen werden, weil es Christiania seit über 30 Jahren gibt und die Christianiten alle Verabredungen eingehalten haben.

Die Tagung in Malente war eine gute Möglichkeit, über Alternativen zu reden. Man fühlt sich dann nicht so einsam. Es ist eine Freude zu erleben, wie die Alternativen in Deutschland noch blühen. Auch die geschichtlichen Aspekte sind sehr wichtig. Es fällt auf, dass in Deutschland in besonderer Weise auf totalitäre Tendenzen geachtet wird. Die Diskussion mit den Teilnehmerinnen von Tvind war dafür ein gutes Beispiel.

Christiania

Stephan Kürle

Die Alternative – oder ein Name wird zum Programm

Liebe Freunde, Genossen: Love and peace!

Ihr seht schon an meiner Begrüßungsformel, so recht fällt mir auch nichts Konkretes ein. Ich soll nun über die Alternative, ein autonomes oder auch selbstverwaltetes „Jugend"-Zentrum in Lübeck, berichten, sie euch bekannt und ja vielleicht auch näher bringen. Die Walli, wie wir sie wegen ihres Standorts auch liebevoll nennen, ist einerseits kurz und präzise darzustellen: als Zusammenschluss verschiedener politischer Gruppen aus dem damals alternativen und oder auch autonomen Spektrum auf der gemeinsamen Suche nach einem Ort der gelebten politischen und ganz wichtig auch der kulturellen Opposition gegenüber dem Staat und der hier und jetzt gelebten Lebenswirklichkeit.

Und diese war vor 27 Jahren eine sich im Muff der „tausendjährigen" deutschen Kulturwirklichkeit befindliche Stadt. Eine so genannte Diskothek eines kommerziellen Betreibers, ein dunkler Schuppen, in dem die damals englischen und amerikanischen Charts rauf und runter gespielt wurden – das war's. Keine Möglichkeit, Live-Musik zu machen, zu hören und zu sehen, kein Ort der interkulturellen Kommunikation, es gab kein Zusammenleben der Menschen und Kulturen, keine gewachsenen linken Strukturen, Orte und Plätze. Keine Seilschaften, geschaffen aus langjährigen gemeinsamen Kämpfen und Bemühungen.

Durch einen Trick wurde das Unmögliche möglich. Der Verein „Frauen helfen Frauen" e.V. bemühte sich um neue Räume für ein zu gründendes autonomes Frauenhaus, bekam ein geeignetes Objekt und untervermietete ihren bisherigen Standort in der Hüxstraße an die nun gegründete Alternative. Das Haus, ein unsaniertes Juwel aus dem 17. Jahrhundert, ohne Heizung, Wasser von oben und unten, aber selten in den im Hof gelegenen Toiletten, wurde sofort an wiederum autonom agierende Gruppen, die ihre gemieteten Räumlichkeiten unterschiedlichst nutzten, übergeben. Die Nutzerinnen waren damals im Erdgeschoss der Buchladen „Rizom", ein autonomes Frauencafé („Zutritt nur für Frauen"), im Hinterhaus, welches über den umbauten Hof zugänglich war, befand sich das „Hinterhofkino", in welchem im ersten Jahr Filme in einem ehemaligen Lagerraum gezeigt wurden. Aber in den Köpfen war unsere Musik, unsere Kultur, und schon bald gab es die ersten Konzerte. Die Bühne, acht nebeneinander liegende Paletten, die Beleuchtung: drei bunte 100-Watt-Glühbirnen, meistens drei bis fünf lederbejackte Musiker/innen und davor zwei- bis dreihundert begeisterte Jugendliche. Im ersten und zweiten Stockwerk des Haupthauses befanden sich Räume für unterschiedlichste politische Gruppen wie „Antiimperialisten" – „Liga gegen Atomkraft" – usw., der eigentliche Dreh- und Angelpunkt war jedoch die sich im Seitentrakt befindliche „Teestube": reden, trinken, diskutieren oder einfach auch nur bekifft abhängen, der ideale Ort für ein neues Wir-Gefühl. Proberäume für Bands, die schon erwähnten berüchtigten Toiletten und die Paf rundeten das Ganze ab. Die „Paf"? Klar: Punks against facism, ein von ein oder zwei langjährig politisch arbeitenden Menschen gegründeter Ort zum Saufen, Leben und Bewusstsein-Entwickeln. Punks waren damals in Lübeck links oder aber leberkrank. Autonome wurden Punks, umgekehrt natürlich auch. Schwerter zu Flugscharen: no problem, aber bitte schön aktiv gegen die Volkszählung.

Nach sechs Jahren war's vorbei, der Mietvertrag wurde von der Stadt gekündigt, es war gerade Bürgermeister Knüppel von der CDU am Drücker, es sollte geräumt werden … also mal wieder 'ne Geschichte aus der Rubrik: weißt du noch, damals?

Nein – nach kurzem politischen Kampf, am Tag der Räumung, waren unter den Besetzern auch zwei SPDler, und ich will sie wirklich noch mal namentlich nennen, der damalige Fraktionschef in der Lübecker Bürgerschaft Szameit und der MdB Hiller. Eine Räumung war politisch so nicht machbar, die Müllabfuhr räumte sowieso gerade ihr Domizil, eine Baracke auf der Wallhalbinsel – Punkt – Umzug – Neuanfang. Das Ganze hört sich an wie die Mär vom kleinen Dorf in der Bretagne, und so wurde es auch. Ungeliebt, mit kurzfristigen Pachtverträgen von fünf Jahren, von allen Parteien kujoniert, von den Lübecker Nachrichten in „stürmer"ischer Art und Weise immer mal wieder mit „Schlussmachen"-Artikeln überzogen, ging's nur noch bergauf. Die Gruppen wechselten den Zeitgeist, aber im Wesentlichen ist der damalige Zustand Gegenwart.

Schön, das war's … wenn da nicht noch die Frage wäre: Wie funktioniert das Ganze denn überhaupt? Immer nach dem gleichen Prinzip: basisdemokratisch. Was das ist? Keiner weiß es genau, doch alle daran Partizipierenden haben eine genaue Vorstellung davon, eine eigene, die in der Summe ihrer Gesamtheit die real existierende Basisdemokratie ausmacht. Im Prinzip tagt einmal im Monat am ersten Sonntag das Hausplenum. Der Aushang mit verschiedenen Tagesordnungspunkten, natürlich inklusive dem berüchtigten „Verschiedenes", muss natürlich im Flur vor der „Bewohnerdusche" vorab gemacht worden sein. – Ein Problem in schönen Sommern, niemand macht nichts. – Das Hausplenum beginnt, der Nebenraum vom Café Brazil, Altvorderen auch als Ligaraum bekannt. Rauchverbot – erstes Gestöhne. Lasst uns noch mal fünf Minuten warten, die und der kommen noch, sind ja auch momentan mit ca. 10 bis 15 Leuten nicht viele da. Schnell noch 'nen Kaffee holen, letzte Zigarette, hast du den und den gesehen? Nee, hab ich nicht! Los geht's, Tagesordnung, können wir das und das vorziehen?, muss nämlich um acht schon wieder los. – Zweites Gestöhne – erste leise Zwischenrufe mit leicht persönlicher Note. OK, machen wir. „Also, die Frauenklos müssen unbedingt gemacht werden, niemand fühlt sich dafür mehr zuständig, sie sauber zu machen – geht doch nicht, so etwas." Alle gucken betreten zur Decke oder unterhalten sich schnell leise mit dem Nachbarn: klar, hast Recht, aber wer macht das? Gibt es Freiwillige, kann einer das? Irgendwer stimmt schließlich zu, aber nur unter der Bedingung, dass noch mindestens drei andere ihm/ihr helfen müssten. Schließlich ist die Gruppe zusammen, die und die sollen noch gefragt werden, irgendwer will Material besorgen, kennt da irgendwo irgendwas, leises zustimmendes Gemurmel – nächster Tagesordnungspunkt.

Alltag im Paradies. Das Prinzip: möglichst einfach. Ein Präsident genannter Unglücksrabe, bis auf die Regina, die erste natürlich, wird von der Vollversammlung des Trägervereins gewählt. 2. Vorsitzender, Schatzmeister, Kassenprüfung, Entlastung, es lebe das deutsche Bierdorfgesetz. Nach außen ist der oder die Präsi Ansprechpartner für alles, es wird nur mit einer Stimme mit der real existierenden Außenwelt in Kontakt getreten. Wenn's wichtig wird, schicken wir aber auch mal 'ne wichtige Abordnung von drei bis fünf Personen, manchmal auch mal zweihundert vors Rathaus, wenn mal wieder übers Haus entschieden werden soll.

So'n Präsident ist eine wichtige Person, denn der macht die Arbeit, auf die alle anderen überhaupt keinen Bock haben. Also wird er auch niemals abgewählt, praktisch somit fast auf Lebenszeit gewählt, aber irgendwann wird jeder Mensch vernünftig, dankt zum nächsten 1.1. ab, und es muss eine neue freiwillige Person gefunden werden. Ein bisschen schmeicheln, den Fortbestand des Hauses schon mal als Menetekel an die Wand malen, schnell noch in Vorabgesprächen Koalitionen zur Zustimmung bilden, „immerhin kommt dieser mögliche Kandidat aus der und der Fraktion und ist damit zumindest zurechnungsfähig" – und fertig ist die Laube. Macht in 27 Jahren fünf Präsidenten. Wenn ich es mir recht überlege, ist unser System zumindest dem italienischen Modell weitaus überlegen.

Andererseits, der Präsident darf gar nichts, benötigt den Auftrag des Hausplenums für alles, hat auf dem Gelände nichts zu sagen, und damit es richtig kompliziert wird, funktioniert das mit dem Hausplenum wahrscheinlich auch nur mit 'nem guten Präsi, der ordentlich Einsatz zeigen muss. Taten sie bisher auch alle. Ist wohl wie mit dem Papst: Ist er erst gewählt, wird er gleich zum Heiligen.

Das Hausplenum: höchste und einzige Instanz. Einstmals in der Hüxstraße, berühmt berüchtigtes SM-Spektakel mit besonders persönlicher Note und durchschnittlich 150 Teilnehmer/innen. In den ersten Jahren wurde noch bis zur Einstimmigkeit diskutiert, was meistens Leichen am Straßenrand hinterließ. Diese Sitte wurde nach und nach aufgeweicht, mittlerweile sind auch wir zivilisiert und richten uns nach Mehrheiten. Der Mehrheit, die gerade heute zufällig oder auch nicht zufällig durch Werbetrommeln einer Fraktion/Gruppe zustande kommt. Klar kennen wir alle noch vom KBW: 50 Leute, rein in die Versammlung, Mehrheit klarmachen, Redebeiträge, Umfunktionieren, Abstimmung, Sieg. – Aber nicht auf der Walli. Klar kommen betroffene Gruppen als Fraktionen, aber es geht ums Haus – das mit den Frauenklos betrifft halt alle. Richtig aufgefahren wird eigentlich nur, wenn ein Mitglied einer bestimmten Gruppe wegen seines Verhaltens mit der schlimmsten Strafe zu rechnen hat: dem Hausverbot.

Bei Römern, Schotten und Mongolen abgeschaut, auch hier wurden besonders schlimmen Tätern Feuer, Wasser und Nahrung im Einflussbereich versagt, wird es nach Darlegung des Falles, möglichst unter Befragung des oder der anwesenden Beschuldigten, vom Hausplenum ausgesprochen. Danach ist Sense mit Walli, und wenn deine Kumpels alle hier sind, einfach nur Scheiße. Hausverbot bekommst du sowieso bei Verstößen gegen die drei einzig bestehenden Gesetze: Faschosprüche oder -verhalten, Frauenfeindlichkeit und den Rest. Für die ersten beiden Gesetze gibt es keine Ausrede und keinen Freibrief, der Rest betrifft nur ein bestimmtes unerträgliches Verhalten auf dem Gelände, zumeist mehrmalige Gewaltausübung, aber auch Diebstahl etc.

Über Politik wird auf dem Plenum nicht mehr diskutiert, die Zeit derartiger Grabenkämpfe ist allemal vorbei. Politik wird allerhöchstens noch in kleinen Zirkeln betrieben, aber Achtung, die Mobilisierungsbreite ist zum Teil beachtlich.

Das Hausplenum macht zunächst Technos, verteilt möglichst anstehende Arbeiten, vermietet Räumlichkeiten, spricht selten ein Machtwort in interkollektivistischen Streitigkeiten und arbeitet immer dann richtig gut, wenn's drauf ankommt. Und das kam's ja immer vor der anstehenden Mietvertragsverlängerung. Etwa in dem Rhythmus: eineinhalb Jahre Aktion und Aktionen, dann der Mietvertrag, halbes Jahr auf die faule Haut legen nach all den Anstrengungen, dann renovieren – noch lohnt es sich ja, dann irgendwann der Schlendrian, langsam sich einstellende Zwistigkeiten um die große Wahrheit und so, und dann wieder: Halali zum nächsten Mietvertrag.

Der Druck von außen lässt die Walli immer wieder blühen. Das Besondere daran ist, dass sich so ca. 50 % der Nutzer/innen binnen fünf Jahren austauschen. Es wächst immer wieder eine neue Nutzergeneration nach, mit neuen Wünschen und Inhalten.

Der innere Aufbau oder Internes aus der Gerüchteküche: Seit dem Umzug auf die Wallhalbinsel fußte die Alternative auf drei Säulen, die mit unterschiedlichen Forderungen ans Haus immer wieder für Diskussion und Neuanfang, aber auch zum Auszug ganzer Gruppen führte. Da war das Vorderhaus, der einstöckige Bau ist politischen Gruppen und einem Caféprojekt vorbehalten. Von hier wird Politik betrieben, die Walli wird als politisches Zentrum gesehen. Der Seitentrakt mit der Kneipe VEB, diversen Proberäumen für Bands, der Holzwerkstatt und natürlich dem Treibsand, dem Veranstaltungskollektiv der Alternative. Diese Gruppen wollen Spaß und Selbstbestätigung durch Erfolgserlebnisse in kollektivistischer Zusammenarbeit. Politisch zu divergent, vielleicht im Großen und Ganzen an ihr zu uninteressiert, ist dieser Flügel eher als pragmatisch zu betreiben. Die große Auseinandersetzung mit dem Staat wird hier nicht gesucht. Die 3. Säule sind die mittlerweile ca. 40 Bewohner/innen. Sie leben in Bauwagen und umgebauten Bussen und LKWs. Neben ähnlichen Vorstellungen über das soziale Zusammenleben eint sie der Wusch nach mehr Sauberkeit, etwas mehr Ruhe. Durch häufigen Bewohnerwechsel und z.T. geringe Integration in die Belange des Hauses wird diese Gruppe aber von den beiden übrigen als eher lau empfunden. Das bekannteste Kollektiv ist mit Sicherheit der Treibsand. Durch dessen erfolgreiche Veranstaltungen, übrigens letztes Jahr über 80, wird das Haus zum lebendigen Bestandteil der Jugend- und Alternativkultur. Nicht nur, dass der Treibsand das einzige Kollektiv aus den Anfangszeiten ist, auch eben die daraus erfolgte straightness macht, dass dieses Kollektiv intern eher unbeliebt und isoliert dasteht. Das liegt natürlich auch daran, dass das Durchschnittsalter nicht bei 20, sondern eher bei 35-40 Jahren liegt. Im Alter vereinsamt man halt doch.

Ach so, ihr könnt euch kein Bild von so einem Punkkonz machen? Wart noch nie auf der Walli? Macht nix – das ist ungefähr so: Irgendein Samstagabend, das Konzert mit meinetwegen einer Berliner Vorband, die keiner kennt, aber astrein sein soll, und dem Headliner, einer scotchfolkpunkband aus Edinburgh, soll um 21^{00} anfangen. Also kurz abgestylt, die schwarzen Klamotten an und pünktlich los. Gegenüber der MuK, dem städtischen Veranstaltungsbunker mit Glasvorbau für publikumsgeile Politiker und/oder darstellungswütige Unternehmen und angrenzendem modernen Konzertsaal für die Egerländer Blasmusikanten, gelegen, fallen dir erst einmal auf dem Rinnstein sitzende Biertrinker in nietenübersäten Lederjacken auf. Wichtige Vertreter/innen der Szene gehen von vereinzelt herumstehenden Grüppchen zu Grüppchen. Dich beachtet niemand, und so gehst du mutig durchs Eingangstor auf den Hof genannten Eingangsplatz. Hier stehen mehr Leute herum, Musik schallt furios aus dem VEB, einige Teenies und Veganer gehen gerade durch die am Ende des Vorderhauses gelegene Tür zum Café Brazil, oder sind es einfach auch nur Stammgäste, die den Zustand der beiden im ersten Stock befindlichen Toiletten den jeweils zwei anderen am VEB gelegenen Entsorgungsgeräten vorziehen? Diese beiden werden nämlich täglich um 10^{00} vom Brazil geputzt. Du kennst ja aber weiter niemanden, ein Bier zum Festhalten benötigst du auch nicht, also weiter am VEB vorbei, an den im Seitentrakt befindlichen Proberäumen, die man als solche wegen ihrer Fortnox ähnlichen Stahltüren und Fenstergitter nicht erkennen kann, vorüber zur geöffneten Treibsandtür. Konservenmusik klingt relativ leise entgegen, erst einmal musst du noch durch einen Gabelstabler-Streifenvorhang und siehst nun den hinter dem Kassentresen Sitzenden. Was der Spaß kostet und wann's denn endlich losgeht. 8 Euro und los geht's, wenn mehr Leute da sind – so etwa gegen 22^{00}. Auch OK, du zahlst, wirst am Durchgang abgestempelt und gehst erst einmal auf einen sechs Meter langen Tresen zu. Es ist wirklich noch relativ leer. Du bekommst sogar noch einen Barhocker ab, sofort dein gewünschtes Bier und schaust dich um. Zwei/drei Typen auf den gleichen Sitzgelegenheiten reden cool mit den beiden, einem Typen und einer Frau hinterm Tresen. Dem Gesprächsverlauf folgend erkennst du schnell: Treibsänder unter sich. Dein Auge schweift durch den 8 mal 15 Meter langen Raum, über dir ein Rang, massiv aus Holz gebaut, gegenüber neben dem Einlass gelegen eine ebensolch massive Sitztreppe mit Blickrichtung auf die an der Frontseite befindliche Bühne, welche sich über die ganze Breite erstreckend wohl ca. 35 qm ausmacht. Darauf, bunt angestrahlt, Verstärker, Schlagzeug, diverse Gitarrenhalter mit Instrumenten. Vereinzelt sitzen welche auf der Treppe, neugierig dem Anfang entgegenfiebernd. Das müssen wie du Besucher/innen ohne Cliquenanschluss sein. Na ja, du trinkst dein Bier, nach und nach füllt sich der freie Raum mit auf den ersten Blick ähnlich gekleideten Menschen so zwischen 25 und 35. Die erste Band fängt an, die sind nicht nur laut, sondern wirklich gar nicht so schlecht. Trotzdem scheint sich so richtig niemand für sie zu interessieren.

Das ändert sich erst, als der Leadsänger das letzte Stück ankündigt. Plötzlich strömt alles vor die Bühne, die Körper zucken oder besser springen cool im Poogorhythmus aufeinander. Das sieht zwar alles recht derb aus, dir fällt aber sofort auf, dass niemand dem anderen richtig weh tut und dass Gestürzte sofort von anderen wieder nach oben gezogen werden. Das Lied ist vorbei und begeisterte Pfiffe und Rufe fordern Zu-ga-be/Zu-ga-be. Kurzes Biergetrinke am hinteren Ende der Bühne, der Schlagzeuger kommt zuerst zurück, und dann geht's richtig ab. Die Stimmung lässt Gutes ahnen. Pause, Umbau, 2. Bier. Du schaust dich um und gehst mal die Treppe neben dem Tresen herauf auf die Empore. Kommst hoch und siehst einen weiteren Tresen. Aber was ist das? Die Wände in den Achtzigern futuristisch bemalt, der Tresen: blau-metallic Holzplatte mit Plexiglasfront. Schwarzlicht und Spotrot herrschen vor. Hinterm Tresen ein langhaariges, fünfzigjähriges Unikum. Später erfährst du: Mensch, das war Joe, einer der ersten Stunde, Präsi während des Umzugs und seit 20 Jahren Treibsänder. Was getrunken wird? Gin/Wodka – weniger Whisky mit den dazugehörigen Plürrewassern, dazu Cocktails und natürlich der Renner: Astro special, benannt nach gleichnamigem Tresen. Was das sei, fragst du dich. Glorreiche Geschichten werden erzählt von heroischen Selbstversuchen während eines Maifestes. Baileys/Gin/Tequila, dazu Saft von Apfel und Orange. Schmeckt super und hat eine supersahnige Konsistenz – macht 3 Euro. Mit rot erhitztem Gesicht folgst du dem Anfang des Headliners. Licht aus, einzelnes Gejohle, vom Eingangsbereich erschallt Dudelsackmusik. Sehen kannst du nichts. Der Laden ist rappeldicke voll. Doch dann öffnet sich eine Gasse. Mit Iro, Dudelsack und passendem Rock voranschreitend, folgen drei weitere ominös aussehende Bandmitglieder. Sie schwingen sich auf die Bühne, unter mittlerweile exstatisch klingenden Zurufen werden die ersten Bässe gezupft – nein, geschlagen. So wie die Vorband aufhörte, geht es nun eineinhalb Stunden lang. Gute Show, gute Mucke, am geilsten aber die Stimmung unter den Besucher/innen. Du trinkst noch drei Bier, ist auch lebenswichtig bei mittlerweile tropischen Temperaturen und einem Nebel, der Los Angeles müde aussehen lässt. Drei Zugaben, und halbzwei wirst du nach Hause gespült. Macht 21 Euro für einen supertollen Samstagabend und einem ordentlichen Sonntagmorgenkater. Du selbst wirst wohl nicht das letzte Mal da gewesen sein, lernst nach und nach Leute kennen, gehst nun auch mal in der Woche ins Brazil. Dort gibt es jeden Tag Vokü, lecker Essen, natürlich vegetarisch, wenn nicht sogar vegan, für ein bis zwei Euro. Hier redest du, hinten im schon erwähnten Ligaraum sitzen ein paar Pubertierende rum, knutschen, trinken Fritz-Cola oder spielen. Vorne ist es leiser, ca. 20 Menschen, halb Bewohner, halb Besucher, sitzen an ein paar Tischen oder am Tresen. Dir fallen ein paar Schwarzafrikaner auf, wahrscheinlich Stammgäste. Sie trinken Kaffee und essen nie. Klar, sind Muslime und haben nicht mal einsfünfzig für ein Essen. Es wird ruhig geredet, in der Ecke sitzt ein Oldie und liest eine Zeitung. Noch eine Berühmtheit auf der Walli. Ist angeblich Hausbesitzer und Unternehmer. Hip sieht er nicht aus. Du isst was, trinkst einen Sanddornsaft und einen Rotwein, unterhältst dich mit dem Typen hinterm Tresen. Plötzlich nickst du ab, du bist gerade gefragt worden, ob du nicht Donnerstag Zeit hättest, mit der und der Dienst zu haben – die zeigt dir auch, wie alles geht. So geht das auf der Walli, mal sehen, was aus dir mal wird. Die Erfahrung sagt mir: eine denkender Mensch ohne sofort erkennbare Vorurteile. Ein Mensch, dem selbstbestimmte Arbeit Freude bereitet und der eine präzise Vorstellung von seiner Lebensutopie bekommt. Welche? Kann ich dir nicht sagen. Erstens veränderst du dich im Laufe der Zeit, irgendwann kannst du den Dreck, das Chaos und den Krach auf der Walli nicht mehr ertragen. Sagst dir, dass das doch nicht alles gewesen sein kann. Du machst anderes, z.B. Karriere, aber am nächsten 1. Mai, da treffe ich dich und alle Genossen wieder. Wir reden von früher, wissen, dass wir uns immer noch sehr ähnlich sind, und wenn mal morgens der Milchmann klingelt, bei ihm oder ihr kann ich immer vorbeischauen.

Aktuelles: am 1.7.2005 läuft unser letzter, auf eineinhalb Jahre befristeter Pachtvertrag aus. Seit nunmehr zweieinhalb Jahren versucht die CDU den jugendlichen Part ihres Wahlprogramms durchzusetzen, die Walli muss fort. Erst ersatzlos, dann an anderer Stelle. Der Vorschlag der CDU-Fraktion in der Bürgerschaft, die ehemalige Seuchenquarantäne, ein seit 15 Jahren leerstehendes Schlachthofgebäude, war selbst dem Liegenschaftssenator, auch CDU, zu peinlich. Er lehne es ab, dieses Gebäude zu diesem Zweck anzubieten, das wäre menschenverachtend. Mittlerweile wurde eine Unterschriftenaktion gestartet, die mit der Forderung nach Erhalt der Walli am angestammten Ort bislang über 18.000 Unterschriften erhalten hat. Nach wiederum fünf bis sechs Vorschlägen, natürlich der CDU, wurden uns drei zur Auswahl überlassen. Zwar alle ungeeignet, eines schien von der Größe jedoch zu passen. Pustekuchen. Plötzlich keine Wahl mehr, der CDU-Stadtteilverband aus dem angrenzenden Villengebiet machte Front. Dann wurde das ungeeignetste Gelände als einziger Standort propagiert. Das dauerte zwei Jahre. Nach Prüfung der zu erwartenden Umzugskosten, die zu übernehmen sich die Stadt dummerweise bereit erklärt hatte, wurde vor nunmehr zwei Wochen verkündet: Die Stadt hat kein Geld, das Gelände der Alternative würde ja doch nicht so benötigt, nämlich überhaupt nicht, alles würde so bleiben, wie es ist. Dummerweise stellte sich wieder ein CDUler vor die Presse und verkündete, dass die Possehlstiftung eine für den Umzug bereitgestellte Million ja nun dafür aufwenden könnte, der Stadt das Gelände abzukaufen und der Alternative zu überlassen. Diese, unter Beisitz des damaligen Räumbürgermeisters Knüppel, lehnte erst einmal entschieden ab: Es wäre ja wohl etwas völlig anderes, ob man das Geld aufwenden würde, um ein Jugendzentrum gegen dessen Willen umzuquartieren, oder ob man den Nutzern nach einem Vierteljahrhundert der Drangsaliererei ein Hamburger Modell finanziert. Das Letztere lehnen sie erst einmal ab.

Das diesjährige Maifest endete mal wieder mit einem Rekord. Ca. 3.500 Besucher/innen, 600 Kinder auf dem Kinderfest, 16 Bands auf drei Bühnen. Die Alternative ist in der Bevölkerungsmitte angekommen. Die Akzeptanz in der Bevölkerung wächst von Jahr zu Jahr, mittlerweile sind sogar die LN, ein in der Vergangenheit besonders übles Springerblatt, uns gegenüber auf Schmusekurs gegangen. Die Alternative: eine Alternative!

Bevor ihr mich fragt, was mit dem Fanalpreis geschehen ist, hier die Antwort: natürlich dem Infoladen gegeben – Bücher kaufen.

… und was ich eigentlich immer noch dort zu suchen hätte? Ganz einfach auf Neudeutsch: „Ich liebe es!!"

Alternative Lübeck

Oliver M. Piecha

Das Weltbild eines deutschen Diätarztes

Anmerkungen zum Verhältnis zwischen Lebensreform und völkischem Fundamentalismus

Er teilt demnach die Zukunftshoffnungen unserer verstiegensten Hakenkreuz-Schwärmer auf ein neues, vorbildliches Heiliges Reich deutscher Nation glänzender als das römische und selbst das englische, – aber diese Machtfülle ist nur auf geistige Waffen gestützt. Er teilt auch mit den edelsten Bekämpfern des Judentums, welches er als Weltmacht für im Abstieg begriffen hält, die Begeisterung für die jüdisch-völkische Bewegung der Zionisten, die ihm als Auswirkung arischen Bluteinschlags erscheint. Endlich arbeitet er mit den Begriffen und Fachausdrücken, die sich die völkischen Kreise in einem unübersehbaren Werbeschrifttum mit mehr Eifer als wissenschaftlicher Gründlichkeit geschaffen haben.*

I. „Ein Seelenfischer! Ein Weiser! Einer vom Geschlechte der Priester! Ein politischer Kopf ersten Ranges!"[1]

Der Arzt Karl Strünckmann (1872-1953) war ein umtriebiger Vertreter der Lebensreform, ein Vegetarier, Abstinenzler und Verfechter der Naturheilkunde – aber das ist nur *ein* möglicher Anfang für diese Geschichte. Im Kaiserreich erst Sozialist und dann Buddhist wurde Strünckmann nach dem Ersten Weltkrieg zum Verkünder der christlichen Revolution; Mitte der zwanziger Jahre propagierte er den „Ghandismus" und bald darauf das Vierte Reich – bevor das Dritte überhaupt begann. Er glaubte an den Beginn des Zeitalters des Wassermanns, ver-

---

* [Rudolf?] Hassenstein, *Dr. Karl Strünckmann, ein völkischer Zeuge für den Menschheitsgedanken,* in: Der Friedensreichbote, 9. Jg. (1929), S. 4 f. Dort auch die Abbildung.

1 So Max Schulze-Sölde in seinen Erinnerungen über Strünckmann, zitiert nach Ulrich Linse, *Barfüßige Propheten. Erlöser der zwanziger Jahre,* Berlin 1983, S.137.

kündete in diesen totalitären Zeiten den „Totalitäts-Gedanken" in der Ernährung und versuchte sich an der Gründung einer nordisch- (oder wie er „nordisch" auch übersetzte: „buddhistisch-arischen") evangelisch-katholischen Religionsgemeinschaft. Wo immer man hier beginnen mag, es verspricht jedenfalls eine seltsame Geschichte zu werden. Und eine unbehagliche dazu.

Strünckmann folgte Zeit seines Lebens den oft irritierenden und verschlungenen Pfaden deutscher Sinnsuche zwischen Kritik an der industriellen Moderne, lebensreformatorischen Experimenten und einem unbändigen Wunsch nach spiritueller „Ganzheit". Das komplexe Weltbild eines Herrn Dr. Strünckmann war in Deutschland ja keineswegs einzigartig (wenngleich in seiner komplexen Wirrnis besonders anschaulich). Anhand einiger Stationen seiner Entwicklung lassen sich beispielhaft Verstrickungen, problematische Denkmuster und biographische Untiefen ausloten, die die Versuche in Deutschland begleiteten, alternative Lebenskonzepte als Antwort auf die Herausforderungen der Moderne zu formulieren. Ein besonderes Augenmerk wird dabei auf das Attribut „völkisch" zu legen sein, denn das war Strünckmann vor allem: „völkisch". So hat er sich selbst gesehen, so sahen ihn die Zeitgenossen. Aber was heißt das eigentlich: „völkisch", und wo verlaufen die politischen Grenzen solch eines Begriffs, wenn wir jemanden wie Strünckmann einmal an der Seite des anarchistischen „Vagabundenkönigs" Gregor Gog finden, aber auch auf einem der ersten Reichsparteitage der NSDAP? War es denn besonders völkisch, wenn Strünckmann für Deutschland die Synthese aus Ghandibewegung, Bolschewismus und Faschismus forderte? Oder vielleicht doch? Was zuerst als bloß widersinniges Ideologieamalgam erscheinen mag, hielt der völkische Sekundenkleber möglicherweise viel besser zusammen, als wir uns das heute vorstellen mögen. Die längste Zeit (nämlich bis 1989) als sicher und eindeutig verbuchte Rechts-links-Schemata laufen hier jedenfalls schnell auf Grund.

Der Begriff des „Völkischen" soll daher hier nicht auf den relativ eng begrenzten Bereich von Gruppen reduziert werden, die sich explizit als völkisch verstanden und im Sinne einer politischen Zuordnung auch so von außen benannt und wahrgenommen wurden; in jüngeren Veröffentlichungen wird das Attribut „völkisch" ausschließlich für diese „Bewegung" verwandt, deren gröbster gemeinsamer Nenner in dem primären Bekenntnis zum Rassengedanken gezogen werden kann; es soll damit auch nicht den Versuchen gefolgt werden, durch eine detaillierte Binnendifferenzierung und Exegese von ideologischen Positionen (deren Differenzen konkret ja nie wirkungsmächtig wurden) ein – erneut relativ kleines – völkisches Lager innerhalb des Spektrums der deutschen Rechten zu identifizieren – und damit auch einzuhegen.[2] Die völkischen Gruppen und Grüppchen der germanischen Ordensgründer, Wotansgläubigen und arischen

---

2 Vgl. etwa Uwe Puschner, *Die völkische Bewegung im wilhelminischen Kaiserreich. Sprache-Rasse-Religion*, Darmstadt 2001; Stefan Breuer, *Grundpositionen der deutschen Rechten (1871–1945)*, Tübingen 1999.

Züchtungsideologen waren nicht mehr oder weniger als der *lunatic fringe* eines viel breiter angelegten Wirkungsfeldes, das sich beunruhigenderweise nur sehr schwer abgrenzen lässt – von der deutschen Gesellschaft insgesamt.

Bezeichnend war das Gemeinsame, nicht das Trennende, das diese völkische Subkultur mit dem *mainstream* deutscher Diskurse und Denkmuster in der ersten Hälfte des 20. Jahrhunderts verband. Versatzstücke völkischen Denkens finden sich nahezu immer und überall; ob man da etwa das Reden von deutschen „Stämmen" (so auch in der Weimarer Verfassung) als adäquate Beschreibung von gesellschaftlicher Realität wahrnahm, einer weltgeschichtlichen Mission Deutschlands oder seiner – wahlweise nationalen, rassischen, religiösen – „Wiedergeburt" anhing. Und welche Residuen völkischen Denkens sich bis heute als ganz selbstverständlich und unproblematisch wahrgenommene Denkmuster finden lassen, wäre eine anschließende, hochaktuelle Frage.

Ginge es beim völkischen Denken nur um die Willibald Hentschels, Heinrich Pudors und Richard Ungewitters, um drei prominente Vertreter der völkischen Bewegung zu nennen, bliebe die Frage, warum diesem Phänomen überhaupt soviel Aufmerksamkeit zugewandt wird. Ohne die Folge des Dritten Reichs wäre das sowieso nur ein abseits liegendes Spezialgebiet für die Pathologen bizarrer subkultureller Mikrokosmen. Eigentlich waren das doch nichts als versponnene Köpfe, oder sagen wir gleich: Spinner.

Völkische Ideologie wäre also zuvorderst abzutrennen von der „völkischen Bewegung" im engeren politischen Sinn; sie war eine rundum gesellschaftlich akzeptable Form der Realitätswahrnehmung. Dabei stellte sie kein in sich geschlossenes dogmatisches System dar, vielmehr offerierte völkisches Denken einen offenen Spielzeugkoffer voller Bausteine, mit denen man sich eine je besondere „deutsche" Weltanschauung zusammenstecken konnte; das lud auch geradezu zum Kombinieren ein, Versatzstücke völkischen Denkens ließen sich in allen möglichen Welterklärungssystemen unterbringen, ein Resultat kann man in der „ideologischen Gemengelage" der Weimarer Republik besichtigen. Denn das machte die Sache so ansteckend: Selbst wenn nur eine Minderheit exklusiv „völkisch" dachte, wird es dennoch schwer fallen, zum Beispiel Protagonisten der Lebensreform zu finden, die nicht zumindest eine Affinität zu einzelnen Strängen völkischen Denkens aufwiesen. Und für die überwältigende Mehrheit der Deutschen galt: Zumindest war ihnen der Klang völkischen Denkens vertraut und unverdächtig. In dem *sound*, in dem man sich völkisch äußerte, lag sowieso die eigentliche Botschaft. Er transportierte die spezifischen Sprach- und Denkbilder, zusammengeknotet durch organische Metaphern, illustriert durch Geschichtsgemälde, orchestriert von Signaltönen, die bestimmte Assoziationsketten auslösten. Völkisches Denken bestand in Wortkomplexen, deren konkrete Aussagekraft meist gering, deren emotionaler Wiedererkennungswert dagegen extrem hoch war. Und so traf man sich dann in einem Sprachgebrauch, bei dem man sich intuitiv verstand, trotz der Welten, die aus anderer Perspektive betrachtet zwischen den Sprechern liegen mochten. Der Romanist Victor Klemperer hat diese Erfahrung in seinem Buch *LTI* über die Sprache des Dritten Reichs verarbeitet, das er schrieb, während er mit dem gelben Stern an der Jacke im Angesicht drohender Vernichtung in Dresden lebte und erschüttert Martin Buber las, bei dem er in manchem raunenden Wortklang Alfred Rosenberg wiedererkannte.[3]

Völkische Ideologie erzeugte eine Denkweise, deren eines inhaltlich einigermaßen grundlegendes Element die Gewissheit war, dass der Mensch durch die Landschaft bzw. den Boden geformt werde; tragender Pfeiler war weiterhin der Glaube an Kategorien der Rasse, Biologie oder Natur als Gegensatz zu einem gesellschaftlichen, sozialen, „materialistischen" Weltverständnis. Zu den Positiva dieses Denkens gehörten etwa der überaus schillernde Reichsbegriff, das „Siedeln" und der „Boden", alles ausgedrückt in Bildern des „organischen" Wachstums; Zukunftsziel war die Herstellung einer seligen Einheit der „Volksgemeinschaft", die Klassengrenzen überwinden und umfassende Harmonie herstellen würde; zentrale Feindbilder waren „der Jude", Liberalismus, Parlamentarismus und „Mammonismus", kurz: „Angloamerika" als Sinnbild des verhassten Westens (zuerst verkörpert im „Erbfeind" Frankreich und den Ideen von 1789 – Egalité usw. –, dann vom Britischen Empire, das man im Ersten Weltkrieg als besonders niederträchtig empfand, schließlich übernahm Amerika zunehmend diesen Part). Das völkische Weltbild wurde dabei in einem Koordinatensystem von Antagonismen aufgespannt gehalten; da stand dann der finstere Jude gegen die arische Lichtgestalt, germanisches Recht gegen römisches, Land gegen Großstadt, Kultur gegen Zivilisation, Gemeinschaft gegen Gesellschaft. Das Glück lag in den deutschen Wäldern und Feldern voller gesunder Bauern und Förster, das goldene Zeitalter erschien für die ganz unverbesserlichen im Fellgewand erfundener Germanen, öfter jedoch in einem erdichteten Mittelalter ganz in romantischer Tradition; da träumte man von Dombauhütten als Gegenentwurf zur kapitalistischen Moderne, von genossenschaftlichen Gilden, mächtigen Orden und „deutscher" Gotik, und – wir handeln hier ja von einem zuvorderst protestantischen Phänomen – von der „deutschen" Reformation, die es zu vollenden galt.

Offensichtliche Widersprüche, wüstester Eklektizismus und sich offen präsentierender Unsinn – nach den Kriterien einer rationalen „westlichen" Weltbetrachtung in der Tradition der Aufklärung – schlossen sich hier nicht nur nicht aus: Sie ergänzten sich im Gegenteil perfekt. Der Un-Sinn völkischen Denkens kannte keine Grenzen, das macht das Verständnis der Protagonisten und ihrer Texte heute manchmal schwierig, zuweilen erscheint das alles furchtbar verschroben und bis zur Unverständlichkeit bizarr. Aber das war sozusagen der Heimvorteil

---

3 Victor Klemperer, *LTI*, Leipzig 1999, S. 274.

völkischen Denkens; wenn man sich die Welt neu erfindet, kann man sich auch in ihr einrichten, wie man mag.

Der Vorschlag des folgenden Aufsatzes ist es, einem Dr. Strünckmann, seines Zeichens deutscher Diätarzt, durch dieses Versatzstücklager völkischer Ideologie und zugleich deutscher Weltverbesserungspläne zu folgen. Wahlweise, der Verfasser ist sich hier nicht ganz sicher, in einem Reigen oder als *tour de force*. Und vielleicht ist nicht unnötig zu erwähnen, dass dieser Abriss von Strünckmanns Lebensweg keinen Anspruch auf Vollständigkeit wagen kann – und das auch gar nicht will. Eine umfassende 500-seitige Monographie über den Mann möchte man ja vielleicht auch gar nicht lesen. Es gilt jedoch, gewissen Perioden besondere Aufmerksamkeit zu schenken, der Nachkriegszeit etwa, 1919 ff., Jahre der enthemmten Utopieentladung, aber auch dem veränderten, verschärften biologisch-rassischen Ton in der Krise der Republik seit Ende der zwanziger Jahre. Dabei ist ein Blick zu werfen auf die mentalen Dispositionen und Persönlichkeitsmerkmale, die den deutschen Weltverbesserer konstituierten: unerhörtes Sendungsbewusstsein sowie eine penetrante Lust am umfassenden Welterklären und Weltentwurfsdenken. Zumindest latent war Antisemitismus immer mit von der Partie, doch dass er nicht immer als primäre Fixierung auftreten musste, beweist interessanterweise gerade ein so umtriebiger Geist wie Herr Dr. Strünckmann: Wenn gefordert und opportun war dieser Antisemitismus abrufbar, aber er konnte durchaus auch bis zum Verschwinden in den Hintergrund treten. Völkisches Denken vermochte sich ja auch zum Universalismus bekennen, dann dachte man „über-völkisch" und gerierte sich europäisch oder gar menschheitlich. Speziell Strünckmann galt den Zeitgenossen als so ein Denker von ausgeprägt völkischer „Ideen-Verbundenheit", dessen Arbeit beweise, „daß der völkische Gedanke in seiner deutschen Prägung über sich selbst hinausweist; er wird hier zum Wegweiser in eine Landschaft der Menschheits-Zukunft".[4] Die Hauptsache war, und da verstanden sie sich eigentlich alle, dass an Deutschland die Welt *so oder so* genesen *müsse*.

Insgesamt geht es bei dem hier verhandelten Komplex von völkischem Denken und deutscher Weltverbesserei um den Wunsch, hinter der Fassade der Moderne so etwas wie „Einheit, Ganzheit und Sinn" wieder zu finden. Es geht um die Ambivalenzen einer Zivilisationskritik, deren Schattenseiten in der deutschen Geschichte des frühen 20. Jahrhunderts besonders dunkel ausfielen. Diese Zivilisationskritik war in allen ihren Formen und Äußerungen dem Fundus der Moderne selbst entnommen, auch wenn das der Selbstwahrnehmung der Protagonisten in der Regel widersprach. Gerade die prononciert antimodernen Affekte gehörten dabei als integraler Bestandteil zum Phänomen der Moderne selber.[5]

---

4 Hassenstein, *Dr. Karl Strünckmann, ein völkischer Zeuge für den Menschheitsgedanken*, in: Der Friedensreichbote, 9. Jg. (1929), S. 4.
5 Vgl. dazu die anregende Arbeit von Cornelia Klinger, *Flucht. Trost. Revolte*, München u.a. 1995.

Die folgende Geschichte über Herrn Dr. Karl Strünckmann handelt im Grunde wohl von so etwas wie Fundamentalismus. Einem deutschen Fundamentalismus, der auf der Suche nach dem „anderen" Weg durch die Moderne war. Hin zu einer Welt, die ganzheitlich, homogen und harmonisch sein sollte. Um Utopia näher zu kommen, berief man sich auf historische Traumwelten und erfand Phantasiereligionen, griff man begierig nach scheinbar ewigen, unverrückbaren Sicherheiten, nach Rasse, Boden oder Volksgemeinschaft, hoffte auf spirituelle Erleuchtung oder die Erlösung durch Vollkornbrot. Es war ein vollkommen eklektizistischer Fundamentalismus, der ungefährlich blieb, solange er sich nur im eigenen Vorgarten aufführte, der aber bei der privaten Lebensgestaltung natürlich nicht stehen bleiben mochte und damit endete, dass schließlich die ganze große „Volksgemeinschaft" geschlossen den Ausbruch aus der realen Welt versuchte – und umso vehementer mitten im Bombenhagel geradewegs wieder in ihr ankam.

II. „Öffentliche Lebensreform! Private Selbstreform! Das ist in Zukunft auch deine Aufgabe!"[6]

Karl Strünckmann begann seinen Weg als jugendlicher Sozialist und Atheist, wir wissen das von ihm selbst, und Sozialist sei er auch weiterhin geblieben, darauf legte er Wert.[7] Mit 16 trat er der SPD bei und 1896/97, da war er 25 Jahre alt, eroberte er sich „unter schweren Kämpfen" eine „neue Weltanschauung" und wandte sich also dem Buddhismus zu. Damals, am Ende seines Medizinstudiums, entsagte er auch Alkohol und Tabak und wurde programmatischer Abstinenzler.

Mit der spirituell-religiösen Sinnsuche abseits der herkömmlichen christlichen Pfade sowie der reformatorischen Änderung der eigenen Lebensführung waren zwei bezeichnende Akkorde angeschlagen, deren Klang Strünckmanns weiteres Leben begleiten sollte; zugleich zeigte der Versuch, auf körperlicher wie intellektueller Ebene die konventionellen Bahnen zu verlassen, den jungen Mediziner um die Jahrhundertwende auf der Höhe seiner Zeit. Mit dem beginnenden Ausfransen der traditionellen christlichen – besonders der protestantischen – Milieus im 19. Jahrhundert hatte ein Prozess der Entkirchlichung eingesetzt, den Thomas Nipperdey im schönsten Historikerdeutsch als „vagierende Religiosität" bezeichnete. Denn die Heraufkunft der „entzauberten" Moderne im Sinne Max Webers mit der Säkularisierung vormals religiöser Sinnfelder (etwa auf gut sozialistisch in der Umdeutung von religiösen Heilserwartungen zum künftigen Sieg der Revolution; aber auch die Lebensreform war wenigstens partiell Aus-

---

6 Karl Strünckmann, *Die Naturheilkunde und ihre praktischen Vertreter in Gegenwart und Zukunft*, Wolfenbüttel 1907, S. 7.

7 Vgl. Karl Strünckmann, *Aus meiner Vergangenheit*, in: Der Christliche Revolutionär (im Folgenden als CR), 2. Jg. (1921), Nr. 3/4, S. 2 ff.

druck einer nun innerweltlichen Heilssuche) führte definitiv nicht zu einem wirklichen Ausdünnen religiöser Bedürfnisse. Diese begannen sich jedoch zu verlagern und wechselten aus dem Bereich der Öffentlichkeit in die Privatsphäre; die stetige Erosion der christlichen Kirchen in ihrer Funktion als offiziöse, allgegenwärtige Sinngebungsinstanz öffnete einen weiten Bereich der individuellen und pluralistischen Heils- und Sinnsuche. Was sich heute als spirituelles Lifestyleangebot von Tantra bis Ayurveda darbietet, was vor zwanzig Jahren die Sanjassinbewegung noch einigermaßen weltanschaulich geschlossen praktizierte, dieses Konsumieren „östlicher" Weisheitslehren durch westliche Sinnsucher, die Heilssuche im spirituellen Raum des „Ostens", begann sich um die Jahrhundertwende langsam bemerkbar zu machen.

So breitete Strünckmann bereits 1902 in einem mehrfach publizierten Aufsatz über *Buddhismus und Christentum* gelehrsam seine Lesefrüchte aus, um zu zeigen, dass die philosophischen Grundlagen des Buddhismus dem Christentum durchaus ebenbürtig seien. Und als guter Bildungsbürger berief er sich dabei natürlich auf Schopenhauer.[8] 1909 gehörte er zu den Gründungsvätern des organisierten deutschen Buddhismus, war kurze Zeit sogar Vorsitzender der Deutschen Pali-Gesellschaft, verließ die Gesellschaft nach persönlichen Zerwürfnissen jedoch bald im Streit; man zankte um Geld, der Streit griff auf eine weitere buddhistische Gesellschaft über, da wurden Vorstände entmachtet, mit Skandal gedroht, Machtübernahme geprobt.[9] Auch so ein Strukturmerkmal der Gruppenbildung in diesem weiten Graubereich von religiösen, lebensreformatorischen, völkischen und sonst wie engagierten Sinnsuchern, die Vereinsmeierei, das Sektenhafte, der Streit zwischen dominanten Führungspersönlichkeiten, das Beharren auf der je eigenen Wahrheit und dem persönlichen Machtanspruch, wie klein die eigene „Bewegung" auch sei.

Die Phase seiner Mitarbeit im organisierten Buddhismus blieb für Strünckmann so nur Episode, um 1912 kehrte er nach 16 Jahren Buddha vorerst den Rücken, um sich Christus zuzuwenden. Das heißt, zuerst einmal drohte er, Theosoph zu werden; die Theosophie (aus der sich via Steiner die Anthroposophie entwickelte) war ein typisches Beispiel für die spirituelle Sinnsuche der Zeit, sie bot eine krude Mixtur aus Esoterik, Häppchen indischen und sonstigen religiösen Gedankenguts und purer Scharlatanerie (dafür steht besonders apart die Prophetin der Theosophie Helena Blavatsky). Ende 1913 suchte Strünckmann Kontakt zu

---

8 *Buddhismus und Christentum* erschien zuerst 1902 in der völkischen Zeitschrift Wilhelm Schwaners Volkserzieher, dann in Lebenskunst Nr. 16, 16.8.1916, hier zitiert nach CR, Nr. 3/4, 2. Jg. (1921), S. 3 ff.; an den Theosophen Wilhelm Hübbe-Schleiden schrieb der Bildungsbürger Strünckmann über seinen geistigen Weg: „Ich selber bin Schüler Kant's + Schopenhauer's und bin auf dem Wege der deutschen Philosophie zur Theosophie + Mystik gekomen (sic!)." Strünckmann an H.-Sch., 27.12.1913, Staats- und Universitätsbibliothek Göttingen, Cod MS Hübbe-Schleiden 288, Nr. 1.
9 Kurzfassung bei Hellmuth Hecker, *Lebensbilder deutscher Buddhisten*, Bd. II, Konstanz 1997, S. 341 ff.

Wilhelm Hübbe-Schleiden, dem Gründer der deutschen Sektion der theosophischen Gesellschaft, doch dessen okkulte Praktiken sowie die Präsentation eines leibhaftigen indischen Christusnachfolgers durch die Theosophen ließen ihn auf Distanz bleiben. Die Pläne für eine weitreichende Zusammenarbeit scheiterten schließlich, weil Strünckmann fand, dass Hübbe-Schleiden wegen seines „Doktrinarismus" und fehlender Intuitionsgabe nicht „das Suchen + die Freiheit des Geistes" in ihm, Strünckmann, spontan erkannt und entsprechend gewürdigt habe.[10] Damals, mit rund 40 Jahren, empfand sich Strünckmann endlich als „fertiger Mensch". Und zugleich durch den Geist Christi „erweckt". Im August 1913 formulierten er und „eine kleine Schar von Lebensreformern" ihr künftiges Deutsches Glaubensbekenntnis:

> Ich bin ein Deutscher,
> ich bekenne mich zu Jesus Christus,
> ich fühle mich verantwortlich für meine und meines Volkes Reinheit.

In einer Anmerkung präzisierte Strünckmann die letzte Zeile: „In dreifacher Hinsicht: in körperlicher, seelischer und geistiger Beziehung."[11] Mit der Wiederentdeckung des Christentums bzw. genauer gesagt der Figur Jesus Christus – und zwar in einer ganz spezifisch „deutschen" Einrahmung, die sich vom herkömmlichen, institutionalisierten Christentum deutlich abhob – hatte Strünckmann seine religiöse Linie gefunden, an der er sich in den folgenden Jahrzehnten entlanghangeln sollte; dass ihn seine verworrene religiöse Entwicklung dabei dennoch geradewegs zu Gedanken um die „Reinheit" des deutschen Volkes führte, verweist auf sein zweites großes Betätigungsfeld: Strünckmann ging es ja nicht nur um den Geist, sondern auch um den Körper.

Als erfolgreicher Sanatoriumsleiter und Diätarzt hatte er sich auf Naturheilkundeverfahren spezialisiert und vertrat eine „ganzheitliche", explizit „deutsche" und „idealistische" Medizin. Das Feindbild war hier die „materialistische" Schulmedizin, und dazu gehörte, dass Strünckmann „die Kapitalisten der chemischen Industrie" als Nutznießer einer „Medizindurchseuchung" der Bevölkerung anprangerte.[12] Seine Sanatoriumspatienten exerzierten „deutsche Gymnastik", er experimentierte mit Autosuggestion und Entspannungsübungen nach der Lehre Mazdasnan, noch so einer ehemals populären, esoterischen, pseudofernöstlichen

---

10 Strünckmann an Hübbe-Schleiden, 20.6.1915, Staats- und Universitätsbibliothek Göttingen, Cod MS Hübbe-Schleiden 288, Nr. 49; vgl. ebd. Nr. 1. Strünckmann schrieb an H.-Sch. wegen der ständigen Diskussionen um eine gemeinsame Weiterführung von dessen „wissenschaftlicher" Arbeit wohl weniger ironisch als ernst: „Wenn Ihre innere Intuition so gross ist, dann müssten Sie doch auch längst intuitiv den festgestellt haben, der Ihre wissenschaftliche Arbeit fortzuführen hat, bis Ihre Reincarnation stattgefunden hat." St. an H.-Sch., 12.7.1915, ebd., Nr. 53.

11 CR, 2. Jg. (1921), Nr. 3/4, S. 9.

12 Strünckmann, *Naturheilkunde*, S. 6 f.

Sektenbewegung.[13] Sich selbst verstand Strünckmann dabei keineswegs nur als simpler Mediziner, er sah sich als „Priester-Arzt", als spiritueller Seelenführer ebenso wie als Gymnastik- und Ernährungsberater. Strünckmann benutzte später gerne den ariosophischen Begriff „Armane", als Bezeichnung für die (rein herbeiphantasierten) Weisen, Seher oder Heiler einer (dito) arisch-germanischen Urzeit – und für sich selbst. Den Arztberuf unterteilte er in sieben Stufen: am Anfang standen der „Körper-Arzt", dann der „Natur-Arzt" und der „Lebens-Arzt (insbesondere Homöopath)", in einer höheren Stufe folgten „Seelen-Arzt" und „Volks-Arzt", am Ende stand die Verbindung zum All und zu Gott beim „Priester-Arzt" und „Christos-Arzt".[14] Wohl fast überflüssig zu erwähnen, dass Strünckmann für sein Lebensende die letzte Stufe anstrebte.

1907 veröffentlichte er ein Buch, in dem er *Die Naturheilkunde und ihre praktischen Vertreter in Gegenwart und Zukunft* vorstellte. Das Vorwort beweist allerdings, dass Abstinenz, Vegetarismus und Buddhismus noch keinen wirklichen Pazifisten ausmachen (auch wenn sich Strünckmann als solchen eines Tages auch noch sehen sollte …). Im Vorwort heißt es unter Bezug auf den Ausgang des russisch-japanischen Krieges:

> […] auf Seiten der Russen chronische Alkoholvergiftung, Fleischkost und große Unmäßigkeit […]; bei den Japanern hingegen einfache, reizlose, vorwiegend vegetarische Diät, tägliche und ausgiebige Hautpflege und vor allem Mäßigkeit in allen Dingen! Vernünftige Hygiene und naturgemäße Lebensweise sind demnach im Kriegsfall, neben der sittlichen Überlegenheit und der guten Ausbildung der Truppen, ein gewichtiges Unterpfand für den glücklichen Verlauf eines Feldzuges; sie können unserem Volke unter Umständen manches Menschenleben und manche Million ersparen![15]

Die Lebensreform konnte man also auch als probate Methode anpreisen, um den Militärhaushalt zu entlasten.

Bei einem Blick auf diese Jahre des Kaiserreichs, der geistigen Formierungsphase Strünckmanns, gilt es sich in Erinnerung zu rufen, dass das Jahrzehnt vor dem Ersten Weltkrieg die Zeit einer rabiaten Modernisierungswelle war. Fortschrittsoptimismus und Reformdrang, Großmachtphantasien und Aufbruchstimmung, aber auch Kritik an der anachronistischen Verfasstheit des Wilhelminismus, die ängstigende Wahrnehmung wachsender sozialer Probleme, das Unbehagen an der Lebenswelt der industriellen Moderne sowie kultureller Pessimismus amalgamierten sich ebenso, wie sie sich widersprachen und einander stetig abwechselten. Damals trat auch die „Rassenhygiene" ihren unheilvollen Siegeszug an.

---

13 Vgl. Bernd Wedemeyer, *Völkische Körperkultur in Niedersachsen in der Weimarer Republik. Das Beispiel Dr. Karl Strünckmann*, in: Hans Langenfeld, Stefan Nielsen (Hrsg.), *Beiträge zur Sportgeschichte Niedersachsens. Teil 2: Weimarer Republik*, Göttingen 1998, S. 179 f.
14 Vgl. Strünckmann an Alfons Paquet, 17.4.1932; 7.7.1936, Universitätsbibliothek Frankfurt/Main, Nachlass Paquet (im Folgenden NLP) (II), A8III.
15 Strünckmann, *Naturheilkunde*, S. 5.

Wesentlichen Anteil an der Attraktivität des „rassischen" Gedankens hatte seine Aura von Empire; auf scheinbar wissenschaftlicher Grundlage ließen sich da noch die abstrusesten persönlichen Gedankengebäude errichten. Gleichzeitig lieferte die Rassenhygiene einen Ansatzpunkt, den angenommenen kulturellen, sozialen und politischen Niedergang, mithin die Probleme der industriellen Moderne, zu erklären und in Zukunft lösbar zu machen. Es wäre seltsam gewesen, wenn gerade jemand wie Strünckmann sich von diesen intellektuellen Potentialen des Rassengedankens nicht magisch angezogen gefühlt hätte.

1912 finden wir ihn als Mitveranstalter eines ersten Kongresses für biologische Hygiene in Hamburg, auf dem nicht nur Schwerpunkte der Lebensreformbewegung präsentiert, sondern diese überhaupt in den Dienst der Rassenhygiene gestellt werden sollte. Da wurde über Homöopathie ebenso diskutiert wie über Eugenik. Man forderte die Einrichtung eines „biologischen Volksrats", um die rassische Erneuerung Deutschlands auf den Weg zu bringen, eine Idee Heinrich Driesmans, der sich Strünckmann anschloss. Er garnierte das Ganze aber noch mit etwas Theosophie und dabei entglitt ihm das rassische Denken völlig ins Abstruse, so schrieb er 1915 an Hübbe-Schleiden, dass nun die einen berufen seien, die „bisherige Unterrasse der Arier sowie die Besten der Neger + der Mongolen auf die deutsche Stufe zu führen", derweil eine kleine Gruppe die neue Weltrasse vorzubereiten hätte. Erstere hatten sich zu Alldeutschtum, Lebensreform, Rassenhygiene, Eugenik und dem „deutschen Heiland" Jesus zu bekennen, während es die kosmische Aufgabe der anderen sein würde, sich der Karma-Lehre oder der Reinkarnation zu widmen.[16]

Auch in Strünckmanns geistigen Welten nistete sich also der Rassengedanke ein; in seinem 1916 erschienenen Aufsatz *Deutsch-christliches Glaubensbekenntnis eines Lebensreformers* legte er dar, dass nach „uralter arischer Lehre" das Weltall aus sieben Ebenen bestehe und bisher einzig Buddha und Jesus in die fünfte Ebene der Unsterblichkeit vorgedrungen seien; trotz aller Wesensverwandtschaft sah er die beiden nun aber in einem Gegensatz der Rasse, nämlich dem von Mongolen und Ariern. Dabei konzedierte Strünckmann durchaus, dass der Buddhismus vom philosophischen Standpunkt aus umfassender, das Christentum jedoch ethischer sei. Doch unter Bezug auf Schopenhauer zeigte er sich überzeugt, dass die Natur aristokratisch gebaut und so auch die Rassen verschiedenartig zu bemessen seien, wobei die arische als jüngste und vollkommenste innerlich und äußerlich der mongolischen überlegen sei.[17] Ganz ohne bildungsbürgerliche Absicherung und dezente Relativierung mochte Strünckmann dieses

---

16 Strünckmann an Hübbe-Schleiden, 20.6.1915, Staats- und Universitätsbibliothek Göttingen, Cod MS Hübbe-Schleiden 288, Nr. 49; vgl. auch Wedemeyer, *Völkische Körperkultur*, S. 180 f; zu Driesmans biologischem Volksrat vgl. ders., *Vom biologischen Volksrat der Deutschen*, in: Österreichische Rundschau, 15. Jg. (1913), S. 144–150.

17 Strünckmanns *Deustch-christliches Glaubensbekenntnis eines Lebensreformers* erschien zuerst 1916 in Heft 18 der Lebenskunst, hier zitiert nach CR, 2. Jg. (1921), Nr. 3/4, S. 8.

rassische Gedankengebäude also doch nicht vortragen, noch erklärte sich der Bezug auf die Rasse nicht unbedingt selbstverständlich von selbst.

Der Rassengedanke mit seiner latenten Beimengung von Untergangsängsten und kaum verhüllter Aggressivität, die sich in Züchtungsphantasien und Planspielen austobte, in denen die Bevölkerung zur Verfügungsmasse selbsternannter Experten wurde, präparierte Dr. Strünckmann auch für den kommenden Weltkrieg. Sein Ausbruch sei keine Überraschung für ihn gewesen wie für andere Lebensreformer, die sich auf eine Welt des Friedens eingestellt hätten. Bereits auf dem Hamburger Kongress habe er, wie sich Strünckmann erinnerte, im Freundeskreis hervorgehoben,

> daß das deutsche Volk aus seiner Entartung und aus seinem Mammonismus nur noch durch ein gewaltiges Leid (Krieg oder Revolution) aufgerüttelt werden könne, andernfalls gäbe es keine Möglichkeit mehr, unser Vaterland zu retten aus den Klauen des Materialismus.[18]

Das entsprang einer weit verbreiteten Zeitstimmung, der Krieg wurde als Purgatorium geradezu herbeigesehnt, er sollte von der saturierten wilhelminischen Gesellschaft erlösen, man denke nur an die Gedichte Georg Heyms. Und was dann als Erstes folgte, der umgehend zum Mythos geronnene Geist des August 1914, die emotionale Formierung einer Volksgemeinschaft jenseits der Parteien und Klassen, hinterließ auch bei Strünckmann ihre Spuren. Das Bild der Volksgemeinschaft ging ihm nicht mehr aus dem Kopf. Im Übrigen war der Krieg für ihn von deutscher Seite aus ein antikapitalistischer. Noch im letzten Kriegsjahr 1918 sah er die Deutschen

> von der Vorhersehung berufen, die Welt zu befreien von der Tücke der Geldwirtschaft, von der teuflischen Macht des Goldes: „Nach Golde drängt, am Golde hängt doch alles, ach wir Armen!" In unseren germanischen Sagen und Legenden ist das Geld (Gold) der böse Dämon, der die Besten (die Asen, die Arier, die Asinger) immer wieder verlockt in die Tiefen der Finsternis und sie abirren läßt von dem Weg zur Höhe, zum Licht! Den Weltkrieg werden wir in Wahrheit erst dann gewinnen, wenn durch die kommende organische, deutsch-völkische Gemeinwirtschaft die Macht der Geldwirtschaft für immer gebrochen sein wird. Erst dann wird deutscher Idealismus restlos siegen über den privatkapitalistischen Machtgedanken, der im angelsächsischen Imperialismus seinen klassischen Ausdruck gefunden hat.[19]

Zumindest war das alles ziemlich klassisch völkisch gedacht, hie germanischer Heldengeist, dort angelsächsische Krämermentalität. Deutscher Idealismus gegen schnöden westlichen Materialismus, das war von Werner Sombart bis, ja,

18 CR, 2. Jg. (1921), Nr. 3/4, S. 9.
19 Karl Strünckmann, *Zu neuen Ufern lockt ein neuer Weg. (Ein Warnruf an die Landwirtschaft. Zugleich ein ernstes Wort zu Gunsten der deutsch-völkischen ländlichen Volkshochschule.)*, Stuttgart 1918, S. 12.

bis zu welchem deutschen Gelehrten und Intellektuellen eigentlich nicht, das übliche Deutungsmuster.[20] Die Broschüre, aus der das Zitat stammt, erschien im Mimir-Verlag für deutsche Erneuerung von Friedrich Schöll, Strünckmanns Aufruf war hier neben Publikationen zur „Gartenstadtbewegung in ihrer Bedeutung für die Bekämpfung des Alkoholismus" oder einer „Praktische(n) Anleitung zur Obstverwertung im Haushalt und Anstaltsbetrieb" passend platziert.

Mit Schöll, einem umtriebigen völkischen Lebensreformer aus der zweiten Reihe, der sich vor allem dem Kampf gegen den Alkohol verschrieben hatte, arbeitete Strünckmann immer wieder zusammen. Im Krieg unterstützte er Schölls Versuch, in einem „Verein für Volksernährung" den Verbrauch von Getreide und Kartoffeln zum Destillieren und Brauen zu unterbinden. Die beiden konnten sich mit ihrem umfassenden lebensreformatorisch-ökologischen Programm, das sich noch um Förderung des Obstanbaus, Vollwerternährung und Abwasserverwertung kümmerte, jedoch nicht einmal im eigenen Verein gegen die pragmatischen „Verteilungspolitiker" durchsetzen.[21]

1917 trat Strünckmann der neugegründeten Deutschen Vaterlandspartei bei, die unbeirrt die Forderung nach einem „Siegfrieden" aufrecht erhielt. Allerdings führte die bald nicht mehr zu ignorierende Niederlage im Weltkrieg bei Strünckmann zu einem Sinneswandel. Hatte er während des Krieges in seinem Glaubensbekenntnis noch das Deutschtum über das Christentum gestellt, wollte er nun die Positionen getauscht sehen. Auch der sich nach Kriegsende formierenden Deutsch-Nationalen Volkspartei – dem Sammelbecken der Revanchisten – vermochte er bald nichts mehr abzugewinnen. Ende 1918 schrieb er an die regionale Parteivertretung, dass er nach dem Besuch sozialistischer Veranstaltungen nun der DNVP, die in seinem Wahlkreis einseitig altkonservativ orientiert sei, nicht mehr beitreten könne. Man habe doch „eine deutsch-völkische christliche Vaterlandpartei" sein wollen, und er, Strünckmann, wolle die Regierungssozialisten auch von links bekämpfen und zwar durch eine – analog zur katholischen Zentrumspartei – evangelische Volkspartei. Denn nun schieden sich alle Geister, wie er schrieb, unter den Gesichtspunkten: Kapitalismus gegen Sozialismus, Bourgeoisie gegen Gemeinwirtschaft, Antichrist gegen Christentum.[22] Mit reaktionärem Gehabe und Revanchismus war in diesen Tagen ein Strünckmann nicht mehr zu ködern. Gerade ein Strünckmann nicht! Denn im Grunde

20 Vgl. die ausführliche Darstellung von Helmut Fries, *Die große Katharsis. Der Erste Weltkrieg in der Sicht deutscher Dichter und Gelehrter*, Konstanz 1995.

21 Vgl. Christoph Knüppel, *Lebensreform als „Ausmerzung allen Wesensfremden". Friedrich Schöll und die „Schulsiedlung Vogelhof"*, Manuskript. Für das Überlassen seiner materialreichen und bisher unveröffentlichten Arbeit über Friedrich Schöll, die auch auf das Zusammenwirken mit Strünckmann ausführlich eingeht, bin ich Christoph Knüppel, Herford, zu Dank verpflichtet. Eine gekürzte Fassung seines Aufsatzes erscheint 2006 im *Schwabenspiegel Lesebuch II*, hrsg. v. Ulrich Gaier.

22 Strünckmann an das Arbeitsamt der Deutsch-Nationalen Volkspartei in Schlüchtern, 31.12.1918, abgedruckt in: CR, 2. Jg. (1921), Nr. 3/4, S. 10 f.

waren die unruhigen Zeiten, die nun anbrachen, für seine mentale Disposition wie geschaffen. Dr. Strünckmann wäre nicht er selbst gewesen, wenn er sich nicht empfänglich gezeigt hätte für die revolutionäre Gärung nach Kriegsende. In dem Absagebrief an die DNVP verwendete er zum ersten Mal zur Selbstbezeichnung seinen neuen Leitbegriff: er verstand sich fortan als „christlicher Revolutionär" und sei, wie er stolz hinzufügte, ein „roter Reaktionär".

Und nun legte er in einem ganz neuen Ton los. Denn eine Revolution erwartete ihn.

III. „Revolutionäre der Liebe' wollen wir werden."

Anfang 1921 verkündete Dr. Strünckmann „Die Weihnachtsbotschaft" in seiner Zeitschrift *Der Christliche Revolutionär* (deren Titel den Nachsatz trug: „zur Errichtung des Reiches Gottes auf Erden"). Da war zu lesen: „Wer liebt, gehört zu uns; wer ungerecht ist, wer seinen Bruder ausbeutet, statt ihm zu dienen, wer haßt und Gewalt braucht – der gehört noch nicht zu uns, aber auch ihn dürfen **wir** nicht hassen, denn wir wollen in Liebe vollkommen werden." Es folgte jener schöne Satz: „Revolutionäre der Liebe' wollen wir werden."[23]

Was war mit Dr. Strünckmann passiert? Nun, das war eine Folge von *make love not war* 1919 ff.

Das Kriegsende und die Inflationsjahre bis zur Stabilisierung Ende 1923 setzten eine Springflut der Visionen, Projekte und Experimente frei, die irgendwie lebensreformerisch eigentlich immer, manchmal womöglich revolutionär, oft jedenfalls regelrecht absonderlich waren. Die Intellektuellen fühlten sich plötzlich als „geistige Arbeiter", sie gründeten Räte und Orden, forderten mitunter wie Silvio Gesell, Finanzbeauftragter der Münchner Räterepublik, die Abtragung von Herrenhäusern, um aus ihnen Proletarierbehausungen zu erbauen, oder propagierten in unzähligen Aufrufen ihre ausgeklügelten, staatsumwälzenden Zukunftprogramme wie etwa Rudolf Steiner seine „Dreigliederung des Sozialen Organismus" (die natürlich neben Wirtschaft und Politik einen autonomen, gleichwertigen Bereich des „Geistes" einforderte). Besaß diese Geistesrevolution zu Anfang wenigstens noch vordergründig eine politische Dimension, verzog sich der *Geist der Utopie* – so der bezeichnende Titel von Ernst Blochs 1918 erschienenem ersten Buch – spätestens ab dem Sommer 1919 mit dem Ende der Münchner Räterepublik in den Untergrund von Sekten, Selbstversuchen und Subkultur. Weit unterhalb der Ebene politischer Großereignisse wie Kapp-Putsch oder Ruhrbesetzung wimmelte es dort von Schwärmern und Sinnsuchern, zugedeckt unter einer dicken Schicht obskurer Zeitschriften, hektographierter Pamphlete und längst vergilbter Flugblätter.

---

23 CR, 2. Jg. (1921), Nr. 1, S. 2

In dieser Szenerie wurde eine neue Welt erträumt, man wollte unbedingt „siedeln", verachtete den „Moloch" Großstadt und malte sich auch gerne die Zukunft eines wieder agrarischen, von gesunden ländlichen Handwerkergemeinden überzogenen Deutschen Reichs aus. Ein Traum vom grünen Deutschland, der sozusagen den Morgenthauplan freiwillig vorwegnahm. Es waren Jahre der Utopieentladung. Wiederum wäre es erklärungsbedürftig, hätte ein Herr Dr. Strünckmann nicht sofort diesen Zug der Zeit verspürt. Wenn man der Welt etwas zu verkünden hatte, wenn man sich zu Höherem berufen fühlte, dann galt es nun hervorzutreten.

An Pfingsten 1919 kam die pfingstliche Verzückung, kam der „Geist" über so manches Treffen, das über die Feiertage abgehalten wurde, so auch im Sanatorium Stolzenberg, wo Strünckmann und Schöll die „Siedlungs- und Arbeitsgemeinschaft Neu-Deutschland" mitbegründeten. Hauptfigur war dabei der Ariosoph und Offizier Detlef Schmude, der nach der Demobilisierung seiner Garnison eine Siedlung für arbeitslose Soldaten in Völpke bei Helmstedt gründen wollte und im April 1919 – das war damals an der Tagesordnung – einen entsprechenden Aufruf verfasst hatte.[24]

„Siedeln", das hieß nicht nur ein gesundes Landleben zu führen, es galt als Vorbereitung auf die klassenübergreifende Volksgemeinschaft der Zukunft, ebenso wie als Antwort auf die Revolution, die vom Osten her drohte (und als Phänomen der Großstadt identifiziert wurde). Auch Strünckmanns *Christlicher Revolutionär* warb ganz zeittypisch für ein Projekt aus dem Umfeld der stark völkisch orientierten Hellauf-Siedlern des Vogelhofs um Friedrich Schöll, da sollte „um Gottes Lohn" mit einer „fliegenden Bauhütte" der „Heimstättennot des deutschen Volkes" begegnet werden, Meldungen, wo die Not am größten sei, waren erbeten.[25]

Strünckmanns Aktivitäten in diesen Jahren kulminierten in einer Reihe größerer Treffen, deren erregte und verdichtete Atmosphäre man sich vergegenwärtigen muss, um den ekstatischen Geist der Zeit zu erfassen. Das waren meist „tagelange Aussprachen", bei denen man sich über die Grenzen politischer Lager hinweg traf und eben endlos aussprach. Hier redeten Anarchisten mit völkischen Siedlern, Kommunisten mit Pazifisten, jugendbewegt waren auch die Alten, da ging es um Frieden, Zukunft, Revolution, das Reich Gottes, die Endzeit, Antikapitalismus usw. Der Schriftsteller und Journalist Alfons Paquet, der mit Strünckmann in Kontakt stand, schilderte in einer Erzählung solch ein Treffen der Nachkriegszeit, er kannte die Szenerie aus vielfältiger eigener Anschauung (bei einer der Christrevolutionären Tagungen Strünckmanns trat er selbst auch einmal als Redner auf):

---

24 Vgl. Knüppel, *Lebensreform*, passim; sowie: CR, 2. Jg. (1921), Nr. 3/4, S. 10.
25 CR, 2. Jg. (1921), Nr. 2, S. 13.

Aber die Menge der Anliegen und die Leidenschaftlichkeit, mit der einzelnes vorgebracht wurde, zog sich allmählich zu einer Spannung zusammen, die lastend war; es kam soweit, der Vorsitzende dem Matrosen, der bereits einmal in einer ziemlich schroffen und verworrenen Rede von der „Gaunersprache der Theologie" und von der „Scheinheiligkeit der Christenheit" gesagt hatte, das Wort entzog, worauf die holländischen Studenten den Saal verließen, nicht ohne vorher dem Matrosen die Hand gedrückt zu haben. Ein Mann mit Schillerkragen erklärte als das wichtigste Anliegen die Kriegsschuldfrage und begann mit einer Erörterung, die bei einigen Zuhörern Beifall, bei anderen heftigen Widerspruch hervorrief, schließlich machten ihm die in größter Erregung ausgestoßenen Zwischenrufe einer alten Dame, die mit ihrem Krückstock herumfuchtelte, das Weiterreden unmöglich; gleichzeitig sprang ein Mensch mit blanken Brillengläsern und katzenhaft gesträubtem farblosem Haar auf einen Stuhl und verlangte, daß vor dem Angesicht Gottes gerade über die Frage die ganze Nacht und, wenn es sein müsse noch den folgenden Tag gesprochen werden müsse, bis wenigstens unter den hier versammelten Freunden kein Rest von Unklarheit mehr übrig sei. Es war neun Uhr abends, plötzlich stand noch einmal der Matrose im Hintergrund des von bleichen und geängstigten Menschen ausgefüllten Raumes an der Wand und sagte mit der Stimme eines Bußpredigers: „Das ist sie wieder, eure alte bürgerliche Angst! Ihr Feiglinge, geht ins Bett, geht nur weiter den Fragen, die über Leben und Tod eurer Gesellschaft entscheiden, aus dem Wege. Noch heute nacht, ihr Narren, wird man eure Seele von euch fordern!"[26]

Es waren erregte Zeiten und unermüdlich suchte Strünckmann zu sammeln und zu organisieren. Anfang Januar 1921 etwa fand ein Treffen mit der Hellauf-Bewegung Friedrich Schölls in Tübingen statt. Ergriffen berichtete Strünckmann seinen Lesern:

> Hier erlebte ich ganz Gewaltiges. Altnaturen und Jungnaturen rangen mit höchster Leidenschaftlichkeit um Gegenwart und Zukunft, um eigenes Seelenheil und um unseres Volkes Einheit (in Freiheit und Wahrheit).[27]

Man rang, das vor allem, und rang so lange mit sich und der Welt weiter, notfalls bis der Haufen nach Tagen zu einem Häuflein zusammengeschmolzen war. Die Hauptsache war, dass man sich ungeheuer bewegt fühlte. Natürlich boten diese Treffen vielfältigste Anlässe für Abspaltungen und Zerwürfnisse. So wie Strünckmann bald mit Schmude und den Siedlungsaktivisten des Deutschen Arbeitsbundes zerfiel, so zerfiel er auch mit Schöll und den Hellauf-Leuten, und so sollte Strünckmann endlich von den Konkurrenten in der eigenen Christrevolutionären Bewegung an die Luft gesetzt werden.

Aber das war noch Zukunftsmusik, als Strünckmann nach der Episode mit Schmude und seinen siedelnden Soldaten ab dem Spätsommer 1920 seinen Plan der Gründung einer Christrevolutionären Bewegung fasste. Es konnte nun nicht mehr um die Wiederherstellung des alten mit dem Weltkrieg untergegangenen

---

26 Alfons Paquet, *Lusikas Stimme*, in: A. P., *Gesammelte Werke*, 2. Bd., Stuttgart 1970, S. 391.
27 CR, 2. Jg. (1921), Nr. 2, S. 2.

wilhelminischen Machtstaats gehen, davon zeigte sich Strünckmann überzeugt. Überhaupt war für ihn die Zeit der Nationalstaaten abgelaufen und „Volksstaaten" würden an ihre Stelle treten. In diesem Rahmen war „die politisch-wirtschaftliche Ebenbürtigkeit des Arbeiters ebenso umzusetzen wie der Sturz des kapitalistisch-imperialistischen Mammonismus". Strünckmann sah ein „Neues Volk" entstehen, das von Nationalismus und Militarismus nichts mehr wissen wolle.[28]

> Es unterliegt keinem Zweifel, ein neues Volk will werden, eine Neue Volks- und Glaubensgemeinschaft. Schon im Februar 1918 schrieb ich von dem Großen Volkshelden, der uns die Einheit (nicht bloß die Einigkeit vom 4. August 1914) bescheren würde, die wir im Inneren so dringend nötig hätten, „damit ein geschlossenes Volk, eine deutsch-christliche Gemeinschaft von solcher Stärke entsteht, daß alle Mächte der Hölle an ihr sich brechen werden".[29]

Durch die Absage an den wilhelminischen Machtstaat hindurch leuchtete hier umso heller der Traum des August 1914, die mythische, diesmal wirklich zu realisierende Volksgemeinschaft unter der Führung eines Führers. Alle Gegensätze und Verwerfungen würde sie ausgleichen, dieser Gedanke verfolgte Strünckmann in den kommenden Jahren immer wieder; Nord- und Süddeutschland, Österreich und Preußen, Friedrich der Große und Maria Theresia würden endlich zueinander finden, die konfessionelle Spaltung ebenso wie der Klassenantagonismus überwunden werden. Teleologisch gesehen war der Endpunkt dieser geeinten Volksgemeinschaft, die den Kapitalismus mit ihrer völkischen Gemeinwirtschaft überwunden hätte, nichts anderes als: das Gottesreich.

Und den Mächten der Hölle, nichts Geringerem, mussten sich die Christrevolutionäre Strünckmanns entgegenstellen. Im 1919 ff. gängigen Endzeitvokabular ausgedrückt identifizierte er diese Mächte als den „materialistische[n] Geist des Kapitalismus (d. h. das apokalyptische Tier)" und seinen Bruder, den „Antichrist", konkreter auch als „Geist des russischen Nihilismus (= der Verneinung)".[30] Noch konkreter erläuterte er ein andermal:

> Unsere Leser wissen ja längst, daß es jüdischer und russischer Geist ist, welcher das Wesen des antichristlichen Zwangs-Kommunismus ausmacht. Wir bekämpfen das System, nicht einzelne Personen.[31]

Ansonsten aber war Strünckmanns christrevolutionäre Zeitschrift ohne antisemitischen oder gar rassischen Beiklang. Vermutlich spielte hier neben seinen pazifistisch-anarchistischen Mitstreitern das gemischte Publikum eine große Rolle, das man ansprechen wollte und das in evangelisch-freikirchlichen Kreisen aus religiösen Gründen auch ausgesprochen prozionistisch eingestellt sein konnte.

---

28 CR, 2. Jg. (1921), Nr. 1, S. 14.
29 CR, 2. Jg. (1921), Nr. 1, S. 9.
30 CR, 2. Jg. (1921), Nr. 1, S. 5.
31 CR, 2. Jg. (1921), Nr. 1, S. 13.

(Die Bemerkung „Unsere Leser wissen ja längst ..." lässt dennoch vermuten, dass man sich aber sowieso verstand.)

War der Antichrist im Osten also nihilistisch-revolutionär-russisch, so kleidete er sich im Westen in „das Gewand des angelsächsischen, kapitalistischen Imperialismus".[32] In den zwanziger Jahren rangierte im vereinten deutschen Politgemüt aller Schattierungen das Feindbild „Empire" immer noch an erster Stelle, und die dezidiert antikapitalistische wie antiwestliche Note, die bei Strünckmann durchklang, war so „völkisch" wie „links". Und nach links plante Strünckmann mit seinen Christrevolutionären 1921 einen regelrechten Fischzug. Beziehungsweise wollte er zusammenwachsen lassen, was er als zusammengehörig ansah. So grenzte er sich auch deutlich vom bürgerlichen „Machen" hinter den Kulissen ab, von der Forderung nach Ruhe und Ordnung, auch von der reaktionär-saturierten Welt der bürgerlichen Rechten in der DNVP. Nein, Dr. Strünckmann fühlte sich schon richtig revolutionär gestimmt.

> Wir aber wollen das Ganze, die Volks-Gemeinschaft, das „Neue Volk". Daher ist es unsere Aufgabe, die Männer von rechts und links zu sammeln, die Kopfarbeiter mit den Handarbeitern zu verbrüdern. [...] **Die „Macher" sind erledigt, sobald die Männer von rechts und links sich gefunden haben.** Vorher wird Deutschland nicht gesunden![33]

Diese Verbrüderung von rechts und links sollte „die Neue Glaubens-, Volks-, und Wirtschaftsgemeinschaft" schaffen.[34] Dafür warb Strünckmann mit allen rhetorischen Mitteln, denn sein Problem war, dass es zwar Führer genug gab – z. B. ihn selbst – allein an Personal fehlte es. Also dekretierte er: „Die Mannschaften, die links stehen, gebrauchen die Führer, welche heute noch rechts stehen." Im Gegensatz zum Anfang des Krieges, als nämlich der deutsche Proletarier pflichtschuldigst an die Front marschiert war, stelle Gott nun die entgegengesetzte Aufgabe. Strünckmann wurde noch deutlicher, schließlich galt es, das revolutionäre Proletariat zu gewinnen: „Rechts soll diesmal links folgen!"[35]

Er fragte sich (und seine Wunschklientel) gar, ob es so nicht gerade Deutschland, „dem Herzen Europas", beschieden sei, „die sittliche Idee ‚der Arbeit für die Gemeinschaft' – das ist ‚Sinn und Wesenskern des Kommunismus' – zu retten?"[36]

Zumindest den Sozialismus als „Arbeit für die Gemeinschaft" zu definieren und als „deutsch" zu besetzen, wurde eine beliebte Denkfigur in den Kreisen der konservativen Revolution. Ihren Ursprung hatte sie in der Organisation der Kriegswirtschaft im Ersten Weltkrieg, die links wie rechts als eine Art Probelauf

32 CR, 2. Jg. (1921), Nr. 2, S. 1.
33 CR, 2. Jg. (1921), Nr. 1, S. 16.
34 CR, 2. Jg. (1921), Nr. 2, S. 10.
35 CR/Weltwende, 2. Jg. (1921), Nr. 5/6, S. 23 f.
36 CR, 2. Jg. (1921), Nr. 2, S. 14 f.

für staatliche Planwirtschaft gesehen wurde. Oswald Spengler mit seinem untrüglichen Gespür für Schlagworte ließ 1919 seinem *Untergang des Abendlandes* bereits ein *Preußentum und Sozialismus* folgen. Historisch verankert wurde die Denkfigur vor allem mit der Person Friedrichs des Großen, der ja bekanntermaßen nur „erster Diener" des Staates hatte sein wollen. Programmbegriffe waren Pflicht, Dienst, Opferbereitschaft, „Gemeinnutz" usw., immer gelesen vor der Negativfolie Materialismus, Individualismus, „Eigennutz" – vom Hedonismus einmal ganz zu schweigen.

Nachdem sich Strünckmann nun ausdrücklich zum „christlichen Kommunismus" bekannte, blieb die Frage, wie national, völkisch und spezifisch deutsch diese Art von christlichem Kommunismus denn noch war? Er gab selbst zu, dass es intern immer wieder zum Streit über den nationalen oder internationalen Charakter der christrevolutionären Bewegung kam, aber das Dilemma wollte er ganz dialektisch aufgelöst sehen. Denn der Weg führe von niederer zu höherer Stufe, zuerst zum Volkstum und von dort zur Menschheit bzw. zuerst nach Europa. Historisch gesehen (und Geschichtserklärungen nahmen in Strünckmanns geistiger Welt einen immer wichtigeren und breiteren Platz ein) war das der Weg (und zwar nach „Gottesplan") vom kleindeutschen Reich Bismarcks (das 1918 gescheitert war) via großdeutschem Volksstaat (dem „völkischen" Ideal) hin zu den „Vereinigten Staaten von Europa" (ein Schlagwort, das damals primär pazifistisch konnotiert war).[37] Strünckmann vertrat damit eine Art völkischen Universalismus, die gesammelten deutschen „Stämme" hatten als „Volks-Waldung" erst einmal die großdeutsche Volksgemeinschaft zu bilden, um dann mit den anderen europäischen „Völker-Waldungen" in die „Vereinigten Völker von Europa" aufzugehen. Danach würde die Zusammenfassung der „Vereinigte(n) Menschheitsfamilie" unter dem Zepter eines „Friedensfürsten" in einem – nun endgültig übervölkischen – „tausendjährigen Friedensreich" folgen.[38]

Am Ende stand, wie schon erwähnt, nichts anderes als die Heraufkunft des „Gottesreichs". Hier wiederum schnitt sich Strünckmanns Entwurf mit der Vorstellungswelt der religiösen Sozialisten – wobei Deutungsmuster von Parusie und Apokalypse im und nach dem Ersten Weltkrieg sowieso eine regelrechte Hochzeit in Deutschland erlebten. Etwas gedrängt idealtypisch wird man diese Vorstellungen im Umriss wohl so skizzieren dürfen:

Zuerst einmal deutete man schon direkt nach dem Krieg – auch Strünckmann – die Weltkriegsniederlage als deutsches „Golgatha". Da hatte nämlich die Volksgemeinschaft versagt, weil sie noch nicht Gemeinschaft genug war und der Idealismus der deutschen Weltbeglückung sich vom blanken Machtrausch in die Niederungen des Materialismus hatte ziehen lassen. Während also der vom rechten Weg abgekommene Heilsbringer (Deutschland) ans Kreuz geschlagen wur-

---

37 CR, 2. Jg. (1921), Nr. 2, S. 6.
38 CR, 2. Jg. (1921), Nr. 2, S. 6 f.

de, stand mit dem atheistischen Bolschewismus im Osten der Antichrist auf, während sich im Westen der nur vordergründig siegreiche angelsächsische Imperialismus zu früh die Hände rieb. Denn aus dem Osten kam gleichzeitig auch die Verkündung des Heils, ein geläutertes Deutschland würde den spirituell-revolutionären Ruf erhören und in die Tat umsetzen; da wo die deutschen Waffen versagt hatten, würde nun die allumfassende deutsche Liebe die Welt erobern. Denn „Weltberuf" – so eine gängige Phrase – der Deutschen war es nun mal, die Völker der Welt zu „befreien" und zu vereinen. So oder so. (Eine spezielle antiimperialistische Variante, die in Teilen der Jugendbewegung und selbst bei hartgesottenen Reaktionären Anklang fand, war die Vorstellung, dass Deutschland nun als „Proletarier" der Staatenwelt die anderen unterdrückten Kolonialvölkern in einen gemeinsamen Freiheitskampf gegen den – ganz genau – angelsächsischen Imperialismus zu führen habe.)

Mit Versatzstücken dieses Narrativs war nach dem Weltkrieg die persönliche Weltsicht unzähliger deutscher Sinnsucher durchsetzt, ob sie sich nun primär als völkisch, jugendbewegt, religiös inspiriert oder als besonders links betrachteten. Strünckmann brachte die Ambivalenzen eines künftigen völkisch-pazifistisch-antiimperialistischen deutschen Gottesreichs sprachlich aber besonders apart auf den Punkt:

> Unser Volk hat nicht mehr Hammer sein wollen. Es hat aber noch nicht den Mut und die Kraft Amboß Gottes zu sein. Gott wird unser Volk so lange durch Nöte und Wüste führen, bis wir restlos bereit sind, sein Amboß zu werden. Dann wird vielleicht Gott auf deutschem Amboß mit Jesu Hammer nach und nach die anderen Völker schmieden, bis sie zum Gottes Reich auch tauglich sind.[39]

Strünckmanns Christrevolutionäre Bewegung war keine *one man show*. Verankert vor allem im süddeutsch-württembergischen Raum mit seinen pietistischen und täuferischen Traditionen, hatte das Blatt der Bewegung nach eigenen Angaben rund 1000 Bezieher. Die beschworene Steigerung auf 3000 Stück, um den *Christlichen Revolutionär* zum „Sonntagsblatt für die werktätige Bevölkerung" zu machen, gelang jedoch nie. Christrevolutionäre Mitstreiter fand Strünckmann, der als Herausgeber der Zeitschrift fungierte, in Gregor Gog und Alfred Daniel, der im Frühsommer 1921 mit der Umbenennung in *Weltwende* die Redaktion übernahm. Daniel war ein Jünger Gusto Gräsers, dem personifizierten Urbild des deutschen Alternativen in Sandalen und mit langen Haaren, und gehörte zum Umfeld der nach dem Ersten Weltkrieg in Deutschland ansässig gewordenen Quäker (deren konsequente Wehrdienstverweigerung in Amerika und England sowie ihre Hilfsprogramme in den Nachkriegsjahren – u. a. mit den Quäker-Kinderspeisungen, dem Vorläufer der Care-Pakete nach dem Zweiten Weltkrieg – ihnen in Deutschland trotz ihrer geringen Zahl ein bedeutendes Renommee verschafften). Gog war religiös getönter Anarchist und überzeugter

---

39 CR/Weltwende, 2. Jg. (1921), Nr. 7/8, S. 31.

Vagabund, 1929 organisierte er in Stuttgart den großen Vagabundenkongress (über Gog fänden wir übrigens Anschluss an Erich Mühsam). Gog und Daniel standen in Kontakt zum anarchistisch-urchristlich-kommunistisch geprägten Uracher Kreis, einer Art von früher Kommune; über diese Verbindung stieß Theodor Plievier zu den Christrevolutionären, der zuerst Anarchist und einer der so genannten Inflationsheiligen war, bevor er sich Mitte der zwanziger Jahre die Haare wieder kurz schnitt, einen Anzug anzog und berühmter Schriftsteller wurde. Eine zentrale Figur der Christrevolutionären Bewegung war Max Schulze-Sölde, ein Maler und ehemals Sohn aus besserem Hause, der aus dem Bohème-Milieu zu den Anarcho-Syndikalisten weiterwanderte, bevor er zu Strünckmanns Christrevolutionären stieß und ebenfalls ein Inflationsheiliger wurde.[40]

Im Juni 1921 kam es zur ersten „Christrevolutionären Tagung" in Stuttgart; Strünckmann sprach über „Die revolutionäre Sehnsucht der Jugend und ihre Erfüllung", der Maler Heinrich Vogeler aus Worpswede referierte über das Thema „Von der Phrase zur Tat", am zweiten Tag sprach Georg Stammler, ein völkischer Schriftsteller, dessen Projekt die „Neue Volksgemeinschaft" hieß. Das kulturelle Begleitprogramm bestand in Kinderreigen und Volkstänzen. Themen, über die man sich heiß diskutierte, waren die Bodenreform, Siedlungspläne und die große Frage, ob nun Marx oder Jesus zu folgen sei? Die Tagung selbst wurde von rund 100 Teilnehmern bestritten, bei den Hauptversammlungen zählte man 400 bis 500 Personen, darunter nach Strünckmanns Schätzung rund 300 Jugendliche. Die Christrevolutionäre zogen ein recht gemischtes Spektrum an, denn „abgesehen von den Steinerleuten" seien, wie Strünckmann selbst schrieb, „wohl alle Richtungen bei uns vertreten, Katholiken und Protestanten, Gläubige und Ungläubige, Rechtsstehende und Linksstehende, Antisemiten und Zionisten, Alte und Junge". Zu den Teilnehmern gehörten der Führer der Hamburger National-Kommunisten, Fritz Wolffheim, und, wie ein Teilnehmer beobachtete, „Hakenkreuzler, von denen auch nicht wenige im Saal waren".[41]

Diesen bunten Haufen fragte Strünckmann in seiner Eröffnungsrede: „Wo stehen wir?" Und gab selbst zur Antwort, man stehe auf Seiten einer neuen „Dritten Welt", deren kommunistisches Ideal bisher nirgendwo restlos verwirklicht sei, außer von einigen (der gerade aktuellen) Siedlungs- und Kommuneexperimenten, wie in Worpswede (von Strünckmann sicherlich Vogelers zu Ehren als Ausnahme erwähnt). Er erklärte seinen Zuhörern, es gäbe:

> Erstens eine alte Welt, die gebären will, die bürgerliche Welt. Zweitens als Geburtshelfer die proletarische Welt. Drittens die neue Welt: die rein menschliche,

---

40 Zu den Inflationsheiligen generell und speziell zu Schulze-Sölde, den Urachern und den Christrevolutionären vgl. ausführlich Linse, *Barfüßige Propheten*, passim.
41 CR/Weltwende, 2. Jg. (1921), Nr. 7/8, S. 17.

auf Sozialismus und Kommunismus aufgebaute, klassenlose, herrschaftslose Gemeinschaft, d.h. das Bruder-Reich auf Erden.[42]

In dieser kommenden Welt werde der nationale Gedanke zum Menschheitsgedanken, das wirtschaftliche Klassendenken zum „Bruderdenken" erweitert. Der ersten Revolution von 1914/18, getragen vom nationalen Gedanken, sei die sozialistische Revolution, getragen vom wirtschaftlichen Gedanken, gefolgt, nun stehe die ethisch-religiöse Revolution an. Und die war nur mit der Jugend zu machen, zeigte sich Strünckmann überzeugt. Die Stuttgarter Tagung sollte vor allem ihrer Mobilisierung dienen.

> So bitte ich die jungen christlichen Revolutionäre nochmals herzlich, marschiert Hand in Hand mit der proletarischen Jugend, von der „Arbeiterjugend" bis zur kommunistischen Jugend. Wir haben nicht gegen links zu kämpfen, sondern gegen rechts, dort, wo uns die schärfste Reaktion droht, nämlich von Seiten der Jesuiten und der Machthaber der römisch-katholischen Herrschaftskirche.[43]

Letzteres bezog sich auch darauf, dass die katholischen Jugendvertreter von der Stuttgarter Tagung schnell wieder abgereist waren, während sich die Kommunisten durchaus empfänglich für die Strünckmannsche Christrevolution gezeigt hatten. Da brach wieder der Protestant in Strünckmann durch, die Reformation begann von neuem:

> Pflicht aller echten Protestanten ist es, dafür zu sorgen, daß dieses Mal der Aufstieg der revolutionären Masse nicht unterbunden wird. Ist die Reaktion in Deutschland siegreich wie zu Luthers Zeiten, so wird Spaniens Schicksal auch das Los Deutschlands sein. Wir würden römisch-katholisch werden, und Deutschland würde für immer aus der Geschichte der Völker ausgemerzt sein![44]

Die Stuttgarter Tagung stand vor allem im Zeichen des Auftritts von Max Schulze-Sölde, der von Strünckmann als Führer der Christrevolutionären Jugend ausersehen war. Da hatte Strünckmann einmal mehr Instinkt bewiesen. Schulze-Sölde hatte hier ein regelrechtes Berufungserlebnis. Seine Selbstinszenierung mit jesusgleicher Haarpracht, dem feurigen Blick des religiösen Charismatikers, der Figur eines Asketen und den zwischen Selbstüberheblichkeit, Pathos und Protestgestus wechselnden „revolutionären" Botschaften, erweckte den Verdacht, da habe so etwas wie ein völkischer *summer of love* angestanden. Während Strünckmann in den folgenden Wochen als Redner und Organisator von Treffen zu Treffen eilte, sammelte Schulze-Sölde das „Fähnlein" der christrevolutionären Jugend. Nach der Stuttgarter Tagung waren die Seiten des *Christlichen Revolutionärs* voll von kurzen Briefen und Botschaften, die den Aufbruch weitertragen sollten. Da schrieb Strünckmann an „MAX":

---

42 CR/Weltwende, 2. Jg. (1921), Nr. 7/8, S. 2 f.
43 CR/Weltwende, 2. Jg. (1921), Nr. 9/10, S. 25.
44 CR/Weltwende, 2. Jg. (1921), Nr. 9/10, S. 35.

Es ist das Kreuz, was Du auf dich nehmen mußt, vorangehend. Ich habe auf Dich gewartet. Ungeheuere Verantwortung liegt auf Dir. [...] Tausende warten auf Dich als ihren Herold. Die roten Scharen warten auf ihren Max.[45]

MAX wiederum (er bevorzugte die Großbuchstaben) schimpfte über die „Bandwurmreferate" auf der Tagung, das war ihm nicht Jugendlichkeit, Bewegung, Aufbruch, Sturmschritt genug:

> Eins aber ist gewiß. Für einige von euch ist diese Tagung ein erschütterndes Erlebnis gewesen und nur um derentwillen hat dieses endlose Geschwätz sein müssen. Der Rest, der schimpfend nach Hause zog, wird die Geißel Gottes noch zu spüren bekommen, auf daß endlich Sein Reich komme![46]

Er rief zur Teilnahme an einer geplanten „Reichsjugendkonferenz" auf (drunter machte man es nicht mehr), doch sollten die Teilnehmer „programmlos", ohne ihre „langweiligen Tagesordnungen" kommen. Was hier zählen sollte, war die Bewegung: „Überlaßt alles dem Augenblick, dem lebendigen Erleben!"[47] Ende Juli traf sich das „erste christrevolutionäre Fähnlein" in Hamm, ein Teilnehmer berichtete aufgewühlt über Schulze-Söldes *show*:

> Eine Johannisgestalt stand er am Rande des Hammer Exerzierplatzes umlagert von etwa 100 westfälischen Mädels und Jungen. [...] Dieser verlorene Sohn des reichen Hauses [er war ja eigentlich ein Bürgersohn aus der Gegend, O.P.] stand nun da draußen an den Toren Hamms, auf der Heide wie ein Büßer und Prophet, der zur inneren Wiedergeburt aufforderte. [...] Wir anderen fühlten, daß wir nach seinen Worten nur wenig reden durften. Und als unser junger Freund Hennecke, der kommunistische Anarchist aus Dortmund, das seelische Erlebnis dieser Stunde dann in die Worte kleidete: „Nur ein Licht ist es, das uns den Weg des Heils zeigt, Jesus Christus, – und Max Schulze sei unser Führer!" – da war alles gesagt, was gesagt werden mußte.[48]

Um das Bild zu vervollständigen, bleibt anzumerken, dass Schulze-Sölde mit nacktem Oberkörper sprach, bevor sich der Zug der Jugendlichen zum Bahnhof in Bewegung setzte, voran die weiße Fahne der Christrevolutionäre; auf dem Weg verteilte man Flugblätter und tanzte Reigen. Diese Art des Auftritts war kein singuläres Phänomen, Schulze-Sölde tat es hier ein wenig Muck-Lamberty nach, der ebenfalls beim Stuttgarter Treffen gewesen war und dem der Zug seiner Tanzschar ein Jahr zuvor durch Thüringen zu einer gewissen Prominenz verholfen hatte. Diese Gruppe Jugendlicher war altdeutsch kostümiert von Kleinstadt zu Kleinstadt gezogen, hatte sich mit gestandenen, aber durch Krieg und Revolution auch endgültig verwirrten Bürgersleuten in einen Reigenrausch getanzt und war mit neu gewonnenen Jüngern und Jüngerinnen weiter durchs

---

45 CR/Weltwende, 2. Jg. (1921), Nr. 7/8, S. 16.
46 CR/Weltwende, 2. Jg. (1921), Nr. 7/8, S. 13.
47 CR/Weltwende, 2. Jg. (1921), Nr. 9/10, S. 4.
48 CR/Weltwende, 2. Jg. (1921), Nr. 9/10, S. 13.

Land gezogen. Bald darauf musste sich Muck moralischer Vorhaltungen erwehren, weil er mehrfach mit Jüngerinnen versucht hatte, unter Eichen deutsche Heilande zu zeugen, schließlich ging er dazu über, mit seiner Werkschar stilecht auf einer Burg sesshaft geworden, gedrechseltes Kunsthandwerk herzustellen.

Strünckmann jedenfalls dachte vermutlich ernsthaft, er sei in diesem Sommer 1921 gerade dabei, die große dritte ethisch-religiöse Revolution auszulösen; auf der Stuttgarter Tagung hatten sich gleich drei Arbeitsgemeinschaften gebildet, man war sich jedoch vorderhand noch nicht ganz sicher, ob etwa die Ideen des Freigeldtheoretikers Silvio Gesell, des Bodenreformers Adolf Damaschke oder nicht doch Kropotkin, „gewissermaßen das Kristallisationszentrum für die Neugestaltung Deutschlands" abgeben sollen.[49] Bei einem Treffen im September wollte man Anarchisten, Syndikalisten, sämtliche marxistischen Richtungen, Freilandanhänger, Bodenreformer, Zinsgegner usw. (also eigentlich alle) zusammenführen.

Wer nur brachte es fertig, möchte man im Nachhinein fragen, bei diesem Enthusiasmus Strünckmanns christrevolutionären Siegeszug aufzuhalten? Im Grunde war es Louis Häusser, der oberste aller Inflationsheiligen.

Häusser war eine regelrechte Erscheinung, ein Mann in Sandalen und mit wallendem Bart, der flammende Prophetenworte um sich warf, von einer treuen Jüngerschar umgeben war und sich für eine Art Gott hielt. Die große Aufmerksamkeit, die er fand, zeugte von der manifesten Enttäuschung und Verunsicherung, die Weltkriegsniederlage und Revolution hinterlassen hatten. Aus der Entladung der utopischen Energien 1919 war keine neue Welt entstanden, stattdessen brachen in der beginnenden Inflationszeit die letzten sichernden Dämme. Es blieb nurmehr, die erträumte neue Welt in sich selber zu finden. Die Büchse der Pandora war geöffnet worden, und jeder konnte, und das lehrte das Phänomen Häusser, zum je eigenen Christus, Propheten und Gott werden.

Die Inflationsheiligen und speziell Häusser muss man sprechen lassen, um ihre Wirkung zu erahnen, im *Christlichen Revolutionär* kam er so zu Wort:

> Ich Bin und bleibe jetzt und immerdar der Grundsteinlegende, Einheitliche und Geeinte, den die Gegenwart verkennt, der aber alle Vergangenheit erlöst und den alle Zukunft rechtfertigt. Ich Bin nicht gekommen aufzulösen, sondern zu erfüllen, und als Erfüllender Bin Ich der Erstling einer neuen Rasse und der Diener aller Wahren und Echten, der nach Ganzem und Vollkommenem suchenden Geschlechter.[50]

Häusser hatte auf der Stuttgarter Tagung mehrfach das Wort an sich gerissen oder vielmehr seine Weisheiten in den Saal gebrüllt, was aber zum allseits akzeptierten Gestus des Inflationsheiligen gehörte, denn Propheten waren ja nicht

49 Die Tat, 13. Jg. (1921), S. 646.
50 CR/Weltwende, 2. Jg. (1921), Nr. 9/10, S. 22.

mit normalen Maßstäben zu messen. Strünckmann freilich fand das auf seiner eigenen Tagung kaum erträglich, während seine Mitstreiter die prophetische Emphase durchaus beeindruckte. Und Häusser kam nun richtig in Fahrt, man war ja gewissermaßen auf dieselbe Klientel aus, und er polterte weiter:

> Strünckmann-Tagung – häßlich – gräßlich. Nicht zum aushalten! Alle Halben und Viertels- und Dreiviertelsmenschen sind da zusammengekommen! Ein Jahrmarkt von Möchtenden aber Nichtwollenden, Unvermögenden, Ohnmächtigen, oh! Großer, großer Ballast, oh schwere, schwere Karre! Schweres Geschütz, diese Christlichen Revolutionäre![51]

Der *Christliche Revolutionär*, mittlerweile unter dem neuen Titel *Weltwende*, verabschiedete sich Anfang 1922 von Strünckmann. Man war sich in der Beurteilung des Falles Häusser nicht einig geworden, für den sich aus Sicht Strünckmanns die „links eingestellten Christlichen Anarchisten" einsetzten, während seine Position von den „rechten Reformern" und „christlichen Revolutionären" geteilt werde. Noch war der Bruch nicht vollständig, und versöhnlich verwies Daniel darauf, dass schließlich auch die Urgemeinde den großen Gegensatz zwischen Petrus und Paulus ertragen habe.

In der *Weltwende* tauchten jetzt Texte von Hermann Hesse, Walt Whitmann, und Tolstoi auf, und Plievier brachte hier seine anarchistischen Aufrufe unter. Erwähnenswert wohl auch die Rubrik „Zeichen der Zeit", in der man den Leser über endzeitliche Anzeichen wie Seuchen, Selbstmorde und moralischen Verfall („Lusttempel mit öffentlicher Begattung") auf dem Laufenden halten wollte. Das war für die Zeitgenossen gedacht, die partout nicht einsehen wollten, dass man in einer „End- und Weltenwendezeit" lebte, man bat daher um entsprechende Einsendungen.[52]

Strünckmann kam in der Februar-Nummer noch einmal mit einem Bericht von der christrevolutionären Aufbauwoche Ende 1921 zu Wort, die mit 300 Teilnehmern in Erfurt anfing und bei einer direkt anschließenden Jugendtagung in Weimar mit 30 endete. Von den anwesenden „Marxisten, Syndikalisten, Freiwirtschaftlern, Proudhonisten und Arbeitsgemeinschaften" wurde eine Resolution angenommen, die den „Reichskanzler und seine Leute" aufforderte, „Volksland" an besitzlose „Aufbauwillige" abzugeben, Geldbeihilfen an Siedlungswillige zu zahlen, sowie Siedlerschulen und eine „Siedler-Nothilfe" einzurichten. Man warnte vor der Abhängigkeit von Nahrungsmittelimporten und der Erpressbarkeit Deutschlands durch das „internationale Kapital"; man drohte sogar ein wenig: „Es gibt viel junge Menschen, die für die Zurückeroberung des Landes für das Volk alles einzusetzen gewillt sind." Bei der anschließenden Jugendtagung bekannten sich alle zum „Gedanken der Arbeitsbataillone, des Arbeitsheeres, der Arbeitsdienstpflicht". Strünckmann gab sich zuversichtlich, dass sich

51 CR/Weltwende, 2. Jg. (1921), Nr. 7/8, S. 16.
52 CR/Weltwende, 2. Jg. (1921), Nr. 5/6, S. 21.

hier in Weimar rund um Heinrich Vogeler „der neue Generalstab für deutschen Aufbau und Sicherung der Ernährungsbasis für unser Volk" gebildet habe. Häusser blitzte zur Genugtuung Strünckmanns bei dieser letzten Christrevolutionären Tagung ab. Der Prophet klagte: „Was seid ihr so grausam!"[53]

Danach schrieb Strünckmann nie wieder für die *Weltwende*, die noch bis 1923 weiterexistierte. Strünckmann zerfiel endgültig mit Gog und Daniels. In einem Rundschreiben beklagte er sich über die „Anarchisten und Nihilisten", für die er als „senil" gelte, weil er sich der „Haeusser-Seuche" entgegengestellt habe.[54]

IV. Der bolschewistische Ghandi-Faschismus

Nach den aufregenden Revolutions- und Inflationsjahren kehrte erst einmal wieder Ruhe in Strünckmanns Leben ein; nachdem eine wirkliche „Weltenwende" weiter auf sich warten ließ, sah er sich nach der Inflation 1924 gezwungen, erneut eine Kuranstalt für physikalisch-diätische Heilweise zu übernehmen. Damals endeten auch die Wege der Inflationsheiligen, die neu gegründeten Siedlungen der Nachkriegszeit gingen wieder ein oder darben vor sich hin, die Jugendbewegung war längst in unzählige Bünde zerfallen, der aufgeregte Expressionismus der Nachkriegszeit bereitete sich darauf vor, der Neuen Sachlichkeit Platz zu machen. Die etwas stabileren Jahre der Weimarer Republik begannen. Und niemand tanzte mehr Reigen über Thüringische Felder.

Nach dem Scheitern der Christrevolution begann Strünckmann wieder gen Osten Ausschau zu halten. Diesmal entdeckte er Ghandi. Aber auch der Faschismus lockte via Mussolinis Italien, und die Sowjetunion begann sich nach Abschluss des Bürgerkrieges ebenfalls machtpolitisch zu arrondieren. Strünckmann kombinierte. In einem Brief an Alfons Paquet beschrieb er Mitte 1924 seine neuen Überlegungen:

Für uns Deutsche können beide Bewegungen (Bolschewismus und Faschismus) nicht genügen. Sie wissen ja, daß ich seit langem glaube, daß zwischen Hakenkreuz rechts und Sowjetstern links es das Kreuz ist, welches bestimmt ist, die Brücke zu schlagen. Hier fehlt allerdings ja noch eine dem Faschismus und Bolschewismus entsprechende neue geistige Bewegung. Aber wir haben sie ja bereits. Es ist die Ghandi-Bewegung, welche über kurz oder lang auch die religiösen und christlichen Strömungen in Deutschland beeinflußen wird. Deutschland aber als Land der Mitte wird berufen sein, aus diesen drei Strömungen, die als Bolschewismus auf die Wirtschaft, als Faschismus auf den Staat und als Ghandi-Bewegung auf die Kultur eingestellt sind, die schöpferische Synthese zu bilden. Damit wird aber der Gedanke der Gewaltlosigkeit an die erste Stelle rücken und

53 Vgl. Strünckmanns Bericht in Weltwende, 3. Jg. (1922), Nr. 2.
54 „Erklärung an meine Freunde", Typoskript, NLP (II) A8III, Beilage zu Briefwechsel AP-Strünckmann.

sich überlegen erweisen über Bolschewismus und Faschismus, welche beide Vertreter der Gewalt sind.[55]

Im November 1926, nach Ende der Kursaison, begann sich in Strünckmann erneut der alte Unternehmungsgeist zu regen; er schrieb an Paquet, auch zu Gog und Schulze-Sölde nahm er wieder Kontakt auf. Kurz gesagt, er regte an, Ghandi nach Deutschland einzuladen. Strünckmanns Weltenplan sah nämlich nun vor, dass Deutschland den Ideen des Nationalismus, Sozialismus und Pazifismus „die allgemein gültige, allmenschliche Form" geben solle.[56] Für den Pazifismus war dabei die Ghandi-Bewegung zuständig, die ihn in der kommenden „atlantischen Welt" verbreiten würde. Verbindungsland der neuen Weltachse zwischen Indien und dieser atlantischen Welt würde Deutschland sein, ein menschheitsbeglückender Hort des Pazifismus. Strünckmann sah Deutschland zwischen den „Mächten des Beharrens" England, Frankreich und Amerika und den „Mächten der revolutionären Neugeist-Bewegung" Italien, Russland und Indien, als „Herz Europas und der Welt". Es hatte den östlichen, erst faschistisch-kommunistischen, dann pazifistischen revolutionären Aufbruch in Richtung Westen zu vermitteln und weiterzutragen. „Dieses verdorbene, verbrauchte Blut der bürgerlichen Demokratie des Westens soll nun eine Verjüngung erfahren durch das frische, rote Blut des Faschismus, Bolschewismus und Ghandismus."[57] Der Gedanke einer weltbewegenden Mittlerrolle für Deutschland zwischen Ost und West war damals weit verbreitet. Strünckmanns origineller Beitrag war hier die spezielle Fokussierung auf das „indische Ferment". In einem Konzept für einen Aufruf an Ghandi beschwor er eine „innige Geistesgemeinschaft" zwischen Deutschland und Indien; wenn Ersteres Ghandis Gedanken des „Nicht-Widerstehens" in sich aufnehme, werde der Gedanke der Gewaltlosigkeit auch die anderen Völker der „atlantischen Welt" ergreifen.

> Der Weg über Indiens Befreiung geht über Deutschland. Nur ein innerster Entschluss der Deutschen kann es verhüten, daß die ganze atlantische Welt aufs neue der rohen Gewalt verfällt. Siegt der Gedanke der Gewalt noch einmal in Europa, dann wird England allein sich nicht wandeln können, dann wird Indien der Knechtschaft verfallen bleiben.[58]

Man solle Meister Ghandi bitten, durch seine Erscheinung und sein Wort Mut zu geben. Zuerst einmal wollte Strünckmann für die Initialzündung 100 deutsche Ghandijünger sammeln. Ihn lockte offenbar der Gedanke, wieder eine Bewegung zu inszenieren:

> Ich glaube, da nun in Deutschland sich nichts weiter regt und wir nicht vorwärts kommen, ohne eine neue geistige religiöse Idee, ist es meine Pflicht, gewisserma-

55 Strünckmann an AP, 20.5.1924, NLP (II) A8III.
56 Karl Strünckmann, *Die deutsche Rolle im Weltenspiel*, Flarchheim in Thüringen, 1928, S. 40.
57 Ebd., S. 39.
58 „An Ghandi", Typoskript, NLP (II) A8III, Beilage zu Briefwechsel AP-Strünckmann.

ßen beim Schicksal anzuklopfen, ob wir unter diesen Umständen Ghandi nach Deutschland kommen lassen sollen, damit endlich wieder das deutsche Schiff flott wird.[59]

Die Sache verlief, wie üblich, im Sande. Nachdem ein dickes Bündel Briefe zwischen den Beteiligten ausgetauscht worden war, war man sich immer noch nicht einig geworden, ob überhaupt und wozu man eigentlich Ghandi einladen sollte. Seiner These, dass Indien das geistig-religiöse „Ferment" für eine Respiritualisierung des Westens im Zeichen des Pazifismus liefern würde, blieb Strünckmann in den folgenden zwei Jahrzehnten dennoch treu. Um hier ein wenig abzukürzen und vorzugreifen: In welche Abgründe ein Dr. Strünckmann selbst mit Ghandi und bei allem Bekenntnis zur „Non Violence" zu stürzen vermochte, ja wie sich überhaupt Ghandismus, Vegetariertum und Tierschutz dann mit der Welt des Nationalsozialismus zu ergänzen vermochten, das demonstriert eine Broschüre Strünckmanns von 1935, *Das letzte Ziel! Ein Volk! Ein Glaube! Eine Kirche!* Hier schrieb er mit schmeichelndem Blick auf den „Führer":

> Ohne diese Einwirkung indischer Weltanschauung auf Deutschland wäre die Ausbreitung der vegetarischen Idee, des Tierschutzes, der Anti-Vivisektions-Bewegung und anderer ähnlicher Bestrebungen undenkbar. Es gibt heute kaum einen Deutschen, der nicht irgendwie bereits vom indischen Ferment direkt oder indirekt erfaßt wäre. So begrüßen wir es mit Freuden, daß der Führer und Reichskanzler Freund der vegetarischen Idee, Gegner der Schächtung, Anhänger des Tierschutzes und damit Gegner der Vivisektion ist. Diese entschiedene Einstellung Adolf Hitlers wäre vor 100 Jahren nicht möglich gewesen, ehe das indische Ferment auf deutsches Geistesleben eingewirkt hatte.[60]

Für die neue Zeit, die sich Ende der zwanziger Jahre unüberhörbar ankündigte, besaß Strünckmann ein feines Gehör. Im Januar 1928 machte er im Italien Mussolinis Urlaub, ein Aufenthalt, der ihm prompt „zu einem großen Erlebnis für mein Volk" wurde. Immerhin fuhren die Züge dort jetzt pünktlich. Strünckmann sah Italien erstaunt von „germanische[n] Tugenden" in Besitz genommen, der Faschismus hatte dort im Süden zweifelsohne eine „Aufnordung" bewirkt. Strünckmann fragte sich natürlich, ob, was in Italien Wirklichkeit geworden war, denn nicht auch in Deutschland möglich sei?[61]

Der Spannungsbogen der Weimarer Republik war dabei, sich zu vollenden; wo in den ersten Nachkriegsjahren schillernde Geistes- oder eben Christrevolutionäre das utopische Terrain beharkt hatten, da pflügten nun konservative Revolutionäre den Acker. Immer unverblümter lockte der Traum von der „nationalen" Revolution, der in der Regel zwar auch weit über dem realen Erdboden schweb-

---

59 Strünckmann an AP, 20.11.1926, NLP (II) A8III. Paquet übrigens nahm die Idee, Ghandi nach Deutschland zu bringen, Anfang der dreißiger Jahre wieder auf, diesmal zusammen mit Martin Buber.

60 Karl Strünckmann, *Das letzte Ziel! Ein Volk! Ein Glaube! Eine Kirche!*, Selbstverlag 1935, S. 25.

61 Strünckmann, *Weltenspiel*, S. 25 f.

te, dem aber definitiv das oft Spielerische, man möchte sagen: das Harmlose der Nachkriegsutopien fehlte.

Im Spätsommer 1929 besuchte Strünckmann in Nürnberg den „Kongreß der Nationalsozialisten", wo ihm klar geworden sei, wie er im Rückblick schrieb, dass nun das Dritte Reich zu marschieren begonnen habe.[62] Und Strünckmann begann sich einzureihen – aber er wäre nicht Dr. Strünckmann gewesen, wenn er nicht seine ganz eigene Vorstellung von Sinn und Zweck des Nationalsozialismus gehabt hätte.

V. „Über den Faschismus und den Bolschewismus hinaus will ein Jung-Deutschland, ein Jung-Europa, will der neue Mensch des Wassermannzeitalters werden."[63]

In den letzten Jahren der Weimarer Republik begann Strünckmann wieder verstärkt, organisatorisch aktiv zu werden; er veranstaltete ab 1929 mehrere „Blankenburger Biologische Wochen", 1932 einen „Metabiologischen Kongreß", beteiligte sich an der Gründung einer „Deutschen Biologischen Akademie" und glaubte 1932/33 mit der Gründung einer kleinen religiösen Arbeitsgemeinschaft (vielleicht kann man sie auch als eigene Religionsgemeinschaft bezeichnen) wieder an die christrevolutionären Zeiten anschließen zu können. Seine neuen organisatorischen Plattformen stellten, blickt man allein schon auf die Namensgebung, das „Biologische" in den Vordergrund, auch das ein Zeichen des herannahenden Nationalsozialismus, wenngleich, wie wir noch sehen werden, die „Metabiologie", die metaphysisch-religiöse-weltanschauliche Sinnsuche, Strünckmanns eigentliches Steckenpferd blieb.

Biologie und Metabiologie gehörten für ihn untrennbar zusammen. Im Gegensatz zu seinen manchmal recht originellen „metabiologischen" Ansichten war jedoch die biologistische Dimension von Strünckmanns Welt im völkischen Sinn vergleichsweise konventionell. Medizinisch gesehen besaß seine biologische Sicht auf die Welt dagegen wohl – immerhin war er ja auch ein über Jahrzehnte erfahrener und erfolgreicher Arzt – auch innovative Aspekte; Strünckmann war mit Naturheilverfahren vertraut, arbeitete nach psychotherapeutischen Gesichtspunkten und sein Blick auf die „Ganzheit" von Körper und Geist lässt sich sicherlich nicht gänzlich in pure Ideologie auflösen – aber annähernd schon.

Strünckmann sah die Natur von einer biologischen Rangordnung geprägt und jenseits der hierarchisch geordneten Naturreiche vom Erdreich bis zum Menschenreich mutmaßte er (wieder einmal nach „alter, urarischer Lehre") weitere „göttlich-geistige Welten" – das war der Bereich der „Metabiologie". Die „Lehre von der Gleichstellung der Menschen" fand er – natürlich – verhängnisvoll,

62 Strünckmann, *Das letzte Ziel!*, S. 72.
63 Strünckmann an AP, 27.5.1932, NLP (II) A8III.

Rassen, Völker und einzelne Menschen galten ihm je als über- oder untergeordnet. (Ihm fiel dazu der schöne Satz ein: „Die ‚folgen‘ müssen, bilden ‚das Volk‘."[64]) Und natürlich beklagte er die schleichende „Auflösung" der schönen biologischen Rangordnung ordentlich kulturpessimistisch. Es ging ja darum, Ordnung wiederherzustellen. Das ganze Bemühen dieser völkisch inspirierten Sinnsucher kann man vielleicht überhaupt beschreiben als das Bemühen, gegen die verwirrende, pluralistische Moderne eine vorgebliche „natürliche Ordnung" wiederherzustellen. Und zu dieser Ordnung der Dinge gehörten die Werte von Familie und Gemeinschaft, nicht der Individualismus. Bereits im *Christlichen Revolutionär* hatte Strünckmann geschrieben:

> Wer „Nest", „Herd", „Familie" oder wie immer man die unterste Stufe der menschlichen Gemeinschaft nennen mag, nicht anerkennt, der ist nicht mehr gesund, der ist entartet, der krankt am Lebenswillen. Und alle seine Werke, Worte und Taten tragen den Todeskeim in sich.[65]

Kann man den ersten Teil des Satzes als schlicht traditionell konservativ lesen, droht im zweiten Teil bereits der völkische Ideologe (und Arzt).

Strünckmann erklärte 1929 in einem Artikel in der *Psychatrisch-Neurologischen Wochenschrift* nichts anderes als den biologischen und metabiologischen Zusammenbruch der bürgerlichen Welt wahrzunehmen (und hatte vielleicht etwas anders als von ihm gedacht, gar nicht einmal so Unrecht damit).[66] Die Nerven spielten nämlich nicht mehr mit, da wurde gerade die letzte wertvolle Erbmasse an gesundem Nervenkapital aufgebraucht. „Mit dem Amerikanismus kam unter anderem auch die Neurasthenie zu uns, die vor 100 Jahren in Deutschland ganz unbekannt war. Denn nichts wird so sehr durch den modernen Kapitalismus belastet, zermürbt und schließlich aufgerieben wie das zarte menschliche Nervengewebe." Die Frage nach der richtigen Ernährung für den anstehenden Wandel vom „Muskel- zum Nervenmenschen" sollte ihn die nächsten Jahre intensiv beschäftigen.[67] Es galt in einem kommenden „Volksstaat" die Arbeit des Volkes wieder mit seinem Nervenrhythmus in Einklang zu bringen. Die Arbeit, so Strünckmann, die zum „Frondienst und Mammonsdienst" geworden sei, müsse nun „wieder Volksdienst und Gottesdienst werden." Das Rezept, das er gegen „Industrialismus und Kapitalismus" empfahl, die das „deutsche Volkstum" zu ersticken drohten, war eine neue „menschliche" Gesellschafts- und Staatsform, „die wieder an die Ideale des gothisch-katholischen Menschen im deutschen Mittelalter anknüpfen wird". Das war ein zentrales Traumbild des völkischen Fundamentalismus, diese altdeutsch drapierte Zukunft zwischen Butzenschei-

---

64 Strünckmann, *Weltenspiel*, S. 13.
65 CR, 2. Jg. (1921), Nr. 2, S. 7 f.
66 Karl Strünckmann, *Die „Volks"-Wende (der biologische und metabiologische Zusammenbruch der bürgerlichen Welt.)* in: Psychatrisch-Neurologische Wochenschrift, 31. Jg., Juli 1929.
67 Und so verkündete er den „Totalitäts-Gedanken in der Ernährung". Vgl. gleichnamige Broschüre Strünckmanns, Heidelberg 1935.

ben, Dorflinden und Ständestaat, zwischen Werkgemeinschaften, Gilden und Orden. Eine heile, geborgene Welt des Glaubens und der Hingabe, die den „Sieg in der seelisch-geistigen Welt" gegen „Mammonismus, Materialismus und angelsächsischen Utilitarismus" oder wahlweise „Kapitalismus und Amerikanismus" erringen und zur deutschen „Wiedergeburt" führen würde. Für Strünckmann war das alles metabiologisch offensichtlich.

Er holte damals zum großen geistigen Wurf aus, die Krisenzeit beflügelte ihn offensichtlich ähnlich wie zu Beginn der zwanziger Jahre, und er entwarf ein umfassendes Bild der vergangenen und kommenden „metabiologischen" Entwicklung. Man stand nämlich gerade um nichts weniger als am Beginn eines neuen kosmischen Äons, dem Wassermannzeitalter. Und das 3. Reich würde gewiss kommen, das sagte er in seinem opus magnum von 1932, *Adolf Hitler und die Kommenden,* klar voraus (er veröffentlichte es unter dem Pseudonym Kurt van Emsen, es waren schließlich unruhige Zeiten und er war Sanatoriumsleiter). Für das Dritte Reich rechnete Strünckmann jedoch keineswegs mit tausend Jahren Dauer, hatte es doch nur die Bestimmung, „das sterbende Abendland abzubauen". Es war nur eine Zwischenstation auf dem Weg zum 4. Reich. Aufgabe dieses 4. Reichs allerdings würde dann die „Gestaltung des neuen atlantischen Kulturreichs im Wassermann-Aeon" sein.[68] Ein friderizianisch-theresianisch verschmolzenes Großdeutschland würde dieses neue Erdzeitalter mit der Verwirklichung des durch Ghandi verkörperten Pazifismus einleiten. Hitler war daher für Strünckmann auch nicht mehr als „der große Trommler der deutschen Revolution".[69] Und während sich das im Dritten Reich vollendende „Volksmassiv", also schlicht gesagt die ganz normale nationalsozialistische deutsche Bevölkerung, dem Idealbild des Helden zuwenden würde, rechnete Strünckmann damit, dass sich parallel eine „geistig spirituelle Oberschicht", „deutsch-menschheitlich" denkend und am Ideal des Heiligen orientiert, bereits um die Vorbereitung des nächsten Reiches kümmern werde.

> Auf der einen Seite der unbekannte Soldat – der namenlose Held, – auf der anderen Seite der für das Volksganze in Liebe sich verzehrende und aufopfernde, christliche Kommunist, in dem die alte Urkirche der Apostel lebendig wird.[70]

Strünckmann sah hier eine Analogie zur englischen Revolution und den Polen Oliver Cromwell und George Fox (einem der Gründungsväter der Quäker). Dass er die durch das indische Ferment rundzuerneuernde „atlantische Welt" für sich entdeckt hatte, war wohl auch seiner Beschäftigung mit den angloamerikanischen Quäkern und den revolutionären Traditionen der Puritaner geschuldet.

---

68 Kurt van Emsen (d. i. Strünckmann), *Adolf Hitler und die Kommenden,* Leipzig 1932, S. 15; 91; vgl. auch als Kurzfassung Karl Strünckmann, *Der dreifache Weg ins Kommende,* in: Utopia, Nr. 7, 1932.
69 van Emsen, *Hitler,* S. 95.
70 Karl Strünckmann, *Was will werden?,* in: Weiße Fahne 11. JG. (1930), Nr. 3; vgl. auch van Emsen, *Hitler,* S. 21.

Nun entdeckte er sogar noch einmal Präsident Wilsons 14-Punkte-Programm des Ersten Weltkriegs als Vision wieder, die das neue Deutschland umsetzen sollte. Der Verfasser verstand sein komplexes Werk über *Adolf Hitler und die Kommenden* selbstverständlich, wie er 1932 Paquet schrieb, als „ein Instruktionsbuch [...] für die Führer", nicht für die Massen. Dass Paquet von den Nationalsozialisten rein gar nichts hielt, auch nicht als kosmisch bedingtes Übergangsphänomen, konnte Strünckmann einfach nicht nachvollziehen. Er verteidigte sich gegenüber Paquet (der die abstruse Idee mit dem *Vierten* Reich kritisiert hatte, das zumal doch gar keine mystische Zahl sei) mit dem Bekenntnis, selbstverständlich trete er auch weiterhin für einen „völkischen und übervölkischen Föderalismus" ein. Zudem werde er „bislang aus Nazikreisen" am stärksten angegriffen, und wenn nun Paquet, befangen „in der Frankfurter/jüdischen Atmosphäre" (Paquet lebte in Frankfurt, vertrat eine rheinische Europaidee und schrieb für die liberale *Frankfurter Zeitung*), ihn von der anderen Seite her angreife, sei das doch ein Beweis, dass er, Strünckmann, mit dem Buch die goldene Mitte eingehalten habe.[71] Im Übrigen fühlte sich Strünckmann wieder einmal auf der Höhe der Zeit. Er fragte den widerstrebenden Paquet: „Oder (verzeihen Sie meine Offenheit) sind Sie bereits auch schon verkalkt? Können Sie mit der jungen Generation nicht mehr mit?"[72] Strünckmann jedenfalls konnte.

In die reale ideologische Welt des kommenden Dritten Reiches passten seine Einfälle dennoch nur sehr bedingt. Seine Welterklärung war dafür, nun, etwas zu eigensinnig. So verstand er die „Hitlerische Bewegung" partout als „Vorstoß romano-germanischer Kräfte in den slavo-germanischen und nordischen Lebensraum". Aber als dezidiert „römisch-absolutistisch", als besonders „romanisch-römisch" verstanden sich die Nationalsozialisten sicherlich nicht.[73] Auch mit der Rassenfrage konnte Strünckmann im nationalsozialistischen Sinn nicht punkten; die „Judenfrage" interessierte ihn offenbar nicht sonderlich, sie kam in *Adolf Hitler und die Kommenden* gar nicht vor, und das war im damaligen Zeitkontext bereits eine deutliche Aussage. Strünckmann hielt eine ganz andere „Rassenfrage" für viel bedeutsamer:

> Schließlich ist auch die Rassenfrage von berufener und unberufener Seite in weite Kreise der Öffentlichkeit getragen. Da interessiert uns vor allem das wichtigste deutsche Rassenproblem: der nordisch-heroische, protestantisch-friderizianische Niederdeutsche und der katholische, barock-dinarische, theresianische Alpendeutsche wollen in einer höheren Einheit zusammengefaßt werden, falls das dritte Reich der großdeutschen Nation von Dauer sein soll.[74]

71 Strünckmann an AP, 27.5.1932, NLP (II) A8III.
72 Strünckmann an AP, 6.2.1932, NLP (II) A8III.
73 van Emsen, *Hitler*, S. 61.
74 Ebd., S. 14.

Strünckmann analysierte in *Hitler und die Kommenden* vor allem die historischen Umbrüche, die seine Generation mit voller Wucht erlebt hatte, vom Bismarckschen Reich über Wilhelminismus und Weltkrieg, durch Revolution und Republik hindurch, nur um erneut in einer Krise zu landen, die umfassend war: ökonomisch, politisch und „weltanschaulich". Eine Krise, deren mentale Bewältigung vielleicht ja auch wirklich etwas erträglicher wurde, wenn man sie sich als kosmischen Wendepunkt erklärte.

Illustriert mit immer ausgeklügelteren Diagrammen, auf die er sehr stolz war, interpretierte Strünckmann also die Frontstellungen der jüngeren deutschen Geschichte und Zukunft. Da gab es die „Bismarck-Front", die im Weltkrieg auf die „Anti-Bismarck-Front der Reichsfeinde" gestoßen war, was zur „Slawogermanischen bolschewistischen Revolte" geführt hatte, während nun die „Klerikal-faschistische Vatikanfront" (die Nazis!) in einer „Romano-germanischen faschistischen Contre-Revolte" mit der „Anti-Bismarck-Front der Reichsfeinde" zusammenstieß, um bald in der „Nordisch-deutsche[n] Total-Revolution" von der „Front der ‚Schwarzen Fahne'" abgelöst zu werden, die um 1944 ihren Höhepunkt erreichen würde.[75]

Das war der Weg von der „Beil- zur Heilzeit". Hier sprach der unbedingte Wille zur totalen Welterklärung, bei so einem Durchblick musste man sich wahrscheinlich wirklich zum armanischen Seher berufen fühlen. (Wobei im Detail betrachtet Strünckmann manchmal auch durchaus nachvollziehbare Interpretationsansätze anbot.)

In der Totalrevolution der Front der Schwarzen Fahne, die für 1944 angesagt war, bestand nun Strünckmanns eigentliches Hoffen und Wollen. Da wetterleuchtete schon das deutsche Welt-Friedensreich am Horizont. Diese Front würde aus Aktivisten der Bauern, Soldaten und Arbeiter entstehen, geführt von nordischen Elementen, weder „russisch-bolschewistisch" noch „romano-faschistisch", sie hätten der erwachten Nation Ziel und Richtung zu geben: „Aus Jung-Deutschland soll Jung-Europa werden."[76]

Schwarze Front, das waren bündische Jugend, Nationalrevolutionäre und „linke" Nationalsozialisten. Strünckmann baute auf den Tat-Kreis um Hans Zehrer, den „Strasserkreis" und Ernst Niekisch mit seiner „Deutschen Widerstandsbewegung". Auf Letzteren, mit dem Strünckmann in diesen Jahren einen ausgedehnten Briefwechsel unterhielt, dürfte auch die Interpretation des Nationalsozialismus als „klerikal-faschistische Vatikanfront" zurückzuführen sein. Niekisch veröffentlichte ebenfalls 1932 sein Buch *Hitler, ein deutsches Verhängnis*, das tatsächlich „antifaschistisch" in dem Sinne war, als dass ihm die Nazis zu westlich, katholisch und „welsch" erschienen, als schlechte Kopien Mussolinis und zu wenig deutsch und revolutionär. (Niekischs Werk wurde von A. Paul Weber

---

75 Ebd., S. 65.
76 Ebd., S. 68.

illustriert, dessen „antifaschistische" Zeichnungen dann bis heute eine ganz erstaunliche Rezeptionskarriere hinter sich brachten.)[77] Einig waren sich beide, dass die wahren deutschen Revolutionäre erst hinter den Nationalsozialisten aufmarschierten. *Die Kommenden* war auch der Titel einer nationalrevolutionären Zeitschrift, die zeitweilig von Ernst Jünger mitherausgegeben wurde und zu der Strünckmann ebenfalls Kontakte unterhielt. Diese virulente Politszenerie rund um die nationalrevolutionäre Ecke der Konservativen Revolution bot einem Strünckmann natürlich einen ganz anderen Resonanzboden als die uniforme Massenpartei des einen großen Führers. Strünckmann wollte mit vorangehen und im großen Stil den Weg weisen. Zum richtigen Nazi taugte er mit seinen eigenwilligen Ideen sowieso nicht. So hoffte er auf eine „deutsche Volkswende", die durch „Arbeiter, Jugend und Frontkämpfer sowie die verschiedenen Reformer und Schwarmgeister" eingeleitet würde, an ihrer Spitze „die Revolutionäre aus allen Lagern".[78]

Mit Hitler war genau das nicht zu machen, Strünckmann muss dafür ein klares Empfinden gehabt haben. Dass Hitler von den völkischen Schwarmgeistern nichts hielt, sagte er nach 1933 bald sehr deutlich, und der Rest der ernster zu nehmenden Konkurrenz wurde zusammen mit Röhm 1934 ausgeschaltet. Es gehört zu der Tragik der völkischen Sinnsucher, dass, nachdem die große deutsche Wiedergeburt in die Wege geleitet war, gerade auf sie, die doch ein ganzes Leben von nichts anderem geredet hatten, nun gar kein Wert gelegt wurde.

VI. „Deutschland soll endlich ein heiles Land werden auf allen Ebenen."[79]

Seit der Jahreswende 1929/30 begann Strünckmann mit der 1. Blankenburger Biologischen Woche wieder organisatorisch aktiv zu werden; hier kamen „Lebensreformer der verschiedensten Richtungen" zusammen, um die „geistige, seelische und leibliche Wiedergeburt des deutschen Menschen" durchzudiskutieren. Nach zwei erschöpfenden Wochen war ein Ergebnis die Forderung nach der Rückkehr zu den „drei arischen Urquellen" (dem „nordischen Urquell", dem „indischen Urborn" und dem „urchristlichen Quell").[80]

Zu den Teilnehmern gehörten Hans Gregor, „geistiger Führer der Reformhausbewegung" und Leiter einer Lebensreformschule, aber auch ein weiterer „Führer", diesmal der Artamanenbewegung, deren Ziel die Ostsiedlung war und die

---

77 Vgl. dazu: Thomas Dörr, „Mühsam und so weiter, was waren das für Namen ..." – Zeitgeist und Zynismus im nationalistisch-antisemitischen Werk des Graphikers A. Paul Weber. Lübeck 2000 (= Schriften der Erich-Mühsam-Gesellschaft. Heft 18).

78 Strünckmann, Die „Volks"-Wende.

79 Heil-Land, Mitteilungen in zwangloser Folge für die Gemeinschaft nordischer, evangelischer und katholischer Menschen der Siedlungsgemeinde auf dem Heil-Land und ihrer Freunde, Nr. 1, Februar 1934, Blankenburg.

80 Vgl. ebd. den Bericht Strünckmanns über seine biologischen und metabiologischen Aktivitäten seit 1929.

Himmler zur SS-Ordensgründung mitinspirierte; auch Schulze-Sölde tauchte hier wieder auf und sprach „Vom deutschen Stirb und Werde!"

Zwei Jahre später, 1932, fanden die nächsten Biologischen Wochen in Blankenburg statt, wo Strünckmann ein Sanatorium leitete. Wie schon nach dem Ersten Weltkrieg steigerte die Krise der Republik Strünckmanns Energien, auf dem Höhepunkt 1932/33 war er entsprechend am aktivsten.

Die 4. Blankenburger Woche an Ostern 1933, dem wohl größten Treffen, war dem Thema „Boden und Brot in ihrer Bedeutung für Deutschlands Neuaufbau" gewidmet. Die Veranstaltung teilte sich in zwei Abschnitte, der erste war der Bodenreformfrage und den Siedlungsprojekten der vergangenen Dekade gewidmet; da wurde „Eden als Beispiel einer Lebensreformersiedlung" vorgestellt und der Arbeitsdienst thematisiert, es ging um Bauernsiedlungen und Volkstum sowie um Siedlungen im städtischen Umfeld. Der zweite Teil des Treffens drehte sich um das Verhältnis von Chemie und Biologie zu Boden, Ernährung und Stoffwechsel, die Themen hießen „Körper, Seele und Brot" oder „Nahrung und Mensch in der Ganzheit". Die Tagung begann in der Früh mit „Luftbad, Gymnastik und Gesang", die Teilnehmer sollten sich im Vorfeld melden, ob sie Einzeldarbietungen für das kulturelle Beiprogramm einstudieren mochten, Volkstänze waren erwünscht, man machte auch einen Ausflug zum Hexentanzplatz und auf den Brocken. Zu essen gab es „reichliche, vegetarische Reformkost".[81] Das klang alles nach guter alter Lebensreform und es war zum Teil auch das ein wenig in die Jahre gekommene, auch abgekämpfte Personal der diversen Reformbewegungen, das sich hier zum Stelldichein traf. An Ostern 1933 trat Leberecht Migge, der deutsche Gartenstadtpapst, in Blankenburg auf, und bei der 2. Biologischen Woche hatte Adolf Damaschke, der Doyen der Bodenreformer, noch einmal die ganzen grässlichen Folgen des Lebens in der Großstadt referiert:

> Er zeigte uns, wie durch die Sünde am Boden, der zum privaten Besitz- und Spekulationsobjekt gemacht wurde, eine Sündflut [sic!] über uns hereingebrochen ist. Proletariertum, Auswanderung, Wohnungselend, Krankheiten, Flucht vor der Mutterschaft, Vaterlandslosigkeit, und Arbeitslosigkeit sind nur einzelne Folgeerscheinungen der Bodenrechtsverhältnisse.[82]

Die 5. Biologischen Wochen an Ostern 1934, soweit ersichtlich die letzten, widmeten sich dem Thema: „Die Frau in unserer Zeit"; das Spektrum der Referate reichte vom „Wunder des Stoffwechsels" bis zum „Biologischen (lebensgesetzlichen) Rhythmus in Heim und Küche". Der zweite Teil drehte sich diesmal um ein Gebiet, das Jahrzehnte später die spirituell orientierten Teile der Frauen-

---

81 Programm der 4. Blankenburger Biologischen Woche, gedruckt, NLP (II) A8III, Beilage zu Briefwechsel AP-Strünckmann.
82 „Zweite Blankenburger Biologische Woche", gedruckt, NLP (II) A8III, Beilage zu Briefwechsel AP-Strünckmann.

bewegung wieder entdecken sollten: „Die religiösen Urkräfte und die deutsche Frau". Im Sinne Strünckmanns forderte das Programm, dass das Thema Frauen von „beiden Polen, vom biologischen Pol (Heim und Küche) sowie vom meta-biologischen Pol (religiöse Urkräfte) gleichzeitig in Angriff genommen" werden müsse.[83]

Zu Strünckmanns Enttäuschung blieben die Biologischen Wochen – bis auf die erste – jedoch zu sehr im Biologischen verhaftet, kam die Metabiologie, also der ganze Bereich der religiösen, spirituell-kosmischen und geschichtsteleologi-schen Planspiele nach seinem Geschmack entschieden zu kurz. Das galt auch für die „Biologische Deutsche Akademie", die er am Ende der 4. Biologischen Wo-che 1933 mitgegründet hatte und deren erste (und einzige?) öffentliche Tagung im Herbst 1933 lag. Vorausblickend hatte sich Strünckmann bereits im Februar 1932, also ein Jahr vor der Machtergreifung, an Gregor Strasser gewandt, da-mals noch nationalsozialistischer Abgeordneter, um wegen der Namensgebung anzufragen. Strasser gab grünes Licht für „Nationale Akademie für soziale Bio-logie", die Begriffe „nationalsozialistisch" oder „III. Reich" sollten jedoch nicht im Titel geführt werden. So funktionierte Rückversicherung am Ende der Repu-blik.[84]

Ein Aufruf der Biologischen Deutschen Akademie sprach davon, dass man eine „Deutsche Hochschule für Lebenskunde und Lebensschulung" sein wolle, Ziele waren die „biologische Durchdringung des Deutschtums", die „biologische Volksschulung", die „biologische Volkswerdung".[85]

Bei der Herbsttagung der Akademie Anfang Oktober 1933 in Blankenburg ver-öffentlichte man einen Aufruf zur Reform des deutschen Gesundheitswesens. (Die Kontinuität gewisser Themen in der jüngeren deutschen Geschichte ist wirklich unglaublich.)

Da war die Rede davon, dass der nationalen Revolution auch ein „gesundheitli-cher, biologischer und rassischer Wiederaufbau" folgen müsse, „den einzig und allein eine Regierung der starken Hand und der unbedingten Autorität gegenüber den bisher herrschenden wissenschaftlich-autoritären Gewalten und den kapita-listisch-liberalistischen Nutznießern des Gesundheitswesens mit uns gemeinsam durchsetzen kann".[86]

Man stellte sich also (ernsthaft?) vor, man könne so quasi nebenbei die national-sozialistische Gesundheitspolitik mitbestimmen. Die Diagnose allerdings, dass

---

83 Programm der 5. Blankenburger Biologischen Woche, gedruckt, NLP (II) A8III, Beilage zu Brief-wechsel AP-Strünckmann.

84 G. Strasser an Strünckmann, 29.2.1932, NLP (II) A8III, Beilage zu Briefwechsel AP-Strünckmann.

85 „Aufruf!" (der Biologischen Deutschen Akademie), gedruckt, NLP (II) A8III, Beilage zu Brief-wechsel AP-Strünckmann.

86 „Aufruf! Zur Reformation des deutschen Gesundheitswesens", gedruckt, NLP (II) A8III, Beilage zu Briefwechsel AP-Strünckmann.

die „weiße Rasse chronisch und erblich arzneiserum-, nahrungs-, reiz-, genuss-, darm- und selbstvergiftet [ist]", das war die übliche lebensreformerische Litanei seit drei Jahrzehnten und war genau das, was Strünckmann auch schon im Kaiserreich beklagt hatte. Hier offenbarte sich wieder einmal die Ambivalenz vieler Reformforderungen. Der Kampf gegen ein „materialistisch eingestelltes" Gesundheitswesen war auch mit Ansätzen einer genuin nationalsozialistischen Gesundheitspolitik kreuzbar. Strünckmann und seine Freunde forderten die Trennung von „Volksärzten" und „Forscherärzten", die offizielle Aufwertung des „Heilkundigenstandes", um die „Exponenten des idealistischen, priesterlichen Heilkunstprinzips" zu fördern (also Leute wie Strünckmann selbst), aber auch die Ausmerzung aller „in die Heil- und Lebensreformbewegung eingedrungenen Eigenbröteleien" (man wollte ja auch ernst genommen werden). Übrigens brachte man auch den Vorschlag einer Art Bürgerversicherung ein, mit Auswirkungen auf die Höhe der Rente, je nachdem, wie oft man Versicherungsleistungen in Anspruch genommen hatte.

Strünckmann hatte einer nationalsozialistischen Medizin durchaus vorausgedacht, als er in den zwanziger Jahren soziale Krankheitsursachen abgelehnt und dezidiert auf die körperliche und geistige Eigenverantwortung des Einzelnen für seine Krankheiten verwiesen hatte.[87] Wer krank war, war auch selbst Schuld dran.

Aber all das, ob der Kampf gegen den „Rassentod" oder Forderungen nach gesundem Brot, besaß immer noch nicht die metabiologische Dimension, die Strünckmann umtrieb. Da doch nur dem Eingeweihten die Gnade zuteil ward, „zu lauschen, wenn die höheren Mächte das Schauspiel schreiben", war es verständlich, dass ein solcherart Eingeweihter das auch mal gerne vor fachkundigem Publikum dargelegt hätte.[88]

Mit Schulze-Sölde diskutierte er 1932 eine Wiederbelebung der Christrevolutionäre, wobei der sich gegen die von Strünckmann vorgeschlagene Namensänderung in „Religiös-revolutionäre Pioniere der katholisch-kommunistischen Jesusfront" entschieden wehrte. Dafür einigte man sich aber darauf – Schulze-Sölde hatte mit Otto Strasser gesprochen –, nun die Schwarze Fahne als Symbol zu übernehmen.[89]

Endlich berief Strünckmann zur Jahreswende 1932/33 den ersten (und einzigen) Metabiologischen Kongress in Volkertshausen/Baden ein, das Thema hieß: „Was will werden? Die deutsche Revolution wird eine religiöse sein oder sie

87 Vgl. Walter Wuttke-Groneberg, „Kraft im Schlagen – Kraft im Ertragen!" Medizinische Reformbewegung und Krise der Schulmedizin in der Weimarer Republik, in: Hubert Cancik (Hrsg.), Religions- und Geistesgeschichte in der Weimarer Republik, Düsseldorf 1982, S. 277–300, hier: 295 ff.
88 Strünckmann, Weltenspiel, S. 17.
89 Schulze-Sölde an Strünckmann, 9.9.1932, zitiert nach Linse, Barfüßige Propheten, S. 152.

wird nicht sein."[90] Nach Strünckmanns Geschmack berücksichtigten die Nationalsozialisten, deren Machtübernahme er erwartete, nicht genügend die religiöse Situation, die für ihn ebenso wie die „nationale" eine Sammlung erforderte. Er hoffte aus den diversen christlichen Strömungen wie auch aus den antichristlichen und deutschgläubigen Bestrebungen wieder einmal kommende Christrevolutionäre zusammenzuschmieden. Im Anschluss an den Kongress gründete man den „Ring religiöser Revolutionäre", der sich wenige Wochen später nach der „Nationalen Revolution" bereits wieder auflöste, weil er nun „überflüssig" geworden sei. (Und allein schon wegen seines Namens wohl kaum von den neuen Machthabern lange akzeptiert worden wäre.) Dafür entstand die „Stille Front", die „Pioniere der dritten Kirche". Ende 1933 lud Strünckmann dann zu den Blankenburger Religionsgesprächen, bei denen man die „Nordisch-evangelisch-katholische Arbeitsgemeinschaft" beziehungsweise „Heil-Land" gründete. (Strünckmann hätte es vorgezogen statt „nordisch" „arisch-buddhistisch" oder „indogermanisch" zu sagen, aber „nordisch" sei nun einmal zum Schlagwort geworden.)[91] Da war die Rede vom „kosmischen Prozess unserer völkischen Erneuerung und Einigung" und vom „Dombau der deutsch-völkischen Einswerdung", und hinter diesem Wortgeklingel stand die Grundidee eine Art dritter Konfession zu schaffen, die die konfessionelle Trennung Großdeutschlands (wir erinnern uns, ein Grundtrauma Strünckmanns) aufheben würde. Analog zur „Nationalen Sammlung" wollte man endlich auch auf religiös-spirituellem kirchlichen Gebiet die Volksgemeinschaft angehen, die „religiöse, gross-deutsche Volksfront".[92]

Die 30 Teilnehmer betonten zu Anfang des Treffens ihre Treue zu Adolf Hitler, man sang das Niederländische Dankgebet und Strünckmanns Kompagnon Johannes Weigle sprach ein „völkisch-religiöses Gebet". Dann war Strünckmann in seinem Element:

> Strünckmann zeigt in seinem etwa anderthalbstündigen Vortrag in seiner zu Miterleben führenden Art die biologisch-metabiologisch-geschichtlichen Zusammenhänge auf. Das ganze Menschheitsgeschehen ist ein von Gott diktiertes Drama, zu dem der Mensch nichts weiter tun kann, als die ihm zugewiesene Rolle besser oder schlechter zu spielen. […] Strünckmann's biologisch-geschichtliche Rückschau macht Blinde sehend. Seine Neigung zur Vorausschau kann den Schwachen leicht zum Pessimisten machen. Nicht so, wenn [er] auf den Einzelnen zugleich als Seelenarzt einwirken kann, und das tat er nachträglich mit sichtlich guter Wirkung. St. lebt und webt im Mystischen, das Mysterium hält er für unantastbar, er

---

90 „Metabiologischer Kongreß in Volkertshausen/Baden", gedruckter Aufruf/Programm, NLP (II) A(III), Beilage zu Briefwechsel AP-Strünckmann.

91 „Zur kirchlichen religiös-spirituellen Lage in Deutschland", Typoskript, NLP (II) A8III, Beilage zu Briefwechsel AP-Strünckmann.

92 „Deutsche Freunde!", Typoskript, NLP (II) A8III, Beilage zu Briefwechsel AP-Strünckmann.

offenbart nicht dem Volke sondern bleibt der Arzt und Armane, der Kraft seines Glaubens im einzelnen Falle helfen kann.[93]

Freilich nur „Ariern", denn die waren ausschließlich zugelassen, wobei wiederum bemerkenswert ist, dass die Konzeptpapiere der Arbeitsgemeinschaft ausdrücklich in Zitaten davon sprachen, dass, wer „Rassenvergötterung zur Religion" erhebe, selbst ein „trauriges Opfer materialistischer Denkweise" geworden sei. Und in einem Privatbrief sprach Strünckmann im April 1933 davon, dass er Inder genug sei, um niemals vom Phänomen auf den Ewigkeitskern zu schließen, und das gelte auch für die Rassenfrage.[94] Dennoch, als es einem der anwesenden Pfarrer zu bunt (bzw. wohl endgültig zu unchristlich) wurde und er die Versammlung verließ, vermeldete das Protokoll: „W.'s [vermutlich Weigles, O.P.] Erklärung dafür, dass der betr. Herr allem Anschein nach nicht über hinreichend arisches Blut verfüge, wurde nicht widersprochen."[95]

Der Fortgang der Tagung überschritt mit Blick auf diesen Weigle, Strünckmanns neuen Mitstreiter, die Grenzen unfreiwilliger Satire. Weigle hatte nämlich eine neue Wissenschaft erfunden, die „Logonomie", mit der er mathematisch-exakt in die „Physik des Wortes" einzudringen gedachte. Das hieß, er war sich sicher, die Lautverschiebungen im Prozess der historischen Sprachentwicklung als „biologischen-pathologischen Prozess, auf die Verseuchungen arischen Blutes durch Judenblut" zurückführen zu können. Seine Schlussfolgerung:

> Auf Grund der durch die Entdeckungen W.'s gewonnenen neuen Einsichten in den Bios der Sprachen und demzufolge in das Wesen der Weissagung, der Kunst und der Menschheitsgeschichte darf nun auf religiösem Gebiet zweifelsfrei festgestellt werden, dass die Lehre Xristi nichts anderes ist als eine arische Blutreinhaltungslehre von Xristos [...].[96]

In seinem fünfstündigen (!) Vortrag hatte Weigle nämlich zweifelsfrei nachgewiesen, dass die ersten drei Kapitel des Johannisevangeliums den „Schlüssel zu der ganzen arischen Rassen-Gesetzesweisheit" enthielten. Das Problem der Deutschchristen, zu denen wir diese Veranstaltung rechnen dürfen, lag ja darin, dass sie beweisen mussten, dass Jesus bloß kein Jude gewesen war. Man ging nicht so weit wie die Deutschgläubigen, die sich vom Christentum feindlich distanzierten (weshalb Strünckmann da auch nicht mit konnte). Also musste man die Figur Jesus Christus „arisieren" und gleichzeitig das Alte Testament als definitiv jüdisch vom „arischen" Neuen Testament entkoppeln (das Alte Testament zu arisieren brachte selbst ein Dr. Weigle nicht zustande). Weigle legte schließ-

93 Johannes Weigle (?), „Kurzer Bericht über die Blankenburger Religionsgespräche vom 27. bis 30.12.33", Typoskript, NPL (II) A8III, Beilage zu Briefwechsel AP-Strünckmann.
94 Strünckmann an Prof. Richard Koch, 1.4.1933, NLP (II) A8III, Beilage zu Briefwechsel AP-Strünckmann.
95 Johannes Weigle (?), „Kurzer Bericht über die Blankenburger Religionsgespräche vom 27. bis 30.12.33", Typoskript, NLP (II) A8III, Beilage zu Briefwechsel AP-Strünckmann.
96 Ebd.

lich noch dar, dass das Neue Testament (eigentlich aber Dr. Weigles Testament, denn er hatte es schlicht umgeschrieben) nicht nur „als religiöser Kult-Kodex" gedacht werden dürfe, „sondern nur dann zum Heile des deutschen Volkes führen kann, wenn es in weltlichen, deutsch-völkischen Paarungs-, Ernährungs- und Wirtschaftsgesetzen verankert und verkraftet wird". Man könnte noch hinzufügen, dass diese Rassenhygienegesetze nach „Xristi" laut Auskunft Weigles von einer „mammonistischen Wirtschaftsordnung" nicht zu verkraften waren. „Auch letzteres erläuterte W. als praktischer Volkswirtschaftler."[97]

Direkt nach der Tagung schrieb Strünckmann an Schulze-Sölde, der sich fern gehalten hatte:

> Alles in Allem, das was Adolf Hitler auf der politischen nationalen Ebene zu leisten hatte, dasselbe zu leisten auf der kirchlich religiösen Ebene, dazu ward uns der Auftrag. Und alle Teilnehmer hatten den Eindruck, dass der Auftrag von oben kam.[98]

VII. Ein Gottestag für den Endsieg. Abgesang

Strünckmanns metabiologisches Deutschchristentum wollte wie auch die anderen religiös-völkischen Experimente selbst im Dritten Reich nicht florieren. Obwohl er sich 1935 mit einer kleinen Schrift *Das letzte Ziel! Ein Volk! Ein Glaube! Eine Kirche!* sogar Mühe gab, höchste Protektion zu erlangen. Die Broschüre trug das Motto: „Der nationalsozialistischen Revolution muss die kirchlich-religiöse mit innerer Notwendigkeit folgen." (Womit ihr Inhalt auch schon trefflich beschrieben wäre.) Ein Gutachten der Reichsstelle zur Förderung des deutschen Schrifttums stimmte zwar Strünckmanns Einschätzung der Wirkung des „indischen Ferments" auf Vegetarismus und Tierschutz in Deutschland zu, aber allein schon sein Argument, die Polarität von Kaiser- und Gottesreich habe das Abendland Ströme von Blut gekostet, ließen die Reichsstelle zum Schluss kommen, das Büchlein sei „nur sehr bedingt" zu empfehlen.[99] Der Führer der Deutschen musste innenpolitisch religiöse Pluralität walten lassen, von einem Dr. Strünckmann konnte er sich das Dritte Reich nicht einfach zum Gottesstaat umschreiben lassen. Daher durfte Strünckmann seine Schrift auch nicht, wie in einem Schreiben an die Kanzlei des Führers gewünscht, „dem deutschen Volke und seinem Führer" widmen, für so etwas brauchte man eine Erlaubnis, und die versagte ihm die NSDAP. Die Partei enthalte sich grundsätzlich der Förderung

---

97 Ebd.
98 Strünckmann an Schulze-Sölde, 1.1.1934, NLP (II), A8III, Beilage zu Briefwechsel AP-Strünckmann.
99 Reichsstelle zur Förderung des deutschen Schrifttums an Strünckmann, 14.10.1935, im Anhang ein Gutachten, datiert 12.10.1935, NLP (II) A8III, Beilage zu Briefwechsel AP-Strünckmann.

religiöser Bestrebungen, so der ablehnende Bescheid, man suche die „politische Volksgemeinschaft".[100]

Es wird ruhiger um Dr. Strünckmann in der zweiten Hälfte der dreißiger Jahre. Er hielt in seinem Sanatorium nun Schulungswochen ab, die Nachfolger der Biologischen Wochen. Das Publikum waren vor allem Lehrer und „Volkserzieher", auf dem Programm stand wieder die Praxis der Lebensreform, gesunde und naturgemäße Lebensführung, Gesundheitspflege und „neuzeitliche Küchenführung im Dienste der Gegenwartsaufgaben der deutschen Wirtschaft und des deutschen Menschen". Nach Instruktionen über Düngung, die „Chemie des Honigs" und Küchenzetteltipps wurde da auch über die „Befreiung der nationalen Wirtschaft von ausländischen Nahrungsmitteln" referiert.[101]

Strünckmanns metabiologischer Wirkungskreis war nun etwas beschränkter geworden, aber es brodelte in ihm weiter, 1936 schrieb er an Paquet:

> Ich stehe in vielen schweren Kämpfen, aber nach wie vor sehe ich meine letzte grosse Lebensaufgabe darin, das Biologische, das Nationalsozialistische und das Religiöse (Jesus von Nazareth als Meister und Führer der Führer) in eine innige Drei-Einheit zusammen zu fassen.[102]

Und im nächsten Brief fügte er im Hinblick auf die Vergangenheit hinzu:

> Jetzt wird Wirklichkeit werden, was wir damals mehr spielerisch als Schwarmgeister erlebten.[103]

Im Krieg beschäftigte Strünckmann die religiöse Wiedergeburt des deutschen Volkes immer noch; er initiierte eine theologische Arbeitsgemeinschaft „Meister Eckhardt", auch Schulze-Sölde war wieder mit an Bord, hier diskutierte man über Germanengläubigkeit versus Christusgläubigkeit, formulierte „Gottsucherthesen" und sprach von einer zu gründenden Dombaugilde. Auch von der „Kristrevolution" war wieder und immer noch die Rede.

1943, Strünckmann war weiterhin überzeugt, das deutsche Volk sei „unentbehrliches Werkzeug Gottes" sowie „zum Führervolk Europas bestimmt", beflügelte ihn noch einmal die ganz große Vision.[104] Er schlug dem Propagandaministerium vor, reichsweit einen „Gottestag" einzuführen, bei dem alle religiösen Deutschen in einem gemeinsamen Bekenntnis für den Endsieg beten sollten.

---

100 Reichsleitung NSDAP an Strünckmann, 15.10.35, NLP (II) A8III, Beilage zu Briefwechsel AP-Strünckmann.

101 *Boden, Blut und täglich Brot!*, Broschüre, Bericht über die Blankenburger Schulungswochen zur Jahreswende 1935/36; *Im Dienste der neuen Volksernährung*, Broschüre, Bericht über die Blankenburger Schulungswoche im November 1935.

102 Strünckmann an AP, 7.7.1936, NLP (II) A8III.

103 Strünckmann an AP, 17.7.1936, NLP (II) A8III.

104 Strünckmann an Ministerpräsident Klagges, 4.7.1943, NLP (II) A8III, Beilage zu Briefwechsel AP-Strünckmann.

Strünckmann war wohl mittlerweile klar geworden, dass dieser Endsieg ohne metabiologische Strategien nicht mehr zu erreichen war:

> In der Sprechstunde habe ich als Psychotherapeut so schwere Beispiele eines psychischen Defaitismus erlebt, die ich nicht mehr vom Psychotherapeutischen aus (seelen-ärztlich), sondern allein priesterärztlich auf religiöser Basis behandeln musste und nur so beheben konnte.[105]

Ein gemeinsamer Bekannter schrieb irritiert über Strünckmanns kriegerische Anwandlung an Paquet: „wie es Herr Dr. St. selbst zu meinem Erschrecken ausdrückt: den furor teutonikus in den Dienst der Vorhersehung zu stellen und alle religiösen Kräfte zur Durchführung des totalen Krieges einzusetzen".[106] Es gelang Strünckmann anscheinend tatsächlich den Brief über ein paar Ecken zur Kenntnis Goebbels' zu bringen, der war von der Idee aber gar nicht begeistert. Man wolle bei der derzeitigen Lage davon absehen, so die Meinung des Propagandaministers, wie sie Strünckmann kolportiert wurde, „da es den Anschein haben könnte, dass es uns besonders schlecht ginge und wir deswegen nunmehr Zuflucht zu Gott nähmen".[107]

Nach dem Krieg versuchte sich Strünckmann zuerst an der Gründung eines sozialistisch-pazifistischen Bundes in christrevolutionärer Tradition, in seinen letzten Lebensjahren näherte er sich dann wieder dem Buddhismus an. Aber irgendwann muss jede Geschichte einmal zu ihrem Ende finden.

Lebensreformer wurden oft alt, vielleicht lag es ja wirklich an ihrer Lebensweise. Strünckmann starb 1953.

---

105 Ebd.
106 R. Wenz an Paquet, 16.4.1943, NLP (II) A8III, Beilage zu Briefwechsel AP-Strünckmann.
107 Dr. jur. Dr. med. M.H. Göring an Strünckmann, 26.6.1943, NLP (II) A8III, Beilage zu Briefwechsel AP-Strünckmann.

Bildnachweis

Alternative, Lübeck: S. 117

Bild + Kunst, Bonn: S. 78 (oben)

Bruns, Günther, Lübeck: S. 78 (unten)

Christiania, Kopenhagen: S. 108

EMG, Lübeck: U. 1 (Porträt Erich Mühsam. Radierung von Horst Janssen), S. 1, 8, 39, U. 4 (Abdruck aus: Gerd W. Jungblut (Hrsg.), In meiner Posaune muß ein Sandkorn sein. Briefe 1900–1934. Vaduz: Topos 1984, Bd. 1, S. 140)

Monte Verità, Ascona: S. 14

Obstbausiedlung Eden, Oranienburg: S. 67, 68, 70, 75

Stadtarchiv München: S. 66

Vielen Dank für die Genehmigung des Drucks der Abbildungen.

Publikationen der Erich-Mühsam-Gesellschaft

Die EMG gibt zwei Publikationsreihen heraus: das „Mühsam-Magazin" und die „Schriften der Erich-Mühsam-Gesellschaft". Bisher sind erschienen:

Mühsam-Magazin:

Heft 1 (1989):	(vergriffen)
Heft 2 (1990):	(vergriffen)
Heft 3 (1992):	(vergriffen)
Heft 4 (1994):	Mit der unveröffentlichten Erzählung „Tante Klodt" von Erich Mühsam
Heft 5 (1997):	Mit dem Sylter Tagebuch (1891) von Erich Mühsam
Heft 6 (1998):	Mit Materialien zum Streit um die Mühsam-Rechte
Heft 7 (1999):	Mit Materialien der Tagung „Erich Mühsam und die Kunst" und der Preisverleihung 1997
Heft 8 (2000):	Mit „Im Nachthemd durchs Leben" (1914) von Reinhard Koester, Carl Georg von Maaßen und Erich Mühsam
Heft 9 (2001):	Mit Materialien zum Verhältnis Erich Mühsams zu Senna Hoy, Oskar Maria Graf und Emmy Hennings
Heft 10 (2003):	Mit Materialien zur Rettung der Lübecker Löwen-Apotheke und zur Roten Hilfe

Schriften der Erich-Mühsam-Gesellschaft:

Heft 1 (1989):   Chris Hirte: Wege zu Erich Mühsam (vergriffen)

Heft 2 (1991):   Erich Mühsam – Revolutionär und Schriftsteller (2. Aufl. 1997)

Heft 3 (1993):   Erich Mühsam und … (der Anarchismus und Expressionismus; die „Frauenfrage"; Ludwig Thoma) (2. Aufl. 1998)

Heft 4 (1993):   Die Graswurzelwerkstatt / Erich-Mühsam-Preis 1993 (vergriffen)

Heft 5 (1994)   Der „späte" Mühsam

Heft 6 (1994):   Kurt Kreiler: Leben und Tod eines deutschen Anarchisten

Heft 7 (1995):   Anarchismus im Umkreis Erich Mühsams

Heft 8 (1995):   Musik und Politik bei Erich Mühsam und Bertolt Brecht

Heft 9 (1995):   Zenzl Mühsam: Eine Auswahl aus ihren Briefen. Herausgegeben von Uschi Otten und Chris Hirte

Heft 10 (1995):   Andreas Speck: Sich fügen heißt lügen: Die Geschichte einer totalen Kriegsdienstverweigerung / Erich-Mühsam-Preis 1995 (vergriffen)

Heft 11 (1996):   Frauen um Erich Mühsam: Zenzl Mühsam und Franziska zu Reventlow

Heft 12 (1996):   Erich Mühsam – Thomas Mann – Heinrich Mann. Berührungspunkte dreier Lübecker

Heft 13 (1997):   Birgit Möckel: Das Ende der Menschlichkeit. George Grosz' Lithographien, Aquarelle und Zeichnungen aus Anlaß der Ermordung Erich Mühsams

Heft 14 (1997):   Allein mit dem Wort: Erich Mühsam, Carl von Ossietzky, Kurt Tucholsky – Schriftstellerprozesse in der Weimarer Republik (2. Aufl. 2003)

Heft 15 (1999):   Literatur und Politik vor dem 1. Weltkrieg: Erich Mühsam und die Bohème

Soweit die Hefte nicht vergriffen sind, können sie bei der EMG oder im Buch-
handel erworben werden.

Stand: 10/2005

Erich-Mühsam-Gesellschaft e. V., Lübeck

1. Buddenbrookhaus, Mengstr. 4, 23552 Lübeck
2. Sabine Kruse, Charlottenstr. 23, 23560 Lübeck

http://www.erich-mühsam.de
http://www.buddenbrookhaus.de
eMail: info@buddenbrookhaus.de

Längst überfällig war sie. Seit dem 111. Geburtstag am 6.4.1989 existiert sie und soll mit **Ihrer** Unterstützung lebendige Arbeit leisten.

Aufgabe der Erich-Mühsam-Gesellschaft ist es, das Andenken des Schriftstellers zu erhalten, in seinem Geist die fortschrittliche, friedensfördernde und für soziale Gerechtigkeit eintretende Literatur zu pflegen und seine Absage an jede Unterdrückung, Gewalt und Diskriminierung von Minderheiten für die Gegenwart zu nutzen.
Unsere Pläne:

- Aufbau eines Archivs in Lübeck

- Schaffung eines Erich-Mühsam-Museums in Lübeck

- Lesungen und Inszenierungen

- Vorträge und Seminare

- Förderung der wissenschaftlichen Forschung

- Herausgabe weiterer Hefte der Schriftenreihe und des Magazins

- Vergabe eines Erich-Mühsam-Preises

Ein früherer Lübecker Bürgermeister hat – bezogen auf Thomas und Heinrich Mann sowie Erich Mühsam – gesagt: „Dass die auch gerade alle aus Lübeck sein müssen – was sollen die Leute im Reich von uns denken!" Nun – die Brüder Mann mussten emigrieren, Mühsam wurde auf grausame Weise 1934 im KZ Oranienburg ermordet. Das „Reich" ging kaputt …

Der Schriftsteller, Dramatiker, Bänkelsänger, Lyriker, Zeichner, Essayist, antimilitaristische Agitator und Journalist Erich Mühsam gehört zu den bedeutendsten und vielseitigsten kritischen Talenten Deutschlands im frühen 20. Jahrhundert. Es gilt, diesen wichtigen Sohn Lübecks, der für Frieden und Freiheit kämpfte, in das Bewusstsein der Öffentlichkeit zu bringen.

Die Erich-Mühsam-Gesellschaft e. V. ist vom Finanzamt Lübeck nach § 5, Abs. 1 Nr. 9 KstG mit Steuernummer 662-HL als gemeinnützig anerkannt.

ISSN 0940-8975
ISBN 3-931079-35-X